# 国际劳工标准体系比较研究

主　编　莫　荣
副主编　李明甫

中国劳动社会保障出版社

图书在版编目(CIP)数据

国际劳工标准体系比较研究/莫荣主编. —北京：中国劳动社会保障出版社，2015

ISBN 978-7-5167-2110-0

Ⅰ.①国… Ⅱ.①莫… Ⅲ.①国际法-劳动法-标准体系-对比研究 Ⅳ.①D998.2

中国版本图书馆 CIP 数据核字(2015)第 229582 号

---

**中国劳动社会保障出版社出版发行**

(北京市惠新东街 1 号　邮政编码：100029)

\*

北京北苑印刷有限责任公司印刷装订　新华书店经销
787 毫米×1092 毫米　16 开本　13.75 印张　234 千字
2015 年 10 月第 1 版　2015 年 10 月第 1 次印刷
定价：35.00 元

读者服务部电话：(010) 64929211/64921644/84643933
发行部电话：(010) 64961894
出版社网址：http://www.class.com.cn

版权专有　　　侵权必究

如有印装差错，请与本社联系调换：(010) 80497374
我社将与版权执法机关配合，大力打击盗印、销售和使用盗版图书活动，敬请广大读者协助举报，经查实将给予举报者奖励。
举报电话：(010) 64954652

# 内容提要

国际劳工标准，一般是指国际劳工组织通过的公约和建议书。目前国际劳工标准有189项公约和202项建议书，其中核心标准有8个，涉及结社自由和集体谈判、就业歧视、童工问题、强迫劳动等四方面的内容。比较发现，我国相关法律大多有与国际劳工标准类似的原则规定，但我国工会发展以及在结社自由等方面与国际社会的认识和国际劳工标准的规定不完全一致，此外，我国一些法规尚缺乏细节规定和实施办法。建议审慎对待核心劳工标准，结合我国国情，在核心利益绝不让步的前提下，其他问题可以综合分析，有逐步地承认，并认真实施。

就业方面的国际劳工标准包括就业政策公约等22个，这些国际劳工标准和我国法规目标都是为了促进经济发展和就业。为了促进经济增长和发展，促进就业，解决失业和不充分就业问题，建议我国应进一步建立与经济社会发展相协调的就业政策，提高人力资源开发、职业培训在就业政策中的地位，进一步明确公共与私营就业服务的职能，加强就业管理和职业指导并改善培训公平性，提高劳动者的竞争力。

劳动关系方面的国际劳工标准是为了建立和谐劳动关系、保护劳动者的权利、促进社会公正。我国有关劳动关系法规的基本精神都与相关公约和建议书一致，但我国劳动关系的主体没有明确定义和规范，劳动关系运行机制尚待完善。建议制定三方机制方面的法规，明确规范我国劳动关系主体，完善劳动关系运行机制，特别要加强对于从事非正规就业劳动者的保护。

社会保障方面的国际劳工标准内容广泛，包括社会保障最低标准以及养老、医疗、失业、工伤、生育、遗属等方面，这些国际劳工标准和我国法律均强调社会保障是一项基本权利，以及国家和个人在社会保障方面的责任。我国在社会保障覆盖面和公平性方面存在差距，在法规的落实方面存在不足，需要完善。建议进一步完善我国社会保障制度，根据我国现实和未来发展目标进行顶层设计，坚持全覆盖、保基本、多层次、可持续方针,以增强公平性、适应流动性、保证可持续性为重点,改革和完善企业和机关事业单位社会保险制度,整合城乡居民基本养老保险和基本医疗保险制度,逐步做实养老保险个人账户,实现基础养老金全国统筹,建立兼顾各类人员的社会保障待遇确定机制和正常调整机制,尽快出台病残津贴制度的实施政策,适时建立长期护理保险制度。

劳动条件方面的国际劳工标准数量众多,主要涉及工资、工时、职业安全卫生等方面的内容。在工资、工时方面,我国法律法规与国际劳工标准的要求基本一致,有的标准我国甚至更高。但是在职业安全卫生方面,我国法规离国际劳工标准还有差距。虽从文本比较,我国法规与劳工标准相差不大,但在执行过程中还是存在许多问题。建议认真研究劳动劳动条件最低标准,包括工资、工时、休息休假、劳动安全卫生、女工与未成年工的保护等方面的内容,合理制定这些劳动基准。建议明确同工同酬的含义,并制定相应的可操作性办法。扩大职业安全卫生保障覆盖面,加强特殊群体保护。应将职业安全卫生保障的覆盖面扩大到对所有工人的保护,既要保护正式工,也要对非全日制工人、临时工,以及分包工人提供平等的健康和安全保护措施。另外,对特殊群体,如未成年工、残疾工人以及新入职的工人加以特殊的保护措施,针对新入职的员工采取职业安全卫生培训等措施,防范事故的发生。

虽然我国大部分劳动保障法规制定较为完善,但一直存在企业法律意识不足,政府监督执法手段弱等问题,建议加强劳动保障监察手段和队伍建设,加大违法处罚,同时加强相关统计指标建设,掌控劳动保障法规实施情况。

# 目　录

**第一章　国际劳工标准体系框架及与我国之比较** ……………………… （ 1 ）
　第一节　国际劳工标准体系简介 ………………………………………… （ 1 ）
　第二节　国际劳工标准与我国相关法律法规的总体对比 …………… （ 4 ）

**第二章　核心国际劳工标准比较** …………………………………………… （15）
　第一节　核心国际劳工标准的历史与现状 …………………………… （15）
　第二节　核心劳工标准与国内立法比较 ……………………………… （22）
　第三节　完善我国相关法规的建议 …………………………………… （34）

**第三章　就业方面的国际劳工标准比较** ………………………………… （39）
　第一节　就业方面的国际劳工标准 …………………………………… （39）
　第二节　我国与就业相关的法律法规 ………………………………… （44）
　第三节　就业方面的国际劳工标准与我国相关法律法规比较 …… （47）
　第四节　完善就业政策的建议 ………………………………………… （54）

**第四章　劳动关系方面的国际劳工标准比较** …………………………… （57）
　第一节　劳动关系方面的国际劳工标准总体情况 …………………… （57）
　第二节　产业关系国际标准与我国情况的比较 ……………………… （60）
　第三节　雇佣关系国际标准与我国的比较 …………………………… （72）

**第五章　社会保障方面的国际劳工标准比较** …………………………… （79）
　第一节　社会保障方面的国际劳工标准总体情况 …………………… （79）
　第二节　社会保障方面劳工标准与我国情况的比较 ………………… （86）
　第三节　完善我国社会保障制度的政策建议 ………………………… （104）

**第六章　劳动条件方面的国际劳工标准比较** …………………………… （107）
　第一节　劳动条件方面的国际劳工标准总体情况 …………………… （107）
　第二节　工资方面的国际劳工标准比较研究 ………………………… （107）

第三节　工时方面的国际劳工标准比较研究 …………………… (140)
第四节　职业安全与卫生的国际劳工标准比较研究 …………… (167)
第五节　完善我国劳动条件立法的建议 ………………………… (181)

附件1　各国批准核心国际劳工标准的情况 …………………… (184)
附件2　国际劳工组织八个核心国际劳工公约（实效条款）…… (191)
参考文献 …………………………………………………………… (209)
后记 ………………………………………………………………… (213)

# 第一章
# 国际劳工标准体系框架及与我国之比较

## 第一节 国际劳工标准体系简介

### 一、国际劳工标准的分类、产生和发展

国际劳工标准是由国际劳工组织三方成员（政府、雇主和工人）共同制定的法律文件，它规定了关于工作和工作场所的原则、权利和最低标准。国际劳工标准可以采用公约的形式，这时它们是具有约束力的国际条约；或者采用建议书的形式，这时它们不具有约束力。目前国际劳工标准有189项公约和202项建议书，形成了比较完整的国际劳动法体系。国际劳工公约和建议书以出席国际劳工大会三分之二以上代表表决通过的方式制定、修订或注销。公约供会员国批准，某项公约经一个会员国自主决定并单独履行手续批准后，即对该国产生法律效力。建议书不需批准，只作为会员国在制定或修订本国劳动及社会政策和立法时参考。

国际劳工标准可以有多种分类方法，按其内容可分为下列各类：

（1）核心国际劳工标准：包括结社自由和集体谈判权、废除一切形式的强迫和强制劳动、有效地废除童工劳动、同工同酬以及消除就业与职业歧视。

（2）劳动专业类标准：包括促进就业、社会政策、劳动管理、劳资关系、工作条件、职业安全卫生、社会保障等方面的公约。

（3）针对特定人群的标准：包括关于妇女、童工和未成年工、老年工人、残疾人、移民工人、海员、渔民、码头工人、家庭工等特定人群的公约。

国际劳工组织自身将国际劳工标准具体分为以下14个方面，即：

（1）基本人权：包括8个核心国际劳工标准；

（2）就业：包括就业政策、就业服务和收费职业介绍所、职业指导和培训、残疾人职业康复与就业、就业保障；

（3）社会政策；

（4）劳工行政：包括一般规定、劳动监察、劳动统计、三方协商；

（5）产业关系：包括集体谈判、调解仲裁等；

（6）工作条件：包括工资、一般就业条件、职业安全卫生、社会服务、住房和休息；

（7）社会保障：包括总体标准和某些险种的保护（主要是医疗、养老、工伤和职业病、失业、生育等）；

（8）妇女就业：包括生育保护、夜班工作和井下劳动；

（9）儿童和未成年人就业：包括最低年龄、夜班工作、体检、井下劳动；

（10）老年工人；

（11）移民工人；

（12）土著工人和部落人口；

（13）非本部领土劳动者；

（14）特殊类型劳动者：包括海员、渔民、内河航运、码头工人、种植园工人、雇农和佃农、护理人员、旅馆和餐馆人员、家庭工等。

为了研究方便，本书将国际劳工标准分为核心劳工标准、就业方面的国际劳工标准、劳动关系方面的国际劳工标准、社会保障方面的国际劳工标准以及劳动条件方面的国际劳工标准。

建立国际劳工标准的最初设想产生于19世纪。那时，欧美资本主义的发展已经进入高度工业化的社会，生产方式机械化、自动化程度较高，但是，工人的工作条件却日益不能接受，大量的工人遭受剥削，资本家根本不考虑工人的身体、家庭生活和他们的个人发展。工人阶级的这种悲惨状况到20世纪初仍然非常严重。总而言之，大量工人阶级处于非人道的工作环境之中。创立国际劳工组织和实施国际劳工标准首先是出于人道的目的，《国际劳工组织章程》在序言中鲜明地反映了人们对这种情况的关注，指出"现有的劳动条件使大量的工人遭受不公正、苦难和贫困"。第二是出于政治目的，如果不改善工人的工作条件，那么，随着工业化进程的发展，工人的人数将不断增加，可能因此而产生社会不安定，甚至出现革命。序言指出，不公正"造成了如此巨大的不安定，竟使世界和平与和谐遭受危害"。第三是出于经济目的，由于改善工作条件不可避免地对生产成本带来影响，任何进行社会改良的行业或国家可能会发现自己被置于与竞争对手不利的地位。序言指出，"任何一国不采用合乎人道的劳动条件，会成为其他国家愿意改善其本国状况者的障碍。"面对工人运动此起彼伏，社会动荡不安的状况，欧美一些政治家、社会活动家和学者认识到应该制定国际规则以规范各国的劳动标准，要同工业化带来的有害影响做斗争，必须作出国际性的共同努力。因此，国际劳工组织和国际劳工标准就应运而生了。一开始，国际劳工标准包括范围较窄，主要涉及劳动条件方面的标准，随后，国际劳工标准体系日益扩大，涉及基本人权、就业、社会保障、劳动关系等领域，特别是在第二次世界大战以后国际劳工标准的数量迅速增加。在20世纪90年代，国际劳工组织开始反思和评估国际劳工标准体系，对于国际劳工标准中过时的条款进行了修订，同时也希望废止那些对实现国际劳工组织目标不再有贡献的标准，即事实上已经失效的国际劳工标准。

## 二、国际劳工标准的作用和影响

长期以来，国际劳工组织重视国际劳工标准的制定，促进会员国对国际劳工公约的批准和实施，对维护各国工人和其他劳动者的基本权益起到了积极作用。总的来说，国际劳工标准的制定及其随后的修订，是各国工人和劳动群众以及国际工人运动长期斗争的结果。这些标准基本上反映了主流国家在各个时期业已达到或可能达到的劳工方面的标准，尽管对于发展中国家来说在不少标准难免偏高，但在具体执行中也允许一定的灵活性。国际劳工标准的主要作用，从历史上看，就是协调、规范和指导会员国的国内劳动立法，调节劳动关系，以促进社会公平和维护劳动者权益。可以说，国际劳工标准体系为公平的全球化乃至国际社会正义奠定了劳动领域的国际法律框架。应该说这种作用在很大程度上是得到了体现的，国际劳工标准的积极意义长期以来是得到劳工组织会员国以及国际社会普遍认同的。对于会员国来说，通过对国际劳工公约的批准实施，还为自己开展在国际劳工组织的活动，开展国际劳工领域的合作奠定了基础。从我国的情况来看，国际劳工标准体系对我国劳动保障法规产生了巨大影响，从《劳动法》《劳动合同法》《就业促进法》到《社会保险法》等重要法规，无不借鉴了国际劳工标准，可以说在我国劳动保障法规的很多条款上都打上了国际劳工标准的烙印。

未来随着我国改革开放的全面深入，国际劳工标准发挥的作用必将越来越大。

但是，对于国际劳工标准的作用也应当有一个辩证的认识。由于国际劳工组织认为，"任何一国不采用合乎人道的劳动条件，会成为其他国家愿改善其本国状况的障碍"（国际劳工组织《章程》序言），"任何地方的贫困对一切地方的繁荣构成危害"（《费城宣言》），所以，国际劳工标准的推行在一定程度上维持了相对公平的竞争环境，包含着协调国际经济贸易竞争条件的意义。此外，鉴于国际劳工标准特别是基本劳工人权公约具有较强的西方价值观色彩，因此常被西方国家和西方势力把持的国际工人组织利用来向社会主义国家和发展中国家施加政治压力，成为劳工组织内斗争的焦点。特别是20世纪90年代以来，随着经济全球化进程的加快和国际政治大环境的变化，国际劳工组织活动越来越和国际经贸事务以及国际人权斗争结合。国际劳工组织把"促进民主和人权"列为工作重点，一些西方国家及其代理机构提出将劳工标准与国际贸易挂钩的"社会条款"建议。

在这种情况下，只看到国际劳工标准维护工人利益的一面，忽视其可能由发达国家利用来推行保护主义，维护不合理的国际经济秩序是不恰当的。正确的做法应当是，从包括我国在内的广大发展中国家的根本利益出发，对国际劳工标准的积极作用给予充分评价，同时反对发达国家利用劳工标准施加政治和经济压力。

## 第二节 国际劳工标准与我国相关法律法规的总体对比

### 一、核心国际劳工标准在某些方面与我国存在较大分歧，但它也是国际贸易、投资谈判的重要领域，应重视并审慎对待

核心国际劳工标准涉及结社自由、集体谈判、反对强迫劳动、禁止使用童工和反歧视的权利规定。

关于结社自由的国际劳工标准主要反映在第87号公约之中。所谓"自由结社权"，按照第87号公约第2条的规定："凡工人和雇主，均应没有任何区别地有权建立他们自己选择的组织，以及仅依有关组织的章程加入他们自己选择的组

织，而无须事前得到批准。"换言之，该公约所讲的自由结社权，既是工人的权利，也是雇主的权利；不仅建立组织不需要事前得到批准，而且加入某个组织也不需要事先得到批准；同时无论是创建组织还是参加组织，都是可以自由选择的。在结社自由方面，我国许多法律有明确规定予以确认。如《宪法》《工会法》《劳动法》有结社自由的规定。这些规定与国际劳工组织的第87号公约的原则一致，但是我国成立工会必须经过审批。我国《工会法》明确规定，工会须坚持党的领导，并且规定中国工会就是单一的中华全国总工会，建立工会必须得到批准，这与国际劳工组织第87号公约的结社自由的具体操作原则不同。

关于集体谈判的核心国际劳工标准是1949年的第98号公约。该公约不但规定工人和工会应当受到保护，政府还要鼓励、推动工会和雇主协会"最广泛地发展和使用"集体谈判和集体合同，因而在世界上被广泛地用作进行集体谈判和签订集体合同的国际法依据，获得了大多数国家的批准。我国《劳动法》《劳动合同法》《工会法》等法律对于集体谈判的规定。虽然我国集体协商和集体合同制度建设已经取得了阶段性成效，但与国际劳工标准和西方发达国家所主张的集体谈判，特别是与国际劳工组织提倡的自由结社、集体谈判以及罢工权利为基础的集体谈判权，还存在较大的差距和差异。

关于禁止强迫劳动的核心国际劳工标准是第29号《强迫劳动公约》和第105号《废除强迫劳动公约》。公约规定，各国政府应在最短期间内废除使用一切形式的强迫或强制劳动（但对几种情况做了排除）。我国涉及禁止强迫劳动的法律规定较多，如《宪法》《刑法》《劳动法》《劳动合同法》等。根据法律规定，中国遵守消除一切形式的强迫或强制劳动的原则，《宪法》《刑法》《劳动法》《劳动合同法》等均明确规定，保障公民的人身自由不受侵犯，禁止强迫劳动，对实施强迫劳动的责任人依法追究刑事责任。

关于禁止使用童工的核心国际劳工标准是1973年《最低年龄公约》（第138号）和1999年《最恶劣形式童工劳动公约》（182号）。第138号公约要求各国政府制定政策以保证切实消除童工劳动并逐步提高就业准许年龄，以使未成年人达到最充分的身心发展。最低就业年龄规定为15岁，在发展中国家也不得低于14岁；对可能危害未成年人身心健康或安全的就业或工作，最低年龄不得低于18岁。第182号公约要求各国采取及时措施以确保禁止和有效消除最恶劣形式的童工劳动，包括：所有形式的奴隶制或类似奴役做法；使用、招收或提供儿童卖淫、生产色情制品或进行色情表演；使用、招收或提供儿童从事非法活动，特别是生产和贩卖相关国际条约中规定的麻醉品；其性质或在其中工作的环境危害儿童健康、安全或道德的工作。

20世纪90年代以来，中国制定颁布了一系列禁止使用童工方面的法律法规。全国人大常委会于1991年制定了《未成年人保护法》（2006年、2012年两次修订），1994年又颁布了《劳动法》，国务院于1991年制定颁布了《禁止使用童工规定》。2002年，中国重新制定了《禁止使用童工规定》，于2002年12月1日起施行。另外，中国还批准加入了《儿童权利公约》《准予就业最低年龄公约》和《禁止和立即行动消除最恶劣形式的童工劳动公约》等有关童工问题的国际劳工公约。这些规定与国际劳工公约相一致，我国某些法规所确定的最低就业年龄高于国际劳工标准。

关于消除就业和职业歧视的核心国际劳工标准是1951年《同等报酬公约》（第100号）和1958年《歧视（就业和职业）公约》（第111号）。第100号公约规定，国家应鼓励并在现行确定报酬率办法允许程度内，确保对全体劳动者实行男女劳动力之间同等价值工作报酬平等的原则；第111号公约对歧视的界定是，一切以种族、肤色、性别、宗教、政治观点、国籍、社会出身为基础，具有破坏或损害机会或待遇平等效果的区别、排除或优惠。要求各国制定和实行旨在消除就业和职业领域一切形式歧视的国家政策，把促进机会和待遇平等作为基本目标。

我国政府和各界高度重视保障劳动者平等就业权，反对各种就业和职业歧视。我国《劳动法》明确规定，劳动者享有平等就业和选择职业的权利。《就业促进法》专设"公平就业"一章，要求各级人民政府创造公平就业的环境，消除就业歧视，制定政策并采取措施对就业困难人员给予扶持和帮助。此外，《妇女权益保障法》《残疾人保障法》《残疾人就业条例》等法律法规对保障特定群体的就业权益做出了专门规定。

与核心国际劳工标准比较，我国有关就业歧视的法律法规虽然较多，但仍然不够完善，主要是没有总体的反就业歧视法规。关于歧视的规定过于原则，可操作性较差。我国还存在着年龄歧视，甚至是相貌歧视、身高歧视、血型歧视、姓氏歧视等奇怪的现象，这些歧视在国际劳工组织公约中没有涉及。

总之，比较发现，我国相关法律大多有与核心国际劳工标准类似的原则规定，但我国工会以及在结社自由等方面与国际社会的认识和国际劳工标准的规定不完全一致，此外，我国一些法规尚缺乏细节规定和实施办法。

## 二、就业方面的国际劳工标准与我国的总体认识相对比较一致，以促进就业、解决失业为核心，但同时也存在具体情节的分歧

就业方面的国际劳工标准包括就业政策公约等22个，国际劳工组织自成立以来制定了一系列就业政策标准，并根据不同时期经济发展和劳动力市场特点作了补充完善。1919年，国际劳工大会根据"预防或采取措施制止失业"的有关提议，制定了《失业公约》；1934年，制定了《保证非自愿失业者救济或补助公约》及《失业者失业保险和多种救济形式建议书》；1964年，制定了《就业政策公约》和《就业政策建议书》，提出各国应实行一项积极的政策，以及促进充分的、自由选择的、生产性就业的基本理念。公约和建议书阐述了就业政策的目标、原则和类型，提出了解决就业问题的政策建议。1964年《就业政策公约》和《就业政策建议书》是国际就业领域第一个比较全面、系统的纲领性文件。在就业服务方面，国际劳工标准有《1933年收费职业介绍所公约》（第34号）、《1949年收费职业介绍所公约（修订）》（第96号）和《1997年私营就业机构公约》（第181号）。在职业培训和人力资源开发方面，国际劳工组织1975年通过了第142号公约《人力资源开发中职业指导和职业培训作用公约》和150号同名建议书，2004年通过了《人力资源开发：教育、培训和终身学习建议书》。

我国关于就业政策方面的法律法规主要内容包括《中华人民共和国劳动法》《中华人民共和国职业教育法》《中华人民共和国劳动合同法》《中华人民共和国就业促进法》《失业保险条例》《城市居民最低生活保障条例》《禁止使用童工规定》《劳动保障监察条例》《国务院关于大力发展职业教育的决定》等。

就业政策方面的国际劳工标准和我国相应法律法规的相同点在于：国际公约和我国法律法规目标都是为了促进经济发展，促进就业，解决失业和不充分就业的问题。并采取积极的就业政策解决就业问题。不同点在于：我国法规强调了"市场调节就业"，充分发挥人力资源市场在促进就业中的基础性作用，而公约中没有强调。同时《就业促进法》指出"政府促进就业"，明确指出政府在促进就业中的重要职责。

就业服务方面的国际劳工标准和我国相应法律相比较，我国相关法律法规对公共人力资源服务机构和私营人力资源服务机构界限不清。因此，公共人力资源服务机构从事部分经营性、市场性的人力资源服务职能，难以发挥公共机构的公益性、指导性作用。

在职业培训和人力资源开发方面，我国的职业指导和培训法律法规提出"政府主管部门、行业组织应当举办或者联合举办职业学校、职业培训机构，组织、协调、指导本行业的企业、事业组织举办职业学校、职业培训机构"。并未明确指出采取哪种培训模式，在培训制度规定上比较笼统。

建议我应进一步建立与经济社会发展相协调的就业政策，提高人力资源开发、职业培训在就业政策中的地位，进一步明确公共与私营就业服务的职能，加强就业管理和职业指导并改善培训公平性，提高劳动者的竞争力。

### 三、劳动关系方面的国际劳工标准与我国立法基本精神是一致的，但我国劳动关系的主体和运行机制尚待规范和完善

劳动关系方面的国际劳工标准的宗旨是为了建立和谐劳动关系、保护劳动者的权利、促进社会公正。劳动关系方面的国际劳工标准主要包括《1967年冤苦审查建议书》（第130号），《2006年雇佣关系建议书》（第198号），1997年通过的《私营职业介绍所公约》（第181号），2011年通过了《家庭工人公约及其建议书》等。国际劳工标准要求就劳动关系有关事宜在政府、雇主和工人代表之间进行协商，共同推进劳动关系的和谐稳定。为此目的，国际劳工标准还规定，政府和社会伙伴在处理劳动关系中处于平等地位，政府不应妨碍雇主和工会的独立性；亦规定了企业内的申诉程序和劳动争议自行调节程序。在劳动争端预防和解决机制方面，《公共部门劳资关系公约》（第151号）的第五部分制定了公共雇员争端解决机制，即制定就业条款和条件中产生的争端，要根据各国的国情，公共机构和雇员组织协商解决，或者通过独立的、中立的机制解决，如调解、仲裁等。国际劳动关系标准的公共部门雇员争端解决机制是建立在独立的公共雇员组织为前提的，需要公共雇员组织与公共机构签署公共部门雇员的就业条款和条件中产生的争端解决机制。而我国的公务员争端解决机制是隶属于公务员所在行政系统，是不同的概念。在自愿调解和仲裁方面的国际劳工标准一是国际劳工组织第92号建议书，二是有《1967年冤苦审查建议书》（第130号）。它是针对劳

动争议自愿仲裁,意在提升当事人在劳动争议仲裁过程中的自主性。在我国,《劳动法》《劳动合同法》《人民调解法》《劳动争议调解仲裁法》和《劳动争议仲裁委员会办案规则》,涉及自愿调解和仲裁,其中《劳动法》和《劳动争议调解仲裁法》是有关调解和仲裁的最重要的法律法规。

就机制的构成和形式而言,我国的劳动关系三方机制和国际劳动组织的三方协商机制是一致的,即是由雇员代表、雇主代表和政府代表组成,鼓励通过三方协商的方式促使雇主和工人组织之间的相互了解与合作,以求发展经济或发展某些经济领域,改善劳动条件和提高生活水平。《工会法》和《劳动合同法》对三方机制的充分肯定,就是对国际劳工组织三方协商机制的肯定和实施,也为中国建立三方协商机制,发挥三方协商机制稳定劳动关系的作用提供了基础。但中国的三方协商机制与国际劳工组织的三方协商机制也有差异,一是中国的三方机制的主体与国际劳工组织三方机制在类型上有差异。国际劳工组织重视行业一级的三方机制的建设,而我国缺乏行业范围内的三方机制。目前,我国三方机制体系是以人力资源和社会保障部门的行政体系为基础的,没有形成行业范围内的三方机制。二是三方机制的立法层级不高、对雇主组织和工人组织参与三方机制协商没有明确、具体的规定。一方面,国家一级的三方协商机制没有在《劳动法》及其他单独的法律中明确规定,关于建立健全劳动关系三方协调机制的指导意见仅对省一级的三方机制进行了规范。另一方面,相关法律法规更没有制定明确的、适当的方式,在以下几方面征求雇主组织和工人组织的意见、建议和支持:涉及他们利益的法律的起草和实施;关于就业安排、职业培训和进修、工人保护、产业卫生和安全、生产率、社会保险和福利事业等项工作的全国性机构的成立和运转;经济和社会发展计划的制定和实施。

我国有关劳动关系法规的基本精神都与相关公约和建议书一致,但我国劳动关系的主体没有明确定义和规范,劳动关系运行机制尚待完善。我国有关劳动争议协调、仲裁的法律、法规的基本精神和处理方式,都与国际劳工组织相关公约和建议书中倡导的解决劳动争议的模式和处理方式保持一致。但国际劳工组织相关公约和建议书解决劳动争议更加强调企业内部的争端解决机制,而我国的劳动争议在法规和实践中都强调了企业外独立的协调和仲裁机制。因此,要采取适当的措施鼓励用人单位制定劳动争议处理制度,建立企业劳动争议处理的组织机构。建议制定三方机制方面的法规,扩大劳动者和用人单位的认定范围,解决劳务派遣制用工中存在的问题，明确规范我国劳动关系主体，完善劳动关系运行机制，特别要加强对于从事非正规就业劳动者的保护。

### 四、社会保障方面的国际劳工标准与我国法律法规比较一致，我国需要扩大覆盖面、增强公平性，加强法规的落实

社会保障方面的国际劳工标准内容广泛，包括社会保障最低标准以及养老、医疗、失业、工伤、生育、遗属等方面。这些国际劳工标准主要包括以下内容。

（1）医疗护理。1927年的第24号公约《工商业工人及家庭佣工的疾病保险公约》和第25号公约《农业工人疾病保险公约》分别在工商业和农业中规定实行强制疾病保险制度，其津贴待遇包括免费治疗和提供药品和机械。1952年第102号公约《社会保障（最低标准）公约》对保证预防或治疗性质的医疗护理作了详细规定，并把覆盖范围扩大到住院治疗；1969年第130号公约《医疗和疾病津贴公约》提出了更高标准。

（2）疾病津贴。第24、第25号公约规定了在工人患病时应当支付现金津贴；第102号公约《社会保障（最低标准）公约》则进一步规定应定期支付的最低限度的津贴；1969年的第130号公约《医疗护理与疾病津贴》规定了较高的津贴水平，适用的范围也较宽；同年第134号建议书《医疗护理和疾病津贴建议书》规定疾病津贴的法律应适用于所有经济自立人口。

（3）生育津贴。这方面有三个公约。第一个是1919年的第3号公约《妇女生育前后工作公约》，适用于工商业中受雇的妇女，第3号公约规定生育津贴不得少于妇女生育前工资收入的2/3（实行以工资收入为根据的保险制度者）；第二个是1952年的第103号公约《生育保护公约（1952年修正）》，适用于农业及其他手工业部门受雇的妇女，两个公约均规定生育产假期间发给现金津贴并提供医疗护理，其资金来自强制社会保险制度或其他公共基金；第三个是2000年的第183号公约《关于修订1952年保护生育公约（修订本）公约》。此外，第102号公约《社会保障（最低标准）公约》也有关于生育津贴的规定。

（4）残疾津贴。1933年的第37号公约《工商业或自由职业受雇用人及厂外工人与家庭佣工的强制性残疾保险公约》和第38号公约《农业受雇人员的强制性残疾保险公约》都规定按照强制残疾保险制度应对一般无能力工作的受保者支付残疾津贴。第102号公约《社会保障（最低标准）公约》也有此规定。1967

年的第 128 号公约《残疾、老年、遗属津贴公约》规定的最低限度津贴水平高于第 102 号公约，并规定了对残疾者有义务给予康复服务和安置。1967 年的第 131 号建议书《残疾、老年和遗属津贴建议书》规定有关的法律扩大适用于所有经济自立人员。

（5）老年津贴。1933 年第 37 号公约《工商业或自由职业受雇用人及厂外工人与家庭用工的强制性老年保险公约》和第 38 号公约《农业受雇人员的强制性老年保险公约》规定了强制性的保险制度，按照制度应给达到规定年龄受保人支付老年年金。此外，前述的第 102 号公约规定老年年金应不低于已规定的水平；1967 年的第 128 号公约修正了以前的标准，规定了较优的待遇。

（6）遗属津贴。1933 年的第 39 号公约《工商业或自由职业受雇用人及厂外工人与家庭用工的强制性遗属保险公约》和第 40 号公约《农业受雇人员的强制性遗属保险公约》都有遗属津贴的规定。此外，前述的第 102 号公约还规定了这一保险制度下的最低遗属津贴标准；第 128 号公约又修正了以前的公约，规定了较优的津贴待遇。

（7）工伤津贴。1921 年的第 12 号公约《农业工人赔偿公约》规定，农业工人应包括在现行工人赔偿立法的适用范围内；1925 年第 17 号公约《工人事故赔偿公约》规定，凡因工业事故而致身体遭受伤害（永久丧失工作能力或死亡）的工人或需其赡养的家属，应给予赔偿；1925 年的第 18 号公约《工人职业病赔偿公约》（后由 1934 年的第 42 号公约作了修正）规定，按照有关工业事故法律的一般原则支付职业病赔偿金；第 102 号公约也规定，由于职业原因发生事故或规定的职业病时，应以医疗护理和定期支付的形式给予工伤津贴；1964 年的第 121 号公约《工伤事故津贴公约》适用范围扩大，规定改进医疗护理和有关服务，并规定定期支付的工伤津贴的最低标准。

（8）失业津贴。1934 年的第 44 号公约《对非自愿失业者保证给予津贴或补助公约》要求批准公约的会员国建立一称对非自愿失业者支付津贴（不同于救济）的制度；第 102 号公约关于失业津贴也作了详细的规定，说明了定期支付的失业津贴应如何计算。1988 年第 168 公约提出了失业津贴的更高标准。

（9）家庭津贴。第 102 号公约规定，应给予维持子女生活的津贴。这种津贴可以采取定期支付形式，也可用实物补助，还可以两者结合。

许多关于社会保障的公约还专为外籍工人规定同等待遇，至少是对批准同一公约的别国的外籍工人应该同等待遇。1925年的第19号公约《本国工人与外国工人关于事故赔偿的同等待遇公约》规定，批准公约的各国间在事故赔偿方面应相互给对方的国民以本国国民同等权利，而不问其居住条件如何；1962年的第118号公约《本国人与非本国人在社会保障方面平等待遇公约》进一步规定在社会保障制度的所有九个部分的平等待遇，会员国对公约的义务可以只承担其中的一个部分。由于各国立法所根据的原则不同，外籍工人要获得并保持权利往往产生特殊问题，为了解决这个问题，1935年国际劳工大会通过了第48号公约《维护残疾、老年及遗属保险权利公约》。

我国社会保障方面的法律主要包括《劳动法》和《社会保险法》等。社会保障公约和我国法律均强调社会保障是一项基本权利。社会保障公约和我国法律均强调国家在提供社会保障方面的责任。《社会保险法》规定了国家在建立基本养老保险、基本医疗保险、工伤保险、失业保险、生育保险等社会保险制度方面的责任，以及建立社会保险经办机构的责任，也强调社会保险基金专款专用，任何组织和个人不得侵占或者挪用。

我国社会保险制度坚持广覆盖、保基本、多层次、可持续的方针，社会保险水平应当与经济社会发展水平相适应，这与社会保障公约提出的弹性条款精神也是一致的。但二者在社会保障领域方面存在不同，按照弹性条款，批准第102号公约的国家最少只需批准三个领域。102号公约规定的社会保障领域除了医疗保障、老龄津贴、失业保障、生育保障、工伤保障外，还包括遗属保险、残疾保险、疾病津贴、家庭津贴。其中，遗属保险我国目前缺失，但《社会保险法》规定，参加基本养老保险的个人，因病或者非因工死亡的，其遗属可以领取丧葬补助金和抚恤金。残疾保险方面，《社会保险法》规定，参加基本养老保险的个人，在未达到法定退休年龄时因病或者非因工致残完全丧失劳动能力的，可以领取病残津贴，但国家和各地还普遍没有出台相应政策规定；疾病津贴是生病期间的收入替代，我国没有相应的政策，而是由单位发放的病假工资；家庭津贴是用于抚养子女的责任，我国目前缺少相应的制度。因此，以下部分的比较主要集中在医疗保障、老龄津贴、失业保障、生育保障、工伤保障五个领域。

第102号公约规定了社会保障最低标准，而其后的社会保障公约均是在此基础上的补充，是社会保障的更高标准。由于我国尚未批准任何一个社会保障公约，因此以下部分主要以102号公约为主要研究对象，把劳工标准和我国法律法规规定（主要包括《社会保险法》、国务院规定、人力资源和社会保障部文件）和实际情况进行比较。102号公约主要是在覆盖范围、享受条件和保障水平等方面进行了规定，因此以下部分也将主要从这方面进行比较。

我国在社会保障覆盖面和公平性方面存在差距，在法规的落实方面存在不足，需要完善。建议进一步完善我国社会保障制度，坚持我国实际和未来发展目标进行顶层设计，坚持全覆盖、保基本、多层次、可持续方针，以增强公平性、适应流动性、保证可持续性为重点，改革和完善企业和机关事业单位社会保险制度，整合城乡居民基本养老保险和基本医疗保险制度，逐步做实养老保险个人账户，实现基础养老金全国统筹，建立兼顾各类人员的社会保障待遇确定机制和正常调整机制，尽快出台病残津贴制度的实施政策，适时建立长期护理保险制度。

**五、劳动条件方面的国际劳工标准与我国在工资、工时方面的规定基本一致，有的标准我国甚至更高，但在职业安全卫生标准以及具体执行方面与国际劳工标准还有差距**

劳动条件方面的国际劳工标准数量众多，主要涉及工资、工时、职业安全卫生等方面的内容。

国际劳工公约共189个，劳动条件方面有51个；目前仍有效公约82个，劳动条件有24个。国际劳工建议书共202个，劳动条件方面有54个；目前仍有效的建议书82个，劳动条件方面有26个。这还不包括移民工人、家政工人等特殊人群的公约。加上后者，涉及的范围更宽。

我国已批准承认的公约有25个，其中涉及劳动条件的有9个，分别为《1921年（工业）每周休息公约》（第14号）、《1928年最低工资确定机制公约》（第26号）、《1932年（码头工人）事故预防公约（修订）》（第32号）、《1935年（妇女）井下作业公约》（第45号）、《1951年同酬公约》（第100号）、1981年《职业安全和卫生公约》（第155号）、《1983年（残疾人）职业康复和就业公约》《1988年建筑业安全和卫生公约》（第167号）、《1990年工作场所安全使用化学品公约》（第170号）。

我国在劳动条件方面的法规主要有《劳动法》《劳动合同法》《妇女权益保护法》《未成年儿童保护法》《最低工资规定》《工资支付暂行规定》《国务院关

于职工工作时间的规定》《建筑工程安全生产管理条例》《国务院办公厅关于进一步加强矿山安全生产工作的紧急通知》非煤矿矿山企业安全生产许可证实施办法等。这些法规在各方面规定了对劳动者保护的要求。

在工资、工时方面，我国法律法规与国际劳工标准的要求基本一致，有的标准我国甚至更高。但是在职业安全卫生方面，我国法规标准距离国际劳工标准还有差距。虽从文本比较，我国法规与劳工标准相差不大，但在执行过程中还是存在许多问题。建议认真研究劳动劳动条件最低标准，包括工资、工时、休息休假、劳动安全卫生、女工与未成年工的保护等方面的内容，合理制定劳动基准；明确同工同酬的含义，并制定相应的可操作性办法；扩大职业安全卫生保障覆盖面，加强特殊群体保护。应将职业安全卫生保障的覆盖面扩大到对所有工人的保护，对非全日制工人、临时工，以及分包工人提供平等的健康和安全保护措施。另外，对特殊群体，如未成年工、残疾工人以及新入职的工人加以特殊的保护措施，针对新入职的员工采取职业安全卫生培训等措施，防范事故的发生。

总之，虽然我国大部分劳动保障法规制定较为完善，但一直存在企业法律意识不足、政府监督执法手段弱等问题，建议加强劳动保障监察手段和队伍建设，加大违法处罚，同时加强相关统计指标建设，掌控劳动保障法规实施情况。

# 第二章
# 核心国际劳工标准比较

## 第一节 核心国际劳工标准的历史与现状

国际劳工标准（International Labor Standards，ILS），又称国际劳动标准，一般是指国际劳工组织（International Labor Organization，ILO）通过的公约和建议书。国际劳工公约对批准国具有约束力；国际劳工建议书则在通过后无须各成员国批准，一般作为国际劳工公约的补充和细化，为成员国更好实施国际劳工公约提供具体的指导意见。在制定国际劳工公约尚不成熟的领域，建议书还起到纲领性和原则性的指引作用。《国际劳工组织章程》中确立了国际劳工标准的宗旨，并在1998年国际劳工大会通过的《工作中的基本原则与权利宣言》予以重申。该宗旨的核心是，在全世界范围内保障工人基本权利，改善劳工条件，促进体面劳动，最终实现劳动关系的公平与正义。制定和实施国际劳工标准的一切活动均围绕此宗旨而展开，国际劳工标准的内容主要包括政治性和经济性的两大类标准。前者是关于结社自由、集体谈判、强迫劳动、童工和就业歧视方面的标准，被称为核心国际劳工标准；后者主要是关于劳工的工资水平、职业安全、工时和工作条件等方面的标准，可以称为一般标准。国际劳工标准是由国际劳工组织确定国际劳工权益的最低标准，该标准具有一定的代表性和权威性。

### 一、国际劳工标准的产生、特点和效力

国际劳工组织于1919年创立，在华盛顿召开的第一届国际劳工大会上就通过了6个公约和建议书。此后，每届大会几乎都要通过一个或几个公约和建议书。在第二次世界大战爆发前召开的第25届大会时，已经通过了67项公约和66

项建议书。第二次世界大战爆发后，国际联盟解体，国际劳工组织作为一个独立的国际机构继续存在。在此期间，曾一度停止召开大会，因而没有制定公约和建议书。但在第二次世界大战接近结束的1944年，国际劳工组织在美国费城召开了第26届大会，确定新的宗旨和原则，发表了《费城宣言》，并通过了一个建议书。第二次世界大战结束后，联合国成立，国际劳工组织成为联合国的专门机构之一，于1946年召开的第28届大会上，又恢复了公约的制定工作。到2013年12月，国际劳工组织公布的国际劳工标准有189项公约和202项建议书。

国际劳工标准与某些国家劳动标准不同，其主要特点如下：

（1）立法的三方性，即立法机构和立法会议的组成上要有政府、工人和雇主三方代表参加。在对公约和建议书的表决中，一个国家的三方代表可根据自己的意见独立投票，不要求一致。国际劳动立法的"三方性"体现了国际劳动立法的宗旨，即促进政府、劳方和资方三方合作，共同改善劳动状况，维护社会正义。

（2）适用的国内性，即国际劳工公约和建议书的内容主要适用于各成员国国内劳动关系，其目的在于改善各国工人的劳动生活状况，提高劳动标准。

（3）自主性，自主性体现在两个方面。劳工公约是否批准完全由成员国自愿决定。如有特殊的情况，还可以向国际劳工组织有关部门申请部分保留条款。建议书只供成员国参考，不需批准，因此，国家劳动立法的批准不存在强制性。

（4）间接性，即国家劳动立法内容对国内劳动关系的调整没有直接作用，必须通过国内劳动立法去实施。

（5）低水平，国际劳工标准应当相对低水平，以便世界各国都可以适用；但是，国际劳工标准起源于欧洲国家，就大多数亚洲国家和非洲国家来说，其差距相对较大，以至于这些国家不得不与其保持距离，批准公约数量相对较少。

（6）弹性，即国际劳动立法确定的劳动标准并非采用绝对划一的办法，而是考虑到成员国在政治经济等方面的差异，存在一些变通做法。如《最低就业年龄公约》《社会保障最低标准公约》等都存在伸缩性和灵活性规定。

现在，国际劳工标准已经成为国际法体系的一个重要组成部分，对于各国劳动立法具有普遍指导意义，特别是对于发展中国家的就业政策完善、人力资源开发和管理、社会保障制度建设以及劳资关系协调等，都发挥着重要的指导、监督和促进作用；同时，国际劳工标准还在维护各国劳动者权益、平等竞争和社会公正以及国际公平贸易方面，发挥着重要作用。为了保证成员国遵守国际劳工标准与章程，国际劳工组织还建立了相应的实施监督制度。各成员国对国际劳工标准应承担相应国际义务，如成员国的立法机关应接收并审议所有公约和建议书，遵守国际劳工组织章程所规定的基本原则，就未批准公约和建议书向国际劳工组织提供报告。公约经成员国正式批准后，就要承担实施公约的义务，政府应采取必要行动使该公约的各项条款生效。

国际劳工组织还建立了一系列申诉和控告程序，监督各批准公约国家实施公约情况。新的公约由国际劳工大会通过后，各成员国有义务在1年内、至多18个月内将其呈报主管当局（一般为本国的立法机构），以便制定法律或采取其他行动。如果立法机关予以批准，由政府以书面形式报告国际劳工局注册登记。

监督分为一般监督和特殊监督两种办法。一般监督的程序为，成员国按照劳工组织章程的规定每年提交实施公约的报告。实施公约和建议书专家委员会审阅成员国的报告，并形成专家委员会报告，提交国际劳工大会公约与建议书实施委员会讨论。公约与建议书实施委员会对公约实施状况检查评判，最后形成对有关国家要求其改善立法和实践的建议。

特殊监督包括申诉、控诉和特别控诉3种程序。工会、雇主或政府对他们认为违反了已批准公约的国家有权提出申诉或控诉。由国际劳工组织理事会受理，并成立三方委员会或调查委员会进行审理。特别控诉是专门针对结社自由原则的，成员国无论批准结社自由公约与否，如违背了这一原则，皆可受到"控诉"，由理事会结社自由委员会加以审查并形成报告，提交理事会讨论，要求有关国家采取必要措施以恢复对结社自由原则的尊重。国际劳工组织对已批准公约的实施建立了强有力的监督机制。当然，这种国际性监督不可能像国内法律那样直接有效，但从长远看，这种监督及制裁对成员国立法也有一定的影响。

此外，实施公约与建议书专家委员会通过审查各国政府的定期报告进行经常监督；当任何一成员国认为他国未切实遵守双方均已批准的公约时，就可由雇主或工人的产业团体直接向国际劳工局提出控诉或申诉，以此为基础进行诉讼监督。

国际劳工标准的规定维护了劳动者的基本权益。在世界各地存在着诸如严重加班、超低工资、工人工作及居住条件恶劣、使用童工等现象，劳工标准的出台在一定程度上缓解了工人所受的压迫和奴役。但是，贸易保护主义者恶意地利用了劳工标准问题，以提高劳工标准为名，行贸易保护之实。发达国家的贸易保护主义者提出要制定国际通行的、统一的劳工标准，对达不到国际劳工标准的产品不予进口，甚至对达不到国际劳工标准的国家进行贸易制裁。这种做法无视各国经济社会发展的现实差异性，具有明显的贸易保护色彩。

## 二、核心劳工标准及其批准情况

1995年，社会发展世界首脑会议在丹麦哥本哈根召开，会议首次提出工人的"基本权利"的概念，基本权利包括以下四个方面：结社自由和集体谈判、反对强迫劳动、禁止童工和消除歧视。随后，国际劳工组织确认了这四个方面的劳工标准属于的"核心劳工标准"（Core Labour Standards）。1996年世界贸易组织部长级会议在新加坡召开。会议宣言指出："我们重申我们遵守国际公认的核心劳工标准的义务"。这里的"核心劳工标准"与上面提到的"工人基本权利"内容大致相同。1998年国际劳工大会通过了《工作中的基本原则和权利宣言》，明确规定了四个方面的基本权利。因此，核心劳工标准的内容是四类劳工标准：①结社自由和有效承认集体谈判权利；②消除一切形式的强迫或强制劳动；③有效废除童工；④消除就业与职业歧视。也就是所谓的核心劳工标准。它主要涉及国际劳工组织公布的八项核心公约见表2—1。

表2—1　　　　　国际劳工组织的八个核心劳工标准

| 通过年份 | 公约号 | 公约名称 |
| --- | --- | --- |
| 1930 | 第29号 | 《强迫劳动公约》 |
| 1948 | 第87号 | 《结社自由与保护组织权公约》 |
| 1949 | 第98号 | 《组织权与集体谈判权公约》 |
| 1951 | 第100号 | 《对男女工人同等价值的工作付予同等报酬公约》 |
| 1957 | 第105号 | 《废除强迫劳动公约》 |
| 1958 | 第111号 | 《（就业和职业）歧视公约》 |
| 1973 | 第138号 | 《最低年龄公约》 |
| 1999 | 第182号 | 《最恶劣形式的童工劳动公约》 |

在189个国际劳工公约中，这八个公约具有特殊重要的地位。国际劳工组织认为，这八个公约虽然在数量上只占公约总数的一小部分，但其所体现的，却是劳动者在劳动和社会领域应享有的各项最基本权利。

这八个核心公约的主要内容如下：

1. 结社自由和集体谈判

1948年第87号《结社自由和保护组织权公约》（152个国家批准，我国未批准）的主要内容是工人和雇主不加区别地拥有自由行使的组织起来以促进和维护自身利益的权利；1949年第98号《组织权利和集体谈判权公约》（163个国家批准，我国未批准）的主要内容是保护工人行使组织权利，禁止工人组织与雇主组织相互干预，促进自愿性的集体谈判。

2. 消除强迫或强制劳动

1930年第29号《强迫劳动公约》（177个国家批准，我国未批准）的主要内容是各国应在最短期限内消除强迫劳动。强迫劳动的定义是"以任何处罚相威胁强迫任何人从事非本人自愿的一切劳动或服务"，但义务兵役制、履行公民义务、监狱劳动、非抗力情况下要求的劳动以及小型村镇工程不属于公约所指的强迫劳动范围。

1957年第105号《废除强迫劳动公约》（共174个国家批准，我国未批准）具体规定了应该禁止的几种强迫或强制劳动形式：作为政治强制或教育对不同政见者惩罚的措施；作为动员和使用劳动力用于经济发展目的的方法；作为劳动纪律措施；作为对参加罢工的惩罚；作为实行种族、社会、民族或宗教歧视的措施。

3. 消除童工

1973年第138号《最低就业年龄公约》（166个国家批准，我国已批准）规定，全面禁止童工劳动，最低就业年龄应该与完成义务教育一致。一般最低就业年龄规定为15岁，在经济不发达国家中最低就业年龄也不得低于14岁。可能危害成年人身心健康或安全的工作岗位，最低年龄为18岁。

1999年第182号《消除最恶劣形式童工公约》（177个国家批准，我国已批准）的主要内容是要求各国采取即时措施以确保禁止和有效消除最恶劣形式的童工劳动。最有害的童工形式是指：所有形式的奴隶制或是类似奴隶制的做法，如出售和贩卖儿童、债务劳役和奴役，以及强迫或强制劳动，包括强迫或强制招募儿童用于武装冲突；使用、招收或提供儿童卖淫、生产色情制品或进行色情表演；使用、招收或提供儿童从事非法活动，特别是生产和非法买卖有关国际条约中确定的麻醉品；其性质或是在其中从事工作的环境，可能损害儿童的健康、安全或道德的工作。

4. 消除就业与职业歧视

1958 第 111 号《就业与职业歧视公约》（共 172 个国家批准，我国已批准）规定，要促进就业和职业领域的机会和待遇平等，消除一切形式的歧视。对歧视的定义为："一切以种族、肤色、性别、宗教、政治观点、国籍、社会出身为基础，具有取消或损害就业或职业机会均等或待遇均等作用的任何区别、排斥或优惠。"

1951 年第 100 号《同工同酬公约》（171 个国家批准，我国已批准）。公约规定，对同等价值的工作不分男女给予同等报酬。

国际劳工组织在 1998 年召开的第 86 届国际劳工大会上通过了《国际劳工组织关于工作中基本原则和权利宣言及后续措施》（以下简称《宣言》），《宣言》指出："即使尚未批准公约，仅从作为国际劳工组织成员国这一事实出发，所有成员国都有义务真诚地并根据《章程》要求，尊重、促进和实现关于作为这些公约之主题的基本权利的各项原则。"根据《宣言》中的阐述，国际劳工组织的成员国，无论其是否签订有关这四个核心劳工标准的公约，都有义务遵守和尊重代表劳工最基本权利和人权的核心劳工标准。

据 2013 年 12 月最新统计，到目前为止，国际劳工组织共有 185 个成员，批准国际劳工公约的总数达到 7 911 次，其中核心国际劳工公约批准次数达到 4 856 次，国际劳工组织成员国中多数国家批准了这些公约的大部分（详细情况请参见第六章后的附件 1）。其中，有 132 个国家全部批准了这 8 项公约（绝大部分欧美国家及非洲和拉美国家），澳大利亚等国批准了除第 138 号之外的 7 项，加拿大批准了除第 98 号和第 138 号公约之外的 6 项，日本批准了除第 105 号和第 111 号之外的六项，印度批准了其中四项核心公约（未批准第 87 号、第 98 号、第 138 号和第 182 号公约），美国只批准了第 105 和第 182 号公约。到目前为止，我国批准了其中 4 项，即第 100 号、第 111 号、第 138 号和第 182 号公约。值得指出的是，在 2000 年，国际劳工组织批准全部 8 个核心劳工标准的国家尚不到 40 个。之后，由于国际形势变化，经过国际劳工组织促进批准核心公约的运动和各国的努力，批约数量迅速上升。国际劳工组织的立场是，8个公约规定的权利是所有劳动者必须拥有的，是劳动者其他权利的基础和保障，不应因社会和政治制度及经济发展水平的差异而有任何例外。为此，劳工组织将这8个公约划分为公约分类中的第1类，即基本权利类公约，主张会员国应努力争取对这8个公约全部予以批准实施。

此外，尚有4个国际劳工公约由于其内容对于各国劳工制度与政策的形成具有重要影响，国际劳工组织要求各成员国予以特别重视，有人将其称为重要公约或准核心公约，即第81号《劳动监察公约》、第122号《就业政策公约》、第129号《（农业）劳动监察公约》和144号《三方协商促进履行国际劳工标准公约》，这些公约的批约国分别达到了142、106、52和133个。

## 三、关于国际劳工标准的争议和最新进展

国际劳工组织在成立之初曾设想通过制定和实施国际劳工标准来调节国际贸易竞争，并把这一思想写进了章程之中。由于尖锐的国家利害冲突以及实施的困难性，又从章程中删除了这一提法，但是这一基本观点仍然以含蓄的方式表达出来。如在1944年发表的《关于国际劳工组织的目标和宗旨的宣言》（即《费城宣言》）中，提出"任何地方的贫困对一切地方的繁荣构成危害""反对贫困的斗争需要各国在国内以坚持不懈的精力进行，还需要国际间做持续一致的努力"。在全球化的背景下，1993年年底在关贸总协定乌拉圭回合谈判马拉喀什会议上，美国政府代表提出以国际劳工标准为基础制定"社会条款"，纳入国际贸易规则，以调节国际竞争，维护全世界劳动者的基本权益。这一主张得到西方国家、国际工会组织等一些国际机构的支持。时任国际劳工局局长汉森在1994年国际劳工大会的报告中正式提出与即将成立的世界贸易组织联合实行社会条款的建议。建议的依据是，既然全球化的社会层面问题主要涉及劳动者的基本权益，而对劳动者基本权益的损害主要是在国际贸易自由化过程中发生的，所以应以国际劳工组织关于基本人权标准和社会保护标准组成社会条款并纳入国际贸易规则，把贸易自由化与尊重基本劳工标准联系起来，以维护劳动者的权益。建议的要害在于"联系"，即对不遵守基本劳工标准或达不到的国家实行贸易制裁。

发达国家试图推动全面批准核心劳工标准，而很多发展中国家认为，批准核

心劳工标准不是目的，重要的是实施核心国际劳工标准的原则。而且各国国情不同，实施的方法也不尽相同。尽管如此，国际劳工组织一直十分重视核心劳工标准，采取种种措施敦促各国努力批准这些公约，近来这种努力日益加强。例如，2012年国际劳工大会设立专门委员会，首次就国际劳工组织8项核心劳工标准进行循环讨论。委员会围绕国际劳工组织在推动核心劳工标准方面此后四年的优先事项，即如何更加普遍批准和实施核心劳工标准，政府、工人和雇主组织发挥的作用。如何与其他国际组织协调，如何更好地利用国际劳工组织的资源等问题进行了充分的讨论，目的在于加强国际劳工组织成员之间以及各成员与秘书处之间的沟通，更好地了解成员的需求，以便采取更加有效的战略行动。委员会在充分讨论的基础上，产生了会议结论，以指导未来的核心劳工标准工作。

国际劳工组织还通过了《核心劳工公约2012—2016年行动计划》。该行动计划提出了总体战略方向和目标。目标中特别包括：2015年前核心劳工公约的批准国家数量应至少新增15个，未批准至少一半核心劳工公约的国家要采取专门行动来落实工作中基本原则和权利。行动计划建议考虑让未批准核心劳工公约的国家向理事会做出解释并由相关方提供技术援助。此外，行动计划还列出了具体的活动，包括加强研究和统计，为三方成员提供技术咨询和合作，提高能力，强化社会伙伴的作用，与联合国系统内外的各个部门和各类机构建立伙伴关系等。

在对核心国际劳工标准的讨论过程中，国际劳工组织工人组、国际工会组织和某些发达国家建议未批准某个或多个核心国际劳工标准的国家应该到理事会说明情况，指出批准核心公约存在的困难和所需的援助等，以加强对成员国形成批约的压力，促进全面批准核心国际劳工标准。

## 第二节 核心劳工标准与国内立法比较

### 一、关于结社自由的权利

关于结社自由的国际劳工标准主要反映在第87号公约《结社自由与保护组织权公约》之中。所谓"自由结社权"，按照第87号公约第2条的规定："凡工人和雇主，均应没有任何区别地有权建立他们自己选择的组织，以及仅依有关组织的章程加入他们自己选择的组织，而无须事前得到批准。"换言之，该公约所讲的自由结社权，既是工人的权利，也是雇主的权利；不仅建立组织不需要事前得到批准，而且加入某个组织也不需要事先得到批准；同时无论是创建组织还是参加组织，都是可以自由选择的。在结社自由方面，我国许多法律有明确规定予以确认。

1. 我国《宪法》关于结社自由的规定

我国《宪法》规定了公民的结社自由权利，我国《宪法》第三十五条规定："中华人民共和国公民有言论、出版、集会、结社、游行、示威的自由。"这一规定与国际劳工组织的第87号公约的原则一致，工人的结社权通过有关法律规定及程序来实现。

2. 我国《工会法》对结社自由的规定

具体而言，我国主要是通过《工会法》来保障工人实现结社自由权的。《工会法》第二条规定："工会是职工自愿结合的工人阶级的群众组织。中华全国总工会及其各工会组织代表职工的利益，依法维护职工的合法权益。"第三条规定："在中国境内的企业、事业单位、机关中以工资收入为主要生活来源的体力劳动者和脑力劳动者，不分民族、种族、性别、职业、宗教信仰、教育程度，都有依法参加和组织工会的权利。任何组织和个人不得阻挠和限制。"

《工会法》这两条与国际劳工标准关于结社自由的规定一致，它强调了工人结社的权利。但我国《工会法》有两点中国特色，一是工会必须坚持党的领导，建立工会须得到批准。《工会法》第十一条明确规定："基层工会、地方各级总工会、全国或者地方产业工会组织的建立，必须报上一级工会批准。"二是我国实行的是单一工会制。《工会法》第九、第十条规定，全国建立统一的中华全国总工会，各级工会实行民主集中制。

此外，联合国《经济、社会及文化权利国际公约》第8条规定，人人有权组织工会和参加他所选择的工会，有权罢工。这些规定与国际劳工组织第87号公约的条款一致。我国对于这一条在批准该公约时做了保留。

3. 《劳动法》对结社自由的规定

《劳动法》第七条规定："劳动者有权依法参加和组织工会。工会代表和维护劳动者的合法权益，依法独立自主地开展活动。"第八条规定："劳动者依照法律规定，通过职工大会、职工代表大会或者其他形式，参与民主管理或者就保护劳动者合法权益与用人单位进行平等协商。"《劳动法》的这些规定，都与国际劳工组织关于结社自由的原则规定相一致。

从上述法律规定及目前实践看，我国劳动者参与和组织工会的权利，主要是通过中国共产党领导下的中华全国总工会及其各级工会组织来实现的，与国际劳工组织公约和西方国家所指的、完全无管制的"自由结社权利"，在实践上有一定的区别。

4. 社会团体登记管理条例对社会团体的管理规定

1998 年的《社会团体登记管理条例》对非政府组织的实体保障仅仅局限于"其他单位、个人不得非法侵占、私分或者挪用社会团体的资产"一项，该条例限制性条款超过了对其权利保障的内容，不能满足我国非政府组织发展的需求。如第三条规定，成立社会团体，应当经其业务主管单位审查同意，并依照本条例的规定进行登记。2000 年民政部制定的《取缔非法民间组织暂行办法》第二条第 2 款规定，未经登记擅自以社会团体或者民办非企业单位名义进行活动的为非法民间组织。目前，由于简政放权和改革的加快，民政部门和国务院法制办正在修订出台新的《社会团体登记管理条例》等行政法规，制定《四类直接登记社会组织认定标准》和《全国性社会组织直接登记暂行办法》，并积极推动地方开展直接登记。

可以看出我国结社立法并未从结社目的上对结社活动予以明文限制，但有具体、明确的要求。《社会团体管理条例》第四条规定，"社会团体必须遵守宪法、法律、法规和国家政策，不得反对宪法确定的基本原则，不得危害国家的统一、安全和民族的团结，不得损害国家利益、社会公共利益以及其他组织和公民的合法权益，不得违背社会道德风尚。社会团体不得从事营利性经营活动。"这些要求是社团的行为准则。

## 二、关于集体谈判

集体谈判的核心国际劳工标准是 1949 年的第 98 号公约，即《组织权利和集体谈判权利公约》（简称《集体谈判公约》）。该公约不但规定工人和工会应当受到保护，政府还要鼓励、推动工会和雇主协会"最广泛地发展和使用"集体谈判和集体合同，因而在世界上被广泛地用作进行集体谈判和签订集体合同的国际法依据，获得了大多数国家的批准。

我国法律法规对于集体谈判的规定如下。

1. 《劳动法》对于集体谈判的规定

《劳动法》第三十三条规定:"企业职工一方与企业可以就劳动报酬、工作时间、休息休假、劳动安全卫生、保险福利等事项,签订集体合同。集体合同草案应当提交职工代表大会或者全体职工讨论通过。集体合同由工会代表职工与企业签订;没有建立工会的企业,由职工推举的代表与企业签订。"与国际劳工标准第163号《促进集体谈判建议书》的第4条规定比较,该条款没有限制企业集体合同之外的其他级别的集体合同,签订其他级别的集体合同也并不违法。

2. 《劳动合同法》对于集体谈判的规定

《劳动合同法》第五十一条规定:"企业职工一方与用人单位通过平等协商,可以就劳动报酬、工作时间、休息休假、劳动安全卫生、保险福利等事项订立集体合同。集体合同草案应当提交职工代表大会或者全体职工讨论通过。集体合同由工会代表企业职工一方与用人单位订立;尚未建立工会的用人单位,由上级工会指导劳动者推举的代表与用人单位订立。"第五十二条规定:"企业职工一方与用人单位可以订立劳动安全卫生、女职工权益保护、工资调整机制等专项集体合同。"第五十三条规定:"在县级以下区域内,建筑业、采矿业、餐饮服务业等行业可以由工会与企业方面代表订立行业性集体合同,或者订立区域性集体合同。"

3. 《工会法》对于集体谈判的规定

《工会法》第二十条规定:"工会代表职工与企业以及实行企业化管理的事业单位进行平等协商,签订集体合同。集体合同草案应当提交职工代表大会或者全体职工讨论通过。工会签订集体合同,上级工会应当给予支持和帮助。企业违反集体合同,侵犯职工劳动权益的,工会可以依法要求企业承担责任;因履行集体合同发生争议,经协商解决不成的,工会可以向劳动争议仲裁机构提请仲裁,仲裁机构不予受理或者对仲裁裁决不服的,可以向人民法院提起诉讼。"

虽然"集体谈判"一词在我国劳动法规中并没有出现,但我国使用的"平等协商"或"集体协商",就是指工会或职工代表与用人单位为签订集体合同而进行协商行为。《劳动法》第三十三条规定,职工一方与企业可以签订集体合同,集体合同由工会代表职工与企业签订;没有建立工会的企业,由职工代表推举的代表与企业签订。劳动部在1994年12月5日发布了《集体合同规定》,详细规定了对平等协商的程序,从而落实了《劳动法》赋予职工通过平等协商签订集体合同的权利。

我国劳动法规强调集体协商,对集体谈判讲得比较少,主要原因是我国在推动中国特色和谐劳动关系的建设和发展中,要求最大限度增加劳动关系和谐因素,最大限度减少不和谐因素,促进经济持续健康发展和社会和谐稳定。这一指导思想可以通过政府、企业和劳动者的多方的集体协商来实现。

劳动和社会保障部于2004年5月1日开始实施的《集体合同规定》第四条规定:"用人单位与本单位职工签订集体合同或专项集体合同,以确定相关事宜,应当采取集体协商的方式。"第三十二条还规定"一方提出集体协商要求的,另一方应当在收到集体协商要求之日起20日内以书面形式给予回应,无正当理由不得拒绝进行集体协商。"第五十六条规定"用人单位无正当理由拒绝工会或职工代表提出的集体协商要求的,按照《工会法》及相关法律法规的规定处理。"

这意味着职工一方有权提出与企业进行集体协商,企业不得拒绝。这项规定对于明确职工的集体谈判是一个很大的进步。

在集体谈判权利方面,我国集体协商和集体合同制度建设已经取得了阶段性成效,但与国际劳工标准和西方发达国家所主张的集体谈判,特别是与国际劳工组织提倡的以自由结社、集体谈判以及罢工权利为基础的集体谈判权,还存在差异。

### 三、关于禁止强迫劳动的法律规定

国际劳工组织禁止强迫劳动的核心公约是1930年第29号《强迫劳动公约》和1957年第105号《废除强迫劳动公约》。第29号公约规定,各国政府应在最短期间内废除使用一切形式的强迫或强制劳动(但对几种情况做了排除)。强迫或强制劳动是指任何以惩罚相威胁,强迫任何人从事的非本人自愿的一切劳动或服务,但义务兵役制、某些公民义务、监狱劳动、非抗力情况下要求的劳动以及小型村镇工程不应视为强迫劳动。第105号公约进一步规定,各国政府应在以下5种情况下取缔一切形式的强迫劳动:(1)政治教育或对不同政见者的惩罚;(2)动员使用劳动力用于经济发展;(3)作为劳动纪律措施;(4)对罢工的惩处;(5)作为种族、社会、民族或宗教歧视的措施。

我国涉及禁止强迫劳动的法律规定较多，如《宪法》《刑法》《劳动法》《劳动合同法》等。根据法律规定，中国遵守废除一切形式的强迫或强制劳动的原则，《宪法》《刑法》《劳动法》《劳动合同法》等均明确规定，保障公民的人身自由不受侵犯，禁止强迫劳动，对实施强迫劳动的责任人依法追究刑事责任。

1. 《宪法》对禁止强迫劳动的规定

我国《宪法》第三十七条规定："中华人民共和国公民的人身自由不受侵犯。任何公民，非经人民检察院批准或者决定或者人民法院决定，并由公安机关执行，不受逮捕。禁止非法拘禁和以其他方法非法剥夺或者限制公民的人身自由，禁止非法搜查公民的身体。"

2. 《刑法》对禁止强迫劳动的规定

2011年2月25日全国人大常委会审议通过的《中华人民共和国刑法修正案（八）》第三十八条将《刑法》第二百四十四条修改为："以暴力、威胁或者限制人身自由的方法强迫他人劳动的，处三年以下有期徒刑或者拘役，并处罚金；情节严重的，处三年以上十年以下有期徒刑，并处罚金。明知他人实施前款行为，为其招募、运送人员或者有其他协助强迫他人劳动行为的，依照前款的规定处罚。单位犯前两款罪的，对单位判处罚金，并对其直接负责的主管人员和其他直接责任人员，依照第一款的规定处罚。"

这一修改将任何组织和个人以暴力、威胁或者限制人身自由的方法强迫他人劳动的都纳入了打击范围；将法定最高刑由三年有期徒刑提高到十年；将为强迫劳动的个人或者单位招募、运送人员的行为也规定为犯罪，这些规定增强了对弱势群体的保护力度，加大了对犯罪行为的惩处力度。另外，《刑法》第二百四十四条还将协助他人强迫劳动的帮助行为以强迫劳动罪的共同犯罪论处，且规定与强迫劳动的实行行为人承担相同的刑事责任，适用相同的法定刑。这种规定不同于《刑法》分则对类似个罪的处理，彰显了我国打击强迫劳动的决心以及尊重和保障人权的态度。这些规定与劳工公约一致。

3. 《劳动法》对禁止强迫劳动的规定

《劳动法》第三条规定："劳动者享有平等就业和选择职业的权利、取得劳动报酬的权利、休息休假的权利、获得劳动安全卫生保护的权利、接受职业技能培训的权利、享受社会保险和福利的权利、提请劳动争议处理的权利以及法律规定的其他劳动权利。"第四条规定:"用人单位应当依法建立和完善规章制度,保障劳动者享有劳动权利和履行劳动义务。"第十七条规定:"订立和变更劳动合同,应当遵循平等自愿、协商一致的原则,不得违反法律、行政法规的规定。"此外,根据《劳动法》第三十二条规定,用人单位以暴力、威胁或者非法限制人身自由的手段强迫劳动的,劳动者可以随时通知用人单位解除劳动合同。第九十六条规定:"用人单位有下列行为之一,由公安机关对责任人员处以十五日以下拘留、罚款或者警告;构成犯罪的,对责任人员依法追究刑事责任:(一)以暴力、威胁或者非法限制人身自由的手段强迫劳动的;(二)侮辱、体罚、殴打、非法搜查和拘禁劳动者的。"

4.《劳动合同法》对禁止强迫劳动的规定

《劳动合同法》第三条规定:"订立劳动合同,应当遵循合法、公平、平等自愿、协商一致、诚实信用的原则。"第三十一条规定:"用人单位应当严格执行劳动定额标准,不得强迫或者变相强迫劳动者加班。用人单位安排加班的,应当按照国家有关规定向劳动者支付加班费。"第三十八条规定:"用人单位以暴力、威胁或者非法限制人身自由的手段强迫劳动者劳动的,或者用人单位违章指挥、强令冒险作业危及劳动者人身安全的,劳动者可以立即解除劳动合同,不需事先告知用人单位。"第八十八条规定:"用人单位有下列情形之一的,依法给予行政处罚;构成犯罪的,依法追究刑事责任;给劳动者造成损害的,应当承担赔偿责任:(一)以暴力、威胁或者非法限制人身自由的手段强迫劳动的;(二)违章指挥或者强令冒险作业危及劳动者人身安全的;(三)侮辱、体罚、殴打、非法搜查或者拘禁劳动者的;(四)劳动条件恶劣、环境污染严重,给劳动者身心健康造成严重损害的。"

通过对国际社会及我国强迫劳动标准的分析可以看出,我国的强迫劳动标准与国际上的强迫劳动标准是相同的,差异之处有二:一是国际劳工公约关于强迫劳动的定义更宽泛。二是对我国过去实行的劳动教养制度存在非议,有些人认为其没有经过法律审判,是行政行为,应属于强迫劳动。2013年党的十八届三中全会提出"废止劳动教养制度,完善对违法犯罪行为的惩治和矫正法律,健全社区矫正制度。"这一决定解决了与国际劳工标准认识差异问题,为我国批准该公约奠定了基础。

## 四、关于禁止使用童工的法律规定

国际劳工组织关于废除童工劳动的核心公约是 1973 年《最低年龄公约》（第 138 号）和 1999 年《最恶劣形式童工劳动公约》（第 182 号）。第 138 号公约要求各国政府制定政策以保证切实消除童工劳动并逐步提高就业准许年龄，以使未成年人达到最充分的身心发展。最低就业年龄规定为 15 岁，在发展中国家也不得低于 14 岁。对可能危害未成年人身心健康或安全的就业或工作，最低年龄不得低于 18 岁。第 182 号公约要求各国采取及时措施以确保禁止和有效消除最恶劣形式的童工劳动。这包括：所有形式的奴隶制或类似奴役作法；使用、招收或提供儿童卖淫、生产色情制品或进行色情表演；使用、招收或提供儿童从事非法活动，特别是生产和贩卖相关国际条约中规定的麻醉品，其性质或在其中工作的环境危害儿童健康、安全和道德的工作。

20 世纪 90 年代以来，我国制定颁布了一系列禁止使用童工方面的法律法规。全国人大常委会于 1991 年制定了《未成年人保护法》（2006 年、2012 年两次修订），1994 年颁布了《劳动法》，国务院于 1991 年制定颁布了《禁止使用童工规定》（2002 年，中国重新制定了《禁止使用童工规定》，于 2002 年 12 月 1 日起施行）。另外，中国还批准加入了《儿童权利公约》《准予就业最低年龄公约》和《禁止和立即行动消除最恶劣形式的童工劳动公约》等有关童工问题的国际劳工公约。我国涉及禁止使用童工的法律法规如下：

1. 《未成年人保护法》规定禁止使用童工

《未成年人保护法》第三十八条规定："任何组织或者个人不得招用未满十六周岁的未成年人。任何组织或者个人按照国家有关规定招用已满十六周岁未满十八周岁的未成年人的，应当执行国家在工种、劳动时间、劳动强度和保护措施等方面的规定，不得安排其从事过重、有毒、有害等危害未成年人身心健康的劳动或者危险作业。"这条规定与国际劳工公约相一致。

2. 《劳动法》禁止使用童工

《劳动法》规定了允许招收未成年人从事文艺、体育和特种工艺单位工作的条件。《劳动法》第十五条规定："禁止用人单位招用未满十六周岁的未成年人。文艺、体育和特种工艺单位招用未满十六周岁的未成年人，必须依照国家有关规定，履行审批手续，并保障其接受义务教育的权利。"第十五条第二款规定："文艺、体育和特种工艺单位招用未满十六周岁未成年人，必须依照国家有关规定，履行审批手续，并保障其接受义务教育的权利。"第六十四条规定："不得安排未成年工从事矿山井下、有毒有害、国家规定的第四级体力劳动强度的劳动和其他禁忌从事的劳动。"第六十五条规定："用人单位应当对未成年工定期进行健康检查。"

3. 《禁止使用童工规定》的有关内容

《禁止使用童工规定》第二条规定："国家机关、社会团体、企业事业单位、民办非企业单位或者个体工商户均不得招用不满16周岁的未成年人（招用不满16周岁的未成年人，统称使用童工）。禁止任何单位或者个人为不满16周岁的未成年人介绍就业。禁止不满16周岁的未成年人开业从事个体经营活动。"第四条规定："用人单位招用人员时，必须核查被招用人员的身份证、核查年龄；对不满16周岁的未成年人，一律不得招用。用人单位录用人员的录用登记、核查材料应当妥善保管。"《禁止使用童工规定》第13条规定："文艺、体育单位经未成年人的父母或者其他监护人同意，可以招用不满16周岁的专业文艺工作者、运动员。用人单位应当保障被招用的不满16周岁的未成年人的身心健康，保障其接受义务教育的权利。"

从以上法律规定可以看出，我国法规所确定的最低就业年龄高于国际劳工标准。

4. 《就业促进法》规定对初高中毕业生实行职业教育和培训

《就业促进法》第四十八条规定："国家采取措施建立健全劳动预备制度，县级以上地方人民政府对有就业要求的初高中毕业生实行一定期限的职业教育和培训，使其取得相应的职业资格或掌握一定的职业技能。"

尽管我国政府十分重视对少年儿童的保护，社会各界也非常关心少年儿童的成长，但我国的童工问题仍然存在，原因主要在两方面：一是法律法规允许从事文艺、体育的单位招收未成年人，但如果监管不严，可能出现未成年人去参加经营性演出等，不能保障不满16周岁的未成年人的身心健康以及其接受义务教育的权利。二是一些企业存在违规招收童工的现象。虽然目前我们并不缺乏禁止童工的法律法规，但同时必须承认，由于缺乏强力的监督手段，这些规定在现实中并没有完全得到有效落实。虽然《禁止使用童工规定》规定："劳动保障部门在监督检查工作中发现使用童工的情况，不予制止、纠正、查处的，应被追究责任。"但如果劳动部门监督检查力量的配备不足,就会影响执法效果。

## 五、关于消除就业和职业歧视的法律规定

国际劳工组织消除就业与职业歧视的核心公约是1951年《同等报酬公约》(第100号)和1958年《歧视(就业和职业)公约》(第111号)。第100号公约规定,国家应鼓励并在现行确定报酬率办法允许程度内确保对全体劳动者实行男女劳动力之间同等价值工作报酬平等的原则。第111号公约要求各国制定和实行旨在消除就业和职业领域一切形式歧视的国家政策,把促进机会和待遇平等作为基本目标。对歧视的界定是,一切以种族、肤色、性别、宗教、政治观点、国籍、社会出身为基础,具有破坏或损害机会或待遇平等效果的区别、排除或优惠。

中国政府和各界高度重视保障劳动者平等就业权,反对各种就业和职业歧视。我国《劳动法》明确规定,劳动者享有平等就业和选择职业的权利。《就业促进法》专设"公平就业"一章,要求各级人民政府创造公平就业的环境,消除就业歧视,制定政策并采取措施对就业困难人员给予扶持和帮助。此外,《妇女权益保障法》《残疾人保障法》《残疾人就业条例》等法律法规对保障特定群体的就业权益做出了专门规定。

1.《劳动法》对消除就业和职业歧视的规定

《劳动法》第十二条规定:"劳动者就业,不因民族、种族、性别、宗教信仰不同而受歧视。"第十三条规定:"妇女享有与男子平等的就业权利。在录用职工时,除国家规定的不适合妇女的工种或者岗位外,不得以性别为由拒绝录用妇女或者提高对妇女的录用标准。"我国《劳动法》明确定义的就业歧视只包括民族、种族、性别和宗教信仰等4种情况,并不包括基于社会出身等原因而进行的歧视。显然,这种定义的范围要窄于第111号国际劳工公约的范围。例如,我国就业中的突出问题是户籍歧视,这其实是一种社会出身的歧视。

2.《就业促进法》对消除就业和职业歧视的规定

《就业促进法》第三条规定:"劳动者依法享有平等就业和自主择业的权利。劳动者就业,不因民族、种族、性别、宗教信仰等不同而受歧视。"第二十五条规定:"各级人民政府创造公平就业的环境,消除就业歧视,制定政策并采取措施对就业困难人员给予扶持和援助。"第二十六条规定:"用人单位招用人员、职

业中介机构从事职业中介活动,应当向劳动者提供平等的就业机会和公平的就业条件,不得实施就业歧视。"第二十七条规定:"国家保障妇女享有与男子平等的劳动权利。用人单位招用人员,除国家规定的不适合妇女的工种或者岗位外,不得以性别为由拒绝录用妇女或者提高对妇女的录用标准。用人单位录用女职工,不得在劳动合同中规定限制女职工结婚、生育的内容。"第二十八条规定:"各民族劳动者享有平等的劳动权利。用人单位招用人员,应当依法对少数民族劳动者给予适当照顾。"第二十九条规定:"国家保障残疾人的劳动权利。各级人民政府应当对残疾人就业统筹规划,为残疾人创造就业条件。用人单位招用人员,不得歧视残疾人。"第三十条规定:"用人单位招用人员,不得以是传染病病原携带者为由拒绝录用。但是,经医学鉴定传染病病原携带者在治愈前或者排除传染嫌疑前,不得从事法律、行政法规和国务院卫生行政部门规定禁止从事的易使传染病扩散的工作。"第三十一条规定:"农村劳动者进城就业享有与城镇劳动者平等的劳动权利,不得对农村劳动者进城就业设置歧视性限制。"

3.《妇女权益保障法》对消除就业和职业歧视的规定

《妇女权益保障法》第二十二条规定:"国家保障妇女享有与男子平等的劳动权利和社会保障权利。"第二十三条规定:"各单位在录用职工时,除不适合妇女的工种或者岗位外,不得以性别为由拒绝录用妇女或者提高对妇女的录用标准。各单位在录用女职工时,应当依法与其签订劳动(聘用)合同或者服务协议,劳动(聘用)合同或者服务协议中不得规定限制女职工结婚、生育的内容。"第二十四条规定:"实行男女同工同酬。妇女在享受福利待遇方面享有与男子平等的权利。"第二十五条规定:"在晋职、晋级、评定专业技术职务等方面,应当坚持男女平等的原则,不得歧视妇女。"第二十六条规定:"任何单位均应根据妇女的特点,依法保护妇女在工作和劳动时的安全和健康,不得安排不适合妇女从事的工作和劳动。妇女在经期、孕期、产期、哺乳期受特殊保护。"第二十七条规定:"任何单位不得因结婚、怀孕、产假、哺乳等情形,降低女职工的工资,辞退女职工,单方解除劳动(聘用)合同或者服务协议。但是,女职工要求终止劳动(聘用)合同或者服务协议的除外。各单位在执行国家退休制度时,不得以性别为由歧视妇女。"

4.《残疾人保障法》对消除就业和职业歧视的规定

《残疾人保障法》第三条规定:"残疾人在政治、经济、文化、社会和家庭生活等方面享有同其他公民平等的权利。残疾人的公民权利和人格尊严受法律保护。禁止基于残疾的歧视。"第四条规定:"国家采取辅助方法和扶持措施,对残疾人给予特别扶助,减轻或者消除残疾影响和外界障碍,保障残疾人权利的实现。"第三十条规定:"国家保障残疾人劳动的权利。各级人民政府应当对残疾人劳动就业统筹规划,为残疾人创造劳动就业条件。"第三十三条规定:"国家实行按比例安排残疾人就业制度。国家机关、社会团体、企业事业单位、民办非企业单位应当按照规定的比例安排残疾人就业,并为其选择适当的工种和岗位。达不到规定比例的,按照国家有关规定履行保障残疾人就业义务。国家鼓励用人单位超过规定比例安排残疾人就业。"第三十七条规定:"政府有关部门设立的公共就业服务机构,应当为残疾人免费提供就业服务。残疾人联合会举办的残疾人就业服务机构,应当组织开展免费的职业指导、职业介绍和职业培训,为残疾人就业和用人单位招用残疾人提供服务和帮助。"第三十八条规定:"在职工的招用、转正、晋级、职称评定、劳动报酬、生活福利、休息休假、社会保险等方面,不得歧视残疾人。残疾职工所在单位应当根据残疾职工的特点,提供适当的劳动条件和劳动保护,并根据实际需要对劳动场所、劳动设备和生活设施进行改造。"

5.《残疾人就业条例》对消除就业和职业歧视的规定

《残疾人就业条例》第四条规定:"国家鼓励社会组织和个人通过多种渠道、多种形式,帮助、支持残疾人就业,鼓励残疾人通过应聘等多种形式就业。禁止在就业中歧视残疾人。"第十三条规定:"用人单位应当为残疾人职工提供适合其身体状况的劳动条件和劳动保护,不得在晋职、晋级、评定职称、报酬、社会保险、生活福利等方面歧视残疾人职工。"第二十一条规定:"各级人民政府和有关部门应当为就业困难的残疾人提供有针对性的就业援助服务,鼓励和扶持职业培训机构为残疾人提供职业培训,并组织残疾人定期开展职业技能竞赛。"

此外,《妇女儿童权益保护法》第二十三条第二款规定,各单位在录用女职工时,应当依法与其签订劳动(聘用)合同或者服务协议,劳动(聘用)合同或者服务协议中不得规定限制女职工结婚、生育的内容。

与国际劳工标准比较,我国就业歧视法规虽然较多,但仍然有待完善,主要是没有总体的反就业歧视法规。关于歧视的规定过于原则,可操作性较差。此外,我国还存在着年龄歧视、甚至是相貌歧视、身高歧视、血型歧视、姓氏歧视等奇怪的现象。

## 第三节　完善我国相关法规的建议

核心劳工标准是否应全面接受，理论界有着不同的看法。有学者认为，国际劳工标准重点针对外贸出口行业，而我国劳工问题突出的行业是非出口行业和企业，同时，考虑我国的经济发展水平等实际情况，国际劳工标准无助于从根本上解决我国劳工标准问题。一些学者则认为，国内法应该尽量与核心劳工标准接轨，一方面可以维护国内劳动者的切身利益，促进劳动法制和社会保障体系的完善；另一方面也关系我国改革开放事业和对外贸易的顺利进行和经济的发展。

对国内法是否要全盘照抄核心劳工标准，要审慎对待。国际劳工标准更多是按照发达国家的要求和模式建立的，有些是不适应发展中国家国情的，或者是不适应这一发展阶段的。核心劳工标准产生的初始宗旨是改善工人的状况，但必须清醒地看到，随着世界贸易的发展，劳工标准已经不是劳动领域的专有议题。发达国家将劳工标准与国际贸易挂钩，可以实现以保护劳工之名，行限制发展中国家国际贸易之实。因此，不能因为西方国家强调核心劳工标准，我国就必须将核心劳工标准国内化。从上文的论述中可以看出，我国在消除剥削童工、消除就业歧视方面的立法业已形成，并将随着社会经济的发展日趋完善。

争议焦点主要存在于集体谈判权和废除强迫劳动两方面，后者已经基本得到解决。由于集体谈判权带有浓厚的历史性，涉及的制度都在我国的国家建制过程中逐渐形成的，并且在现实生活中仍然发挥着作用，因此，不能抛开中国的国情，去简单适用国际标准，即使这些标准在其他国家是行之有效的，也会出现不适应的问题。罗伯特·霍恩曾说，一个国家的劳动法比起其契约法或侵权行为法，总是更为深刻地带有民族历史和社会习俗的印记。[①] 法学大家格言般的描述，是论及核心劳工标准与中国劳动立法关系时需谨记于心的。是将核心劳工标准直接适用或修改国内相应立法，从而国内化；还是正视我国政治经济、历史文化等具体国情的差异性，给国内劳动立法留下相应的自由空间，从而保持其民族历史和社

---

① 罗伯特·霍恩. 德国民商法导论 [M]. 楚建译. 北京：中国大百科全书出版社，1996：345.

会习俗的印记呢？后者显然是更为中国劳动立法接受的方式。

## 一、完善自由结社权与集体谈判权

"自由结社"和"集体谈判"权利的有效确认，关系我国社会政治制度安排，在此问题上要有清醒认识。

1. 关于改革工会和修改《工会法》的问题

改革开放以来，我国的外商投资企业、私营企业等非公有制经济取得了长足发展，在私营企业中的员工越来越多，他们和企业之间存在一定程度的利益冲突。要向企业争取最大权益，最好的策略是组织工会。但是目前私营单位的工会组织比率一直很低，这既和私营雇主的不配合有关，也与目前组织工会方面的程序复杂有关，特别是设立工会必须事前经过批准的规定，不仅不利于鼓励工人组织工会的积极性，反而会影响工人参加工会的热情。中国工会在历史上就与中国共产党密不可分，因此，在现阶段继续保持正确的政治方向是必须的。但是，我国应该充分发挥工会组织的自主性。特别是在市场经济充分发展的条件下，工人和雇主往往在力量上并不平衡，强雇主、弱劳工的情况是普遍存在的。因此，建立相对自主的工会组织，并让尽可能多的工人加入工会组织，可以改变这种劳资失衡的状况。在工作实践中大力推进行业性、地区性工会的建设，进一步扩大工会的覆盖面、代表性，可以为集体谈判打下良好的基础。

此外，中国工会应该转变工作作风，主动为工人维权，增强自主性，防止衙门作风。首先，要纠正认识上的误区，错误地认为工会是员工的领导，而应该树立服务意识，认识到工会是维护工人利益的社会伙伴组织。其次，要完善工会的组织机构和运作制度，让工人更多地加入到工会组织中来。

2. 完善集体协商制度

可以在现有的法律框架内确立集体协商的地位、方法、时限等内容。应该建立良好的制度，让雇主和工会能够真正平等谈判。雇主应该代表企业主的利益并且能够独立行使谈判的职能，工会真正代表绝大部分工人的利益，工会的干部应该来自工人群体，防止管理人员和雇主参加工会，并在经济上保障工会的独立性。

我国《劳动法》尽管有劳动合同和集体合同一章，同时第三十三条专门就集体合同做出了规定，但只是规定职工"可以"与企业签订集体合同，这一"可以"就使该条不属于强制性条款，雇主和工人均没有义务开展集体协商并签订集体合同。建议《劳动法》修改为，工人和雇主"应该"就工资、工时等内容进行集体谈判，一方提出集体谈判的建议后，另一方必须在一定的合理期限内做出书面回应。确保谈判的真诚和有效。

3. 完善结社法律法规

结社自由是我国宪法规定的公民的基本权利。结合修订出台《社会团体登记管理条例》等行政法规，制定《四类直接登记社会组织认定标准》和《全国性社会组织直接登记暂行办法》，并积极推动地方开展直接登记，保障工人权利。

## 二、制定废除劳动教养制度后的政策措施

党的十八届三中全会已经决定废除劳动教养制度。现在应该加快研究替代劳动教养的制度、办法和措施，以应对处理违反治安管理人员，屡教不改的人员以及构成轻微犯罪而不需要判处刑罚的或者尚不够刑事处分的人员。这种替代制度或办法可以采用心理治疗、教育辅导、社区矫正等方法。但是，要防止替代办法重蹈劳动教养制度的覆辙。

## 三、完善平等就业制度

建立健全反就业歧视法律体系，对反对就业歧视、促进就业平等有着重要的意义。法律约束作用主要体现在以下几个方面：第一，规范作用。法律明确规定哪些行为属于就业歧视，是禁止性行为，从而避免发生这样的歧视行为。第二，制裁和威慑作用。对那些严重歧视行为进行制裁，增加其违法成本；对有就业歧视企图的单位和个人起到威慑作用，使他们认识到，实施就业歧视将来是要付出承担法律责任的代价，使其不敢或不愿这样做。第三，引导作用。它树立了一个标尺，告知社会，用人单位不能实施就业歧视。实际上为全社会提高就业平等、反对就业歧视的行为提供了法律保障。

建立健全反就业歧视法律体系可以从以下几个方面着手：首先，应该修改现行的法规，特别是应该尽快修订《劳动法》，加上"平等就业"一章，以确立平等就业、反对歧视的原则，定义就业歧视并对就业歧视的范围进行合理界定。其次，在条件成熟时，建议制定《反就业歧视法》或者《反就业歧视条例》，全面规定就业歧视的原则、范围、定义以及反就业歧视的办法。建议要扩大就业歧视

的范围，将出身、年龄、健康等内容列入。强化就业歧视的法律责任，《反就业歧视法》或者《反就业歧视条例》的目标是确立平等就业权、消除就业歧视，实现这一目标需要强化法律责任，增加违法成本。再次，实施歧视行为应该承担民事责任、刑事责任、行政责任。由于劳动者处于弱势地位，因此，建议增加歧视的刑事责任。目前，我国《刑法》没有就业歧视的规定，这可能也是目前《劳动法》《劳动合同法》执行效果欠佳的一个原因。根据《刑法》第三条"法律明文规定为犯罪行为的，依照法律定罪处刑；法律没有明文规定为犯罪行为的，不得定罪处刑"的规定，如果不修改《刑法》，增加相应条款，就不能对就业歧视规定刑事责任。因此，建议将就业歧视入罪。最后，对于经济确有困难的被歧视者，法律应该明确向他们提供司法救济和法律援助；考虑到就业歧视举证困难的问题，法律可以规定举证责任倒置。

此外，要建立平等就业机构。这种机构应该是跨部门的，从而具有综合性和权威性，更好地促进平等就业。国外的一些实践也都证明平等就业机构对于反就业歧视具有较好的实践效果。

目前我国某些已实施的法规、规章也存在歧视性规定，建议要及时清理，以符合形势变化的新要求。

## 四、废除童工的相关法规也需要进一步完善

建议应该严格规定从事文艺、体育方面儿童的最低年龄，防止单纯从出成绩的角度考虑问题而伤害未成年人，要以保护儿童身心健康为要。此外，应该加强监察和检查，做好反对童工劳动的宣传教育工作。

## 五、加强劳动法规执法工作

从目前看，劳动保障执法的力量、力度与日益艰巨的劳动保障执法监察任务相比，越来越不适应，难度越来越大。随着监管范围、监管对象、监管事项不断扩大，我国劳动执法力量却没有得到相应加强，机构队伍建设与实际执法任务不相适应的矛盾长期存在。一些县级劳动保障监察机构人员缺乏，靠1~2名专职监察员"包打天下"。比如广西永靖县只有专职监察员两人，而服务的务工人员却有6万多人，基本处于应付处理举报投诉案件和突发事件的"救火队"状态。基层监察机构缺乏办案车辆和装备，对多处于偏远山区的小企业难以有效监督。以2013年上半年为例，劳动保障监察共检查用人单位近93万户，涉及劳动者约

4 200万，但覆盖面仍只占到全国约5 661万户城镇用人单位的1.6%，约4.8亿劳动者的0.9%。在查处的案件中举报投诉案件约占总数的90%，整体上与实现主动监察还有很大的距离。

为此，要进一步加强劳动保障执法队伍建设，增加劳动监察人员数量，提供劳动保障监察人员的素质，积极推行劳动保障监察网格化、网络化管理，同时应该对于重点劳动群体、重点地区给予特别关注，健全上下联动、内外配合、社会协同的劳动保障监察维权综合治理机制。

# 第三章
# 就业方面的国际劳工标准比较

国际劳工组织自成立以来,根据不同时期的就业形势,制定了相应的就业方面的标准,并成为国际劳工标准的重要组成部分。就业方面的国际劳工标准包括促进就业和平等就业两方面的标准,平等就业标准已经在核心劳工标准部分予以详细的介绍,不再重复。本部分将重点关注就业方面的国际劳工标准与我国相关法律法规比较,并提出相关政策建议。

## 第一节 就业方面的国际劳工标准

### 一、就业政策公约及建议书

国际劳工组织自成立以来制定了一系列就业政策标准,并根据不同时期经济发展和劳动力市场特点作了补充完善。1919年,国际劳工大会根据"预防或采取措施制止失业"的有关提议,制定了《失业公约》。1934年,制定了《保证非自愿失业者救济或补助公约》及《失业者失业保险和多种救济形式建议书》。1964年,制定了《就业政策公约》和《就业政策建议书》,提出各国应实行一项积极的政策,以及促进充分的、自由选择的、生产性就业的基本理念。公约和建议书阐述了就业政策的目标、原则和类型,提出了解决与经济不发达有关的就业问题的政策建议。1964年《就业政策公约》和建议书是国际就业领域第一个比较全面、系统的纲领性文件,目前已经有108个国家批准了该公约,我国于1997年批准该公约。

1. 《就业政策公约》

国际劳工组织于1964年通过的第122号《就业政策公约》是国际劳工组织

的一项重要公约，基本目标是促进"充分的、生产性的和自由选择的就业"。公约要求制定实施一项促进充分就业的政策作为基本目标，以便刺激经济增长和经济发展，提高生活水平，满足劳动力需要和解决失业问题。就业政策应尽力保障所有愿意工作的人都获得工作，这种工作应有充分机会获得适合于他的工作岗位所需的技能，以便在此岗位上利用这种技能，发挥自己的才干，并不受歧视。就业政策的制定应考虑本国的经济发展阶段和水平，考虑就业目标与其他社会经济目标之间的关系，政策的实施应适合本国的条件和习惯做法。为实施而采取的措施应在社会经济政策框架内加以确定并定期予以审议。公约规定，就业政策的制订与实施应与有关方面特别是雇主组织和工人组织进行协商。

2.《就业政策建议书》

国际劳工组织于1964年通过了第122号《就业政策建议书》，作为122号公约的补充。就业政策的目标为：（1）为促进经济增长和发展，提高生活水平、满足对人力的需求，并解决失业和不充分就业的问题，各会员国应宣布并实行一项积极的政策，其目的在于促进充分的、生产性的和自由选择的就业。（2）政策应保证下列要求：向一切有能力工作并寻找工作的人提供工作，此种工作应尽可能是生产性的，每个工人都有选择职业的自由。（3）上述政策应适当考虑经济发展的阶段和水平，以及就业目标同其他经济和社会目标之间的相互关系，其实施办法应符合各国的条件和惯例。

就业促进政策要区分长期性政策和短期性政策。从长期看，要制定相应的经济政策，促进经济不断发展并保持适当程度的稳定，从而为不同就业政策的实施创造最佳环境。从短期看，要防止伴随经济波动而出现的普遍失业或不充分就业，抵消与劳动力市场失衡相关的通货膨胀压力。要通过制定增减私人消费和投资、政府开支或投资的措施，防止上述情况的出现。无论是对付衰退、通货膨胀或其他不平衡状态，就业政策的时间性很重要，政府应当根据实际情况，适时采取一定的政策措施。要对宏观经济趋势和政策进行定期分析，包括短期的稳定措施和长期的发展政策，并明确就业和其他经济社会目标之间的取舍。具体的就业政策包括：季节性就业政策，减少结构性失业政策，妇女、青年及特殊群体和人员的就业，稳定就业的政策，技术政策，非正规部门就业政策，区域发展政策，各国投资和专项公共工程计划，促进生产性就业政策，就业保护政策。

与经济不发达有关的就业问题。包括四个方面：（1）投资和收入政策。由于资金短缺而出现就业机会不足，应采取一切适当措施增加国内储蓄，并鼓励外国和国际机构财政资源的流入，增加生产性投资。(2) 促进工业部门的就业。要认识到工业部门对长期创造更多就业机会的极端重要性，要适应国内外市场需求模式的变化，根据现有的原材料和能源，采用现代技术，研究建立现代工业体系。在经济均衡发展的范围内致力于工业发展，以确保通过使用本地的劳动力资源，使制成品的经济产量最大化。要特别注意采取提高生产效率、降低生产成本的措施，发展多种经济形式和地区经济均衡发展的措施。(3) 促进农村就业。存在大量农村不充分就业人口的国家，要研究农村不充分就业的状况、范围和地区分布，制定促进农村生产性就业的计划，并将计划纳入统一的国家政策范围。(4) 人口增长。在人口迅速增长的国家，应研究影响人口增长的经济、社会和人口统计的因素，制定相应的经济政策和社会政策，使就业机会增长和劳动力增长相互协调。

以就业为中心的国家发展战略。任何旨在满足人口基本需求的以就业为中心的国家发展战略，都应当包括以下基本内容：宏观经济政策，就业政策，农村政策，社会政策，妇女、青年、老年人和残疾人政策，教育政策。

## 二、就业服务和机构公约及建议书

长期以来，国家建立的免费职业介绍机构和私营收费职业介绍机构在人力资源市场上都发挥了重要作用。然而，由于职业介绍机构服务对象的特殊性以及对私营职业介绍机构作用认识的发展变化，国际劳工组织对私营职业介绍机构的态度经历了一个漫长的演化过程，总体看来是一个从禁止、限制到逐渐放开的放松管制的过程。

第一，禁止私营职业介绍机构的阶段（1919—1933 年）。从 1919 年制定《失业公约》起的相当长时期，国际劳工组织只支持国家建立的公共职业介绍机构，对收费的私营职业介绍机构则采取限制甚至禁止的态度。当时的认识是，既然劳动力不是商品，就不应将为劳动者介绍工作作为商业行为从中牟利。因此，为劳动者提供免费的、平等的职业介绍服务是公共部门的职责。《失业公约》规定，成员国有义务建立一个在中央主管机关控制下的公营免费职业介绍所系统。该规定体现了国际劳工组织在各国发展公营职业介绍机构的愿望并希望能迅速确立其垄断地位。与公约配套通过的 1919 年《失业建议书》规定，禁止成员国设立收费或营利的职业介绍所，要求政府对既存的这类介绍所实行营业执照的许可制并尽快制定废止措施。同时，该建议书提出了废止收费职业介绍所的原则。

第二，放松限制的阶段（1933—1949年）。尽管初期的国际劳工标准有主张禁止收费职业介绍机构的明显倾向，然而，各国的收费职业介绍机构作为一种职业中介始终存在。究其原因，除了私人机构的经济利益驱动之外，最根本的原因还是因为收费职业介绍机构在人力资源市场上确实起到了沟通劳动力供求双方、实现双方意愿的作用；并且它还起到了补充公共职业介绍机构职能的作用。所以，开办私营职业介绍机构是人力资源市场发展的内在需要。国际劳工组织在1933年通过的《1933年收费职业介绍所公约》（第34号）对收费职业介绍所的限制有所松动。

与《失业公约》只规定允许公营免费职业介绍所不同的是，34号公约将调整的范围扩大为收费职业介绍所，其中既包括营利性的，也包括非营利性职业介绍所。虽然调整的范围扩大，但是对营利性的收费职业介绍所仍然采取"一般禁止，特殊例外"的态度。对非营利性的收费职业介绍所也同样受到严格的管理，必须得到主管机关的批准，服从主管机关的监督，也同样受到收费管制和境外中介管制。

第三，多元化阶段（1949年到20世纪90年代初）。二战结束后，劳工组织于1949年通过了《1949年收费职业介绍所公约（修订）》（第96号），规定国家可以自行选择禁止或监督管理收费职业介绍所。该公约被认为是关于就业服务的劳工标准从国家垄断的概念向承认多元化概念的一个里程碑。如果成员国允许公共和收费职业介绍机构并存，政府应进行监督，对营利性机构实行许可证制度，并对其收费进行审核管理。在此期间，私营职业介绍机构进入一个发展阶段，这阶段虽然私营职业介绍机构与公共就业机构相比始终处于次要地位，但其对人力资源市场顺利运行起到了不可或缺的作用。

第四，鼓励私营就业机构发展阶段（20世纪90年代至今）。如何因势利导使其发挥积极作用成为劳工组织考虑的问题，1997年国际劳工组织大会通过了《1997年私营就业机构公约》（第181号）。该公约也是目前对私营就业机构做出全面规定的国际公约，有27个国家批准了该公约，我国目前尚未批准。与第96号公约相比，第181号公约有如下特点：一是承认了私营就业机构的积极作用，指出灵活性在劳动力市场运转中的重要性和私营就业机构在运转良好的劳动力市场中可能发挥的作用。二是不再强调私营就业机构的营利特征,重视提供就业服务的内容。公约将私营就业服务机构定位为劳动力市场提供服务的独立自然人和法人。服务内容包括使劳动力供需双方直接建立雇佣关系、为用人单位代雇工人、提供就业信息等。公约还明确规定私营就业机构不得直接或间接地、全部或部分地向工人收取任何酬金或是让其承担费用。三是公约增加了对工人的保护条款,包括保护工人的政治权利和个人隐私。如规定私营就业机构处理工人个人资料,须以保护这些资料和根据国家法律和惯例保证尊重工人隐私的方式加以处理。由此看出,该公约对私营就业服务机构采取了鼓励支持的态度。

## 三、职业指导和培训公约及建议书

国际劳工组织长期以来把发展工人职业技能作为其首要任务。该组织于1975年通过了第142号公约《人力资源开发中职业指导和职业培训作用公约》和150号同名建议书。2004年通过了《人力资源开发:教育、培训和终身学习建议书》。其中《人力资源开发中职业指导和职业培训作用公约》是职业指导和培训中的核心公约,目前已经有68个国家批准了该公约和建议书,我国尚未批准。

该公约规定:每一成员国都应通过并发展综合的、协调的、与就业紧密相联系的,特别是通过公共就业部门开展的职业指导和职业培训。公约明确指出了这些职业指导、职业培训政策和计划应注意的因素,主要是就业需要和可能,发展阶段和水平,其他经济的、社会的和文化的目标等。公约还规定了这些政策和计划应达到的目标(提高个人对工作和社会环境的理解能力)、应遵循的原则(平等、无歧视)。规定各国应建立和发展开放灵活的职业指导与职业培训制度。

职业培训公约的主要框架包括:(1)建设富有效率的国家培训制度,如合作式制度、以企业为主的制度、国家主导型制度。(2)强调政府与私有部门的职责分担新模式。这一模式的关键点在于:公有和私有部门权益者可以在不同领域发挥作用。这种不同应当体现在政策和国家引导的激励措施之中。(3)维护培训的公平,降低社会排斥。为预防社会排斥,特别是劳动力市场的排斥,应当提高脆弱群体的教育和培训水平,增加失业者、各种处于不利条件者接受培训的机会。(4)构建以就业能力为核心的培训模式。

国际劳工组织职业培训政策的特征为:依据需求和趋势的变化不断调整政策

重点,三方代表的利益和要求能够相互协调,把职业培训体系建设于宽泛的基础和范围上,把需求驱动导向作为职业培训新模式的核心。

## 第二节 我国与就业相关的法律法规

### 一、就业政策法律法规

我国关于就业政策方面的法律法规主要内容包括:《中华人民共和国劳动法》(1994年7月5日)、《中华人民共和国职业教育法》(1996年5月15日)、《中华人民共和国劳动合同法》(2007年6月29日)、《中华人民共和国就业促进法》(2007年8月30日)、《失业保险条例》(1999年1月22日)、《城市居民最低生活保障条例》(1999年9月28日)、《禁止使用童工规定》(2002年10月1日)、《劳动保障监察条例》(2004年11月1日)、《国务院关于大力发展职业教育的决定》(2005年10月28日)等。

2007年8月30日,第十届全国人大常委会第二十九次会议审议通过《中华人民共和国就业促进法》(以下称《就业促进法》)。《就业促进法》将积极的就业政策措施予以法律化,使我国今后的劳动就业工作有了更加明确的根据。

1. 确立了就业工作的方针

《就业促进法》第二条规定,国家把扩大就业放在经济社会发展的突出位置,实施积极的就业政策,坚持劳动者自主择业、市场调节就业、政府促进就业的方针,多渠道扩大就业。一是以扩大就业作为各级政府的重要任务。《就业促进法》系统地总结了我们国家改革开放以来劳动就业工作的经验,特别是积极就业政策与就业援助等成功经验,以及国外扩大就业的先进办法。各级政府要将扩大就业作为经济和社会发展的重要目标,并制定中长期规划和计划,采取积极措施推动促进就业工作。二是坚持就业平等反对就业歧视。该法规定:"劳动者依法享有平等就业和自主择业的权利。劳动者就业不因民族、种族、性别、宗教信仰等不同而受歧视。"各级政府要彻底消除现行法规中含有就业歧视的内容,并加强劳动监察,切实保护劳动者平等就业的权益,规范用人单位合法用工。三是建立健全人力资源市场。该法规定"县级以上人民政府培育完善统一开放、竞争有序的人力资源市场,为劳动者就业提供服务"。

2. 明确政府促进就业的内容

《就业促进法》的内容主要包括：明确了人力资源市场资源配置的基本原则，以及用立法形式规定了积极的就业政策。其中人力资源市场配置原则是"劳动者自主择业、市场调节就业、政府促进就业"，用法律形式将其肯定下来，明确清楚地规定了国家、企业和劳动者在就业过程中的权利、义务和责任；企业自主用人，"用人单位依法享有自主用人的权利。用人单位依照本法以及其他法律、法规的规定，保障劳动者的合法权益"；政府促进就业，"县级以上人民政府把扩大就业作为经济和社会发展的重要目标，纳入国家经济和社会发展规划，并制定促进就业的中长期计划和年度计划"；规范人力资源市场，"县级以上人民政府培育和完善统一开放、竞争有序的人力资源市场，为劳动者就业服务"。

积极就业政策内容主要包括：一是建立促进就业机构，形成就业促进长效机制，"省、自治区、直辖市人民政府根据促进就业工作的需要，建立促进就业工作协调机制，协调解决本行政区域就业工作中的重大问题，县级以上人民政府有关部门按照各自的职责分工，共同做好促进就业工作"。二是促进就业的财政税收政策，诸如设立就业专项基金，在财政、金融、税收等方面给予支持的有利于扩大就业的财政政策等，以改善就业环境，县级以上人民政府应当根据就业状况和就业工作目标，在财政预算中安排就业专项资金用于促进就业工作。三是充分发挥职业培训的作用，国家依法发展职业教育，鼓励开展职业培训，促进劳动者提高职业能力和创业能力；县级以上人民政府要根据经济社会发展和市场需求，制定并实施职业能力开发计划；县级以上人民政府和有关部门要根据市场需求和产业发展方向，鼓励、指导企业加强职业教育和培训。四是积极就业援助和服务政策，各级人民政府要建立健全就业援助制度，采取税费减免等办法，通过公益性岗位安置等途径，对就业困难人员实行优先扶持和重点帮助应当为灵活就业人员提供帮助和服务，加强对失业人员从事个体经营的指导，县级以上人民政府要建立健全公共就业服务体系，为劳动者免费提供就业信息和政策法规咨询等服务。

## 二、就业服务机构法律法规

我国人力资源服务业法律制度。我国已经逐步建立起规范人力资源服务机构发展的制度体系。在法律法规方面，1994 年我国颁布《劳动法》，在规范人力资源服务业发展的制度体系中，它起到基础性作用。2007年我国颁布《劳动合同法》对人力资源招聘应聘活动各方主体的责、权、利做了原则规定，并对劳务派遣做出专门规定。2007年我国颁布《就业促进法》，规定县级以上人民政府鼓励社会各方面依法开展就业服务活动，加强对公共就业服务和职业中介服务的指导和监督，逐步完善覆盖城乡的就业服务体系。它还对职业教育和培训、就业援助等做出了有关规定。它对于保证劳动者公平就业，规范中介服务机构行为，明确政府和公共就业服务的职责，都有原则性规定。

在部门规章方面，原人事部和劳动部颁布了《人才市场管理规定》（2001年施行、2005年修正）、《就业服务与就业管理规定》（2008年）、《中外合资人才中介机构管理暂行规定》（2003年）以及《关于〈中外合资人才中介机构管理暂行规定〉的补充规定》（2008年）、《中外合资中外合作职业介绍机构设立管理暂行规定》（2001年）、《流动人员人事档案管理暂行规定》（1996年）、《境外就业中介管理规定》（2002年）等。

我国人力资源服务行业标准。在行业标准方面，我国已经成立全国人力资源服务标准化技术委员会，并制定了全国人力资源服务标准化体系，人力资源服务标准化新格局初步形成，人力资源服务标准业务建设不断拓展。全国人力资源服务标准化技术委员会先后开展了12项标准的制定工作，其中，已出台1项国家标准：《高级人才寻访服务规范》，完成了《现场招聘会服务规范》《流动人员人事档案管理服务规范》《人才测评服务规范》《派遣服务规范》和《人力资源网站服务规范》等5项标准的征求意见工作。

## 三、职业指导和培训法律法规

《宪法》第十九条规定："国家发展社会主义的教育事业，提高全国人民的科学文化水平。普及中等教育、职业教育和高等教育，并且发展学前教育。"《劳动法》第三条规定："劳动者享有接受职业技能培训的权利"；第五条同时规定："国家采取各种措施，促进劳动就业，发展职业教育，制定劳动标准，调节社会收入，完善社会保险，协调劳动关系，逐步提高劳动者的生活水平。"《职业教育法》是维护企业职工培训权益的专门性立法，就职业教育的体系、实施、保障条件等作了专门规定。《就业促进法》用第五章专门规定了职业教育与培训，并在第四十七条规定："县级以上地方人民政府和有关部门根据市场需求和产业发展方向，鼓励、指导企业加强职业教育和培训。职业院校、职业技能培训机构与企业应当密切联系，实行产教结合，为经济建设服务，培养实用人才和熟练劳动者。企业应当按照国家有关规定提取职工教育经费，对劳动者进行职业技能培训和继续教育培训。"《公司法》第十五条规定："公司采用多种形式，加强公司职工的职业教育和岗位培训，提高职工素质。"《工会法》第三十一条规定："工会会同企业、事业单位教育职工以国家主人翁态度对待劳动，爱护国家和企业的财产，组织职工开展群众性的合理化建议、技术革新活动，进行业余文化技术学习和职工培训，组织职工开展文娱、体育活动。"《企业财务通则》第四十四条规定："职工教育经费按照国家规定的比例提取，专项用于企业职工后续职业教育和职业培训。"

现行的《职业教育法》是由第八届全国人民代表大会常务委员会于1996年5月15日通过，自1996年9月1日起施行的，是我国第一部专门规范职业教育活动的法律。

## 第三节 就业方面的国际劳工标准与我国相关法律法规比较

### 一、就业政策比较

1. 就业政策目标比较

《就业政策公约》第1条中规定，为了促进经济增长和发展，提高生活水平，满足对人力的需求，并解决失业和不充分就业问题，各会员国作为一项主要目标，应宣布并实行一项积极的政策，其目的在于促进充分的、自由选择的就业。

我国《就业促进法》第1条规定，本法的目的是为了促进就业，促进经济发展与扩大就业相协调，促进社会和谐稳定。第二条规定，国家把扩大就业放在经济社会发展的突出位置，实施积极的就业政策，坚持劳动者自主择业、市场调节就业、政府促进就业的方针，多渠道扩大就业。

二者的相同点是，国际公约和我国法规目标都是为了促进经济发展，促进就业，解决失业和不充分就业的问题。并采取积极的就业政策解决就业问题。不同点是，我国法规强调了"市场调节就业"，充分发挥人力资源市场在促进就业中的基础性作用,而公约中没有强调。同时《就业促进法》指出"政府促进就业",明确指出政府在促进就业中的重要职责(见表3—1)。

表3—1　　　　　　　　　就业政策目标比较

| | 国际劳工标准<br>《就业政策公约》《就业政策建议书》 | 我国相关法律法规<br>《就业促进法》 |
| --- | --- | --- |
| 总目标 | 促进经济增长和发展,提高生活水平,满足对人力的需求,并解决失业和不充分就业问题。<br>上述政策以保证下列各项要求的实现为目的:向一切有能力并寻找工作的人提供工作;此种工作应尽可能是生产性的;每个工人不论其种族、性别……或社会出身如何,都有选择职业的自由……<br>上述政策应当考虑经济发展的阶段和水平,以及就业目标同其他经济和社会目标之间的相互关系,其实施办法应更合乎各国的条件和实践 | 促进就业,促进经济发展与扩大就业相协调,促进社会和谐稳定。<br>第三条　劳动者依法享有平等就业和自主择业的权利。劳动者就业,不因民族、种族、性别、宗教信仰等不同而受歧视。<br>第五条　县级以上人民政府通过发展经济和调整产业结构、规范人力资源市场、完善就业服务、加强职业教育和培训、提供就业援助等措施,创造就业条件,扩大就业 |

2. 就业政策原则比较

可考性原则。《就业政策公约》规定,就业政策的目标要清晰,要公开,要将就业政策所要实现的目标数量化,用经济增长和就业的数量指标表示出来。我国《就业促进法》第四条规定了把扩大就业作为经济和社会发展的重要目标,纳入国民经济和社会发展规划,并制定促进就业的中长期规划和年度工作计划。相比较我国就业政策目标纳入了经济社会发展规划中,向全社会公开。但并未明确要求将就业政策的目标以量化、指标化的形式表示出来,容易造成就业目标清晰程度不足。

三方性原则。《就业政策公约》规定,政府在制定涉及人的能力开发和使用的就业政策时,要坚持三方原则,与雇主代表、工人代表以及他们的组织进行协商,并在贯彻落实这些政策时与他们合作。我国相关法律并没对三方性原则做出明确规定，政府在制定相关就业政策时，要与雇主代表、工人代表协商。

统计性原则。《就业政策公约》规定，制定就业政策必须预测宏观经济趋势、预测科学技术和生产制度变化。我国相关法规对制定政策预测宏观经济形式没有做出明确规定，但《就业促进法》第四十二条规定，县级以上人民政府建立失业预警制度，对可能出现的较大规模的失业，实施预防、调节和控制。从失业等指标角度对就业和宏观经济形式进行判断和预测。

协调性原则。《就业政策公约》规定，就业政策要与全面的经济和社会政策相协调，并在经济和社会政策的总体框架范围内执行。我国《就业促进法》第一条中规定促进经济发展与扩大就业相协调，协调性原则与国际公约的要求相符。

公平性原则。《就业政策公约》规定，就业政策和计划应致力于消除任何歧视，并保证所有工人在求职、就业条件、工资和收入、职业指导、职业培训以及职业发展等方面得到平等的机会和待遇。我国《就业促进法》第三条规定劳动者依法享有平等就业和自主择业的权利。劳动者就业，不因民族、种族、性别、宗教信仰等不同而受歧视。在就业公平性上，我国法律和国际公约一致。

能力性原则。《就业政策公约》规定，人力资源开发、教育与培训是实施促进就业战略、实现充分就业的关键。《就业促进法》第五条规定，县级以上人民政府通过发展经济和调整产业结构、规范人力资源市场、完善就业服务、加强职业教育和培训、提供就业援助等措施，创造就业条件，扩大就业。尽管我国在就业政策中提出加强人力资源开发、教育培训等措施，但并未将人力资源开发、教育培训作为实现充分就业的关键手段。

保障性原则。《就业政策公约》规定，对适合工作、寻找工作但短期内找不到工作的失业人员，要研究制定政策，满足他们的需求，并做好政策宣传解释工作。我国各地积极开展针对就业困难人员再就业帮扶工作，如开展"一帮一"结对帮扶，免费为失业人员提供政策援助、岗位援助、技能援助、维权援助等"一站式"跟踪服务。对短期内找不到工作的失业人员，及时提供临时性、季节性、弹性工作岗位，实现灵活就业。对就失业人员建立实名制跟踪服务台账，并实行动态管理。收集人力资源市场的岗位信息，减少求职时间，提高求职成功率。为失业人员开展免费的职业指导和技能培训，帮助他们尽快实现再就业。

开放性原则。《就业政策公约》规定，就业政策要避免多国企业的投资对就业的消极影响,鼓励其积极影响。我国法律在这方面没有相关规定。

《就业政策公约》规定适用性原则,就业政策既要充分考虑本国法律和实践,也要考虑不同地区、产业、劳动者以及不同时期的实际情况。《就业促进法》第六条规定,省、自治区、直辖市人民政府根据促进就业工作的需要,建立促进就业工作协调机制,协调解决本行政区域就业工作中的重大问题。

3. 就业政策的措施比较

劳工公约中就业促进政策分为长期性政策和短期性政策。从长期看,要制定相应的经济政策,促进经济不断发展并保持适当程度的稳定,从而为不同就业政策的实施创造最佳环境。从短期看,要防止伴随经济活动水平较低而出现的普遍失业或不充分就业,抵消与劳动力市场失衡相关的通货膨胀压力。而我国相关政策中没有明确提出促进就业政策的长短期问题,并且在短期内采取措施时并没有同时考虑到防止通货膨胀或衰退等问题。短期稳定措施和长期发展政策的组合搭配,以及与其他经济政策目标的选择取舍没有在相关法律中提及。

劳工公约中具体的就业政策包括:季节性就业政策,减少结构性失业政策,妇女、青年及特殊全体和人员的就业,稳定就业的政策,技术政策,非正规部门,区域发展政策,各国投资和专项公共工程计划,促进生产性就业政策,就业保护政策。我国相关政策中都有涉及。

## 二、就业服务机构比较

1. 人力资源服务机构定义

劳工组织对私营就业服务机构提出了明确的定义,《1997年私营就业机构公约》(第181号)规定"私营就业机构"一词系指提供以下一项或多项劳动力市场服务、独立于公共当局的任何自然人或法人:(a)匹配就业的供与求的服务,而私营就业机构不构成因此而可能出现的就业关系中的一方;(b)构成为使工人可供第三方使用而雇用工人的服务,第三方可能是自然人或法人(以下称用人企业),由用人企业给工人分配任务并监督这些任务的执行;(c)主管当局在同最有代表性的雇主组织与工人组织磋商之后确定的同求职有关、但并非旨在匹配特定就业的供与求的其他服务,如提供信息。

相比较,我国相关法律法规对公共人力资源服务机构和私营人力资源服务机构界限不清。因此,公共人力资源服务机构从事部分经营性、市场性的人力资源服务职能,难以发挥公共机构的公益性、指导性作用。

2. 人力资源服务业的支持政策

国际劳工组织和西方发达国家对于人力资源服务机构的支持鼓励政策仅限于从公约和法律法规上承认就业机构的合法性,及其对人力资源市场的重要作用。第181号公约对此的基本立场是:私营就业机构可以为提高劳动力市场的效率做出重要贡献,因此,应当作为公共就业服务的补充而允许其发展。公约在序言中强调弹性对于劳动力市场的重要性,认为私营就业机构对于劳动力市场的良好运行具有重要作用。同时提出,关于私营就业机构的法律地位允许成员国根据国内法律或惯例来确定,但应当征求最有代表性的雇主组织和工会的意见。由于西方国家人力资源市场比较完善和成熟,政府对人力资源服务机构的运作没有过多管制,同样也并未通过产业政策、财政税收政策来鼓励人力资源服务机构的发展。

相比之下,人力资源服务业在我国还处于起步阶段,但其在国民经济发展和人力资源优化配置中发挥了重要作用。我国已出台了一些支持和鼓励措施推动人力资源服务业的发展。如国家发改委公布的《产业结构调整指导目录(2011年本)》,已经将人力资源服务业以及人力资源市场及配套服务设施建设列入鼓励类,这对于行业发展有积极作用。同时正在建立并逐步完善人力资源服务业的法律法规、部门规章和行业标准。《劳动法》《就业促进法》《劳动合同法》等相关法律规范了人力资源服务业发展的制度环境,推动了人力资源服务业的发展。我国目前已经从政策制度上为人力资源服务业提供了良好的发展环境。今后需要完善行业发展的产业和财税金融政策制度,以进一步推动该行业的发展。

3. 人力资源服务业的监管

第181号公约第7条明确规定私营就业机构不得直接或间接地、全部或部分地向工人收取任何酬金或是让其承担费用。为了有关工人的利益,以及在同最有代表性的雇主组织与工人组织磋商之后,主管当局可以批准将某些类别的工人以及私营就业机构提供的制定类别的服务,作为以上第1款规定的例外情况。我国的《就业促进法》第三十七条规定,地方各级人民政府和有关部门、公共就业服务机构举办的招聘会,不得向劳动者收取费用。《就业服务与就业管理规定》和《人才市场管理规定》等只要求职业中介机构应该公布收费项目和标准,符合国家和地方规定。我国目前尚未规定统一的服务收费标准,各省市制定了自己的标准。

第181号公约第5条提出对求职者禁止就业歧视的规定。为促进在获取就业和获取特定职业方面的机会与待遇平等,成员国须保证私营就业机构不得因种族、肤色、性别、宗教信仰、政治观点、民族血统、社会出身或国家法律和惯例包括的任何其他形式的歧视,如年龄或残疾,对工人施加歧视。我国《就业服务与就业管理规定》第四条规定,劳动者依法享有平等就业的权利,劳动者就业,不因民族、种族、性别、宗教信仰等不同而受歧视。我国对求职者禁止就业歧视的规定与劳工公约一致。

第181号公约第6条提出对劳动者的隐私进行保护。规定私营就业机构收集到的劳动者的个人信息应当保密,同时只能要求劳动者提供与就业资格、专业经验以及其他直接关联的信息。而我国相关法律法规对此没有明确规定。

## 三、职业指导及培训比较

1. 培训制度比较

国际劳工组织提出了改善处于不同发展阶段的国家培训制度建议。培训包括合作式制度、以企业为主的制度、国家主导型制度。其中合作式制度主要依赖雇主组织、国家和工会间的高度合作,以适应高技能的、高附加值的生产,有利于与劳动力市场的运行相联系,有利于形成稳定的劳资关系,但缺乏灵活性,难以适应变化接受新技能。以企业为主的制度包括劳动力稳定型制度和资源型制度。国家主导型制度包括需求导向型制度和供给导向型制度。每一种培训制度都各有优缺点,各国应探索适合自己的培训模式。

相比较我国的职业指导和培训法律法规提出"政府主管部门、行业组织应当举办或者联合举办职业学校、职业培训机构,组织、协调、指导本行业的企业、事业组织举办职业学校、职业培训机构",并未明确指出采取哪种培训模式,在培训制度规定上比较笼统。

2. 政府与私营部门职责关系比较

随着市场经济的发展,私营部门在市场经济中的作用不断提高,再加上公共资金严重短缺、公共部门职业教育和培训体制反应较慢,国际劳工组织近年来主张调整政府及其他权益者在发展职业教育和培训中的作用,寻求国家与私营部门合作,构建职责分担新模式。国际劳工组织在《人力资源开发公约》中强调

"每一成员国都应采纳和发展综合的和协调的、与就业紧密相联系的、特别是通过公共就业部门开展的职业指导和职业培训",十分鲜明地表达了对政府的职业培训中所应承担责任的程度。在这种职责分担模式中,国家主要关注向非正规就业人群、第一次求职者、失业者和不利人群提供培训,把被社会排斥在外的人纳入劳动市场。

我国《职业教育法》规定,"企业应当根据本单位的实际,有计划地对本单位的职工和准备录用的人员实施职业教育,企业可以单独举办或者联合举办职业学校、职业培训机构,也可以委托学校、职业培训机构对本单位的职工和准备录用的人员实施职业教育""国家鼓励事业组织、社会团体、其他社会组织及公民个人按照国家有关规定举办职业学校、职业培训机构"。相比较,我国法律并没有突出政府和企业在职业培训和指导中的明确分工。

3. 维护培训公平比较

国际劳工组织建议,为预防社会排除,特别是劳动力市场的排除,应当提高脆弱群体(包括青年失业者、长期失业者、老龄工人、低技能劳动者、残疾职工和少数民族劳动者等)的教育和培训水平,增加失业者、各种处于不利条件者接受培训的机会。

我国《职业教育法》规定,"国家采取措施,发展农村职业教育,扶持少数民族地区、边远贫困地区职业教育的发展。国家采取措施,帮助妇女接受职业教育,组织失业人员接受各种形式的职业教育,扶持残疾人职业教育的发展"。在对脆弱群体的培训指导方面,我国相关规定与劳工公约一致。但从实际来看,职业培训中的教育公平需要改进。

4. 培训核心目标比较

重视就业能力是国际劳工组织近年来重视的战略之一,提高劳动者个人适应工作和组织上的变化能力,能够综合不同类型的知识,并通过终身的自我学习有所建树。国际劳工组织认为,国家主办的职业教育和培训体系要推动新旧模式的转变,在新的培训模式中,强调职业教育和培训体制与市场需求的联系;强调充分利用现有资源扩大培训技术工人的数量与质量,实现培训机会的全民性、平等性,照顾弱势群体;重视与私有部门的联系,发挥公有部门和私有部门各自相对的优势,形成一种社会氛围和集体力量,提高效益、效率和平等。

我国《职业教育法》规定，"对受教育者进行思想政治教育和职业道德教育，传授职业知识，培养职业技能，进行职业指导，全面提高受教育者的素质"。对职业教育的目标提出了要求，但并未强调职业指导和培训应结合市场需求，推动新旧模式转变。

# 第四节 完善就业政策的建议

## 一、就业政策相关政策建议

1. 建立与经济社会发展相协调的就业政策

就业依赖于经济、产业发展情况，因此就业政策应与宏观经济政策相协调。扩大就业应调整完善产业结构，优化提升第一产业、第二产业结构，积极发展第三产业，增加新的经济增长点，扶持民营企业和中小企业的发展，开发新的就业增长点。根据不同地区和行业特点，实行分类指导的就业政策。由于我国各地经济发展不均衡，产业结构不断转型，因此应根据各地、各行业的就业实际，对就业政策进行分类规划指导，研究制定不同地区、不同行业的就业政策。

2. 提高人力资源开发、职业培训在就业政策中的地位

目前我国一方面存在大量企业招工难问题，另一方面存在毕业生、失业人员就业难问题，劳动力供求匹配是解决结构性就业问题的关键。因此应充分利用现有的教育培训和人力资源服务资源，提升劳动力素质、优化劳动力资源配置，化解结构性、长期性失业矛盾。建立职业培训体系，鼓励社会力量参与职业教育领域，对新增劳动力和在岗职工普及职业教育。充分开发人力资源服务，提升就业服务的质量，有效地提高劳动者素质。

3. 加强就业政策目标的可考性

我国对就业政策目标的量化、指标化程度不高，相关法律法规只要求对失业指标进行统计和预测，而就业相关其他指标没有做出系统的规定。因此，应建立完善的就业指标体系，并进行连续统计与分析，并以此作为就业政策目标的依据。

## 二、就业服务机构相关政策建议

1. 明确公共私营就业服务的职能

公共就业服务机构的职能应更加突出提供公益性服务，服务群体应主要侧重于就业困难群体，如残疾工人、长期失业人员、新进入劳动力市场者、农民工、妇女群体等。从管理体制上，对于市场发育成熟的地区，将公共就业服务业务与市场经营性业务分开管理，分类发展。对于市场发育不成熟的地区，允许公共服务机构有一个逐步发展的过程，但应强调其公益性服务为主，待市场发育成熟后再进行分类管理。从职能上，政府公共服务机构可主要承担政策指导及依法监管职能，而经营性业务可通过直接成立公司，或转让、承包给具有资质且实力强的民营机构经营，使其按照市场规律运作。①

2. 加强就业服务机构的监管

各级人力资源社会保障部门要加强对人力资源服务机构的指导，引导其规范运作，诚信服务，合法经营。要加强对人力资源服务从业人员的培训，重点培训市场法律常识和人力资源服务业务，增强从业人员守法意识和职业能力。要加强对人力资源服务机构的管理，对申请机构资质进行全面审查；建立业务情况季度报告制度，及时掌握服务机构经营状况和业务动态；加强人力资源市场的日常监管，维护市场秩序和求职者的合法权益。

## 三、职业指导及培训相关政策建议

1. 明确政府和企业在职业培训中的职责作用

首先，充分发挥政府部门、行业主管机构在职业培训和指导中的指导地位。主管要制定行业职业教育和培训发展规划，对本行业职业教育和培训工作进行协调和业务指导，支持和依靠行业组织、企业广泛开展职业教育和培训。公共职业培训部门应着力于就业困难群体的职业培训与指导工作。其次，要充分依靠行业、企业发展职业教育和培训，行业、企业是我国职业教育多元办学格局的重要力量。改革开放以来，行业、企业举办的职业教育和培训取得了很大成绩，培养了大批从事经营管理人员、专业技术人员和生产服务一线的技术、技能劳动者，为我国的经济建设和社会发展做出了重要贡献。新形势下，行业、企业要把加强

---

① 赵庆梅. 国外公共就业服务实践及对我国的启示. 中国人事科学研究网，2008.

职业教育和职工培训工作作为提高企业竞争力的重要措施，切实抓好人力资源开发工作，全面提高职工队伍整体素质，适应经济结构调整的需要，适应提高产品质量的需要，适应职工转岗和再就业的需要。为此，各级政府要充分依靠企业、发挥行业作用，逐步形成政府统筹、行业指导、市场调节、企业自主开展职业教育和培训的运行机制。

2. 加强职业指导及培训公平性

我国虽然在《职业教育法》《就业促进法》和《劳动法》等法律中都对职业培训做出了规定，但是，职业教育与职业培训有着很大区别，应该分别立法，制定专门的《职业培训法》势在必行。① 在立法中，应坚持对职业培训的教育公平加以科学定位。国家通过财政拨款的方式给劳动者提供职业培训的机会，企业应当从工资中提交一定比例的职业培训基金，社会通过失业保险、失业救助等补贴的方式为劳动者提供部分职业培训教育经费。国家、企业和社会共同对处于教育弱势的群体进行补偿教育，推进职业培训的发展。

3. 提高劳动者的核心竞争力

职业培训应按照面向市场、调整布局、提高层次、突出特色、保证质量、服务就业的要求，明确职业培训的定位，思想观念由封闭型向开创型转变，知识结构由单一型向复合型转变，综合素质由人力型向人才型转变；实现培训资源的优化配置，优化职业培训导向，激发员工的积极性和创造性，建立高素质的培训队伍。

---

① 周翠彬. 论职业培训教育公平的立法保障［J］. 长沙理工大学学报，2010（1）.

# 第四章
# 劳动关系方面的国际劳工标准比较

## 第一节　劳动关系方面的国际劳工标准总体情况

### 一、国际劳工组织的劳动关系基本理念

促进劳资双方合作是国际劳工组织的宗旨之一。① 为建立和谐劳动关系、保护劳动者的权利、促进社会公正，国际劳工组织形成了平衡利益相关方所特有的三方机制，即雇主（雇主组织）、劳工（工会组织）和政府。雇主和劳工是劳动关系的主体，而政府作为劳动关系的监督者、管理者起着不可替代的作用。雇主和劳工一般是因为经济问题而产生矛盾和纠纷，如果进一步升级，则可能影响企业发展、社会稳定，甚至演变成一定领域的社会问题乃至政治问题。三方机制有关法律、法规有效平衡了雇主、劳工、政府这些重要利益相关方的关系，如规定雇主行使雇主权力的范围、标准；劳工必须受到合法保护并承担相应的义务；政府行使监督应在相关法律、法规的轨道内发挥积极作用等。

随着劳动力市场的变化，劳动关系逐渐发展出产业关系（集体劳动关系）和雇佣劳动关系（个人劳动关系）两大层面。相应的，国际劳工组织的相关公约和建议书也涉及这两个不同的层面。集体劳动关系标准是国际劳工组织一直关注的领域，制定了大量的公约和建议书。随着工会作用的变化和全球劳动力市场的发展，国际劳工组织日益关注个人劳动关系，尤其是隐蔽雇佣关系和家庭劳动者。目前，国际劳工组织的产业和雇佣关系部负责全球就业关系的监测、技术支持和

---

① ILO. Mission and objectives. http：//www.ilo.org/global/about‐the‐ilo/mission‐and‐objectives/lang‐‐en/index.htm

政策推荐。

产业和雇佣关系部认为劳动法、产业关系和社会对话是国际劳工组织成员国的经济和社会组织的核心，良好的产业关系和有效的社会对话是提高工资、工作环境，以及和平与社会公正的途径。同时，作为良好治理的工具，产业和雇佣关系能够促进合作与经济发展，有助于在全国范围内创造体面工作目标实现的环境。因此，产业和雇佣关系部主要的任务是促进社会对话、发展良好产业关系，根据国际劳工标准、最佳实践和社会各方的意见制定或改革劳工法律，以达到实现良好产业和雇佣关系的目的。

产业和雇佣关系部认为，产业和雇佣关系包括以下几个方面的内容：三方社会对话机制；不同参与者之间的协商、咨询和信息交换；争端预防和解决措施；社会对话的其他工具，包括企业社会责任和国际框架协议。而实现良好产业和就业关系的前提为：强大、独立的工人和雇主组织，富有参加社会对话的技术能力和获得相关信息的途径；政治允许各参与方参加社会对话；尊重结社自由和集体谈判等基本权利；相关的法律和制度框架。

国际劳工组帮助成员国建立或加强良好产业关系和积极有效的社会对话的法律框架、机构、机制或程序；促进成员国的社会对话，作为建立共识、经济和社会发展、良好治理的途径；支持全球产业关系的知识信息发展，尤其是跨国社会对话和协定的参与各方和机构；建立预防和解决争端的机制和措施。

## 二、国际劳工组织的劳动关系标准发展概况

1. 产业关系标准

国际劳工组织一直关注劳动关系的发展，特别是劳工一方的权利范围的确定之上。《国际劳工组织章程》在序言中申明，"承认结社自由的原则"是改善劳动者的条件和保障和平的一种手段；在《费城宣言》中则重申"言论自由和结社自由是不断进步的必要条件"，国际劳工组织于1948年决定以公约形式采纳关于结社自由和保护组织权利，制定了第87号公约《结社自由和保护组织权利公约》，《结社自由和保护组织权利公约》成为国际劳工组织八个核心公约之一。在第87号公约的基础上，国际劳工组织1949年第98号公约，即《组织权与集体谈判权公约》，从权利的角度规定了政府应当鼓励和保护集体谈判机制的运用，也成为国际劳工组织八个核心公约之一。

在以上两项劳工基本权利公约的基础上，国际劳工组织陆陆续续为建立和谐、平衡的产业关系制定了四个公约和十个建议书。四个公约包括：保障工人代表权益的 1971 年第 135 号公约《工人代表公约》、规范公共部门劳资关系的 1978 年第 151 号公约《（公共部门）劳资关系公约》、1978 年第 144 号公约《三方协商促进履行国际劳工标准公约》，以及 1981 年第 154 号公约《促进集体谈判公约》。十个建议书为：1951 年第 91 号建议书《集体协议建议书》、1951 年第 92 号建议书《自愿调解和仲裁建议书》、1951 年第 94 号建议书《企业合作建议书》、1960 年第 113 号建议书《产业部门和国家一级协商建议书》、1967 年第 129 号建议书《企业内部交流情况建议书》、1967 年第 130 号建议书《冤苦审查建议书》、1971 年第 143 号建议书《工人代表建议书》、1976 年第 152 号建议书《三方协商（国际劳工组织的活动）建议书》、1978 年第 159 号建议书《（公共部门）劳资关系建议书》、1981 年第 163 号建议书《促进集体谈判建议书》。

根据以上公约和建议书的内容和作用，可归类为两大功能板块。一是建立和规范良好产业和就业关系体系，包括第 144 号公约《三方协商促进履行国际标准公约》、第 154 号公约《促进集体谈判公约》、第 113 号建议书《集体协议建议书》和《三方协商建议书》。二是建立劳动争端预防和解决机制。国际劳工组织认为冤苦和冲突是就业关系中不可避免的一部分。通过创建有效的劳动争端预防和解决制度，能够对冲突进行管理，并促进良好劳动关系的建立。国际劳工组织支持成员国根据劳工标准增强劳动争端解决机制，涉及的国际劳工组织的公约和建议书包括：第 87 号公约《结社自由和保护组织权利公约》、第 98 号公约《组织权和集体谈判权公约》、第 151 号公约《（公共部门）劳资关系公约》、第 154 号公约《促进集体谈判公约》、第 92 号建议书《自愿调解和仲裁建议书》、第 130 号建议书《冤苦审查建议书》。

2. 雇佣关系标准

雇佣关系是指一名被称为"雇员"的个人和与该"雇员"在一定条件下为其工作并获得报酬的一名"雇主"之间的关系。通过这种雇佣关系，雇员和雇主产生了相互的权利和义务，是工人赖以在劳动法和社会保障领域获得与就业相关权利和利益的主要载体，是确定雇主对工人的权利和义务的性质和范围的关键参照点。在劳工世界，特别是劳动力市场发生的深刻变化，导致了产生新型的雇佣关系，这种关系并不总是符合雇佣关系的参数。新出现的就业形势虽然增加了劳动力市场的灵活性，但也使越来越多的劳动者的就业身份变得不明确，并因此处于通常与一种与雇佣关系相联系的保护范围之外。过去十几年来，雇佣关系问题曾以不同形式列入国际劳工大会议程，并在此基础上陆续制定了确定派遣用工中雇主责任分担问题的 1997 年第 181 号公约《私营职业介绍所公约》和 1997 年第 188 号建议书《私营职业介绍所建议书》，确定雇佣关系和识别隐蔽雇佣关系的 2006 年第 198 号建议书《雇佣关系建议书》，以及规范家庭工人雇佣关系、保障家庭工人各项权益的 2011 年第 189 号公约《家庭工人体面劳动公约》及其建议书。

### 三、劳动关系公约的批准情况

国际劳工组织共有 185 个会员国。由于第 87 号公约、第 98 号公约属于基本权利公约，批准情况较好，分别有 152 个（其中非洲 48 个、美洲 33 个、阿拉伯国家 3 个、亚洲 18 个和欧洲 50 个）和 164 个（其中非洲 53 个、美洲 33 个、阿拉伯国家 6 个、亚洲 21 个和欧洲 51 个）国家批准。第 144 号公约是优先公约，共获得 134 个会员国的批准，其中非洲国家 38 个、美洲国家 29 个、阿拉伯国家 5 个、亚洲国家 19 个、欧洲国家 43 个。第 135 号《工人代表公约》共有 85 个会员国批准，而第 151 号和第 154 号公约则分别被 50 个、44 个会员国批准。针对雇佣关系的第 181 号公约批准国家共有 27 个，第 189 号公约批准国家为 10 个，包括玻利维亚、德国、圭亚那、意大利、毛里求斯、尼加拉瓜、巴拉圭、菲律宾、南非、乌拉圭。在以上公约中，我国批准的公约为第 144 号公约。

## 第二节　产业关系国际标准与我国情况的比较

### 一、良好的产业和雇佣关系

国际劳工组织认为通过三方协商机制、集体谈判权利的保障等可以实现良好的产业和就业关系。以下从三方协商机制和集体谈判两个层面的国际劳工标准和我国的相关法律和法规加以比较。

#### （一）三方协商机制

1. 第 112 号建议书和第 144 号公约

1948 年《结社自由和保护组织权利公约》《1949 年组织权利和集体谈判权

利公约》、1960年第113号工业部门和国家级协商建议书中的条款，肯定了雇主和工人建立自由、独立组织的权利，并要求采取措施，促进国家一级的政府当局与雇主组织和工人组织之间的有效协商。此外，国际劳工组织1976年公布第152号建议书《三方协商（国际劳工组织的活动）建议书》，将三方协商机制作为其工作的固定机制。在以上基础上，国际劳工组织进一步于1978年制定了第144号公约，以通过三方协商的方式，促进国际劳工标准的实施，即用三方协商机制促进履行劳工标准公约。下面主要以1960年第112号建议书和第144号公约《三方协商促进履行国际标准公约》为主与我国相关的法律法规相比较。

第112号建议书的全称为《公共当局、雇主组织和工人组织之间在产业部门和国家一级协商和合作建议书》。该建议书认为应采取适合国情的措施，在产业范围和全国范围内推动公共当局与雇主组织和工人组织之间以及这些组织之间进行有效的协商和合作，以便达成以下两个目标。一是使雇主组织和工人组织能够在一起共同研究双方感兴趣的问题，尽可能找到双方均能接受的方法。二是使主管公共当局能以适当的方式，在以下几方面征求雇主组织和工人组织的意见、建议和支持：涉及他们利益的法律的起草和实施；关于就业安排、职业培训和进修、工人保护、产业卫生和安全、生产率、社会保险和福利事业等项工作的全国性机构的成立和运转；经济和社会发展计划的制定和实施。该公约强调这种协商和合作的总目标应是促进公共当局与雇主组织和工人组织之间以及这些组织之间的相互了解和良好关系，以求发展经济或发展某些经济领域，改善劳动条件和提高生活水平。此外，在贯彻上述措施时，不应对这些组织也不应在他们之间实行以其成员的种族、性别、政治或国籍为标准的歧视。这种协商和合作不应损害工会自由，不应损害包括集体谈判权在内的雇主和工人组织的权利。根据本国习惯或实际情况，进行或推动这种协商和合作的途径是：雇主组织和工人组织的自愿行动；公共当局采取的鼓励措施；立法；或这些方法的合并使用。

第144号公约即《三方协商促进履行国际标准公约》要求凡批准公约的国际劳工组织会员国，承诺运用各种程序保障就下述国际劳工组织活动的有关事宜，在政府、雇主和工人代表之间进行协商：一是政府对国际劳工大会议程项目调查表的答复和政府对劳工大会讨论的拟议文本的意见；二是根据国际劳工组织章程第19条向各主管当局提交公约和建议书时提出的建议；三是每隔适当的时间，重新审查未批准的公约和尚未实施的建议书,考虑可采取任何措施促进其实施,如属适宜,促进其批准;四是按照国际劳工组织章程第 22 条的规定向国际劳工局提交报告的有关问题;五是对已批准条约的解约建议。同时,各成员国主管当局应承担对本公约规定的程序给予行政支持,对程序的参与者给予适当的培训和财务支持。

2. 我国的相关法律法规

在我国,涉及三方协商机制的法律主要有《工会法》和《劳动合同法》。

(1) 《工会法》

中国于 1990 年批准了第 144 号公约,承诺采取三方协商机制贯彻国际劳工标准公约,就有关劳动就业的重大问题在雇主、政府和工人代表之间进行协商。为了进一步推动三方协商机制的建立,2001 年 8 月成立了国家协调劳动关系三方会议制度,原中国劳动和社会保障部代表政府、中华全国总工会作为工人组织、中国企业联合会和中国企业家协会则作为雇主组织,成为三方会议制度的参与主体。真正使中国三方协商制度的建立有法可依的是 2001 年 10 月修订的《工会法》。2001 年《工会法》[①]的第三十四条规定:各级人民政府劳动行政部门应当会同同级工会和企业方面的代表,建立劳动关系三方协商机制,共同研究解决劳动关系方面的重大问题。现行工会法是根据 2009 年 8 月 27 日第十一届全国人民代表大会常务委员会第十次会议《关于修改部分法律的决定》进行的第二次修订,三方协商机制仍然是现行《工会法》的第三十四条规定的。为了进一步发挥三方协商机制在建立和谐稳定的劳动关系中的作用,2002 年《劳动和社会保障部、中华全国总工会、中国企业联合会/中国企业家协会关于建立健全劳动关系三方协调机制的指导意见》颁布。该指导意见在总结全国已经建立劳动关系三方协商机制的 20 多个省(自治区、直辖市)的基础上,强调了新形势下建立三方协调机制的重要性,对还没有建立相关制度的省份建立三方协商机制进行指导,并明确了省级三方协调机制的职责范围和工作原则。

(2) 《劳动合同法》

2007 年 6 月 29 日,《劳动合同法》通过,并于 2008 年 1 月 1 日起施行。《劳

---

① 根据 2001 年 10 月 27 日第九届全国人民代表大会常务委员会第 24 次会议《关于修改〈中华人民共和国工会法〉的决定》,是对《工会法》的第一次修订。

动合同法》第五条规定明确要求，县级以上人民政府劳动行政部门会同工会和企业方面的代表，建立健全协调劳动关系的三方机制，共同研究解决有关劳动关系的重大问题。① 因此，《劳动合同法》成为中国劳动关系三方协商机制建立和发展的又一法律依据。

3. 比较和建议

就机制的构成和形式而言，中国的劳动关系三方机制和国际劳动组织的三方协商机制是一致的，即是由雇员代表、雇主代表和政府代表组成，鼓励通过三方协商的方式促使雇主和工人组织之间的相互了解与合作，以求发展经济或发展某些经济领域，改善劳动条件和提高生活水平。《工会法》和《劳动合同法》对三方机制的充分肯定，是对国际劳工组织三方协商机制的肯定和实施，也为中国建立三方协商机制，发挥三方协商机制稳定劳动关系的作用提供了基础。目前我国在省和市一级已经基本建立了三方协商机制，并将逐步建立县（市、区）一级和产业一级的三方协商机制。

但中国的三方协商机制与国际劳工组织的三方协商机制也有差异。一是中国的三方机制的主体与国际劳工组织三方机制在类型上有差异。国际劳工组织重视行业一级的三方机制的建设，而中国缺乏行业范围内的三方机制。目前，中国三方机制体系是以人力资源和社会保障部门的行政体系为基础的，没有形成行业范围内的三方机制。二是三方机制的立法层级不高、对雇主组织和工人组织参与三方机制协商没有明确、具体的规定。一方面国家一级的三方协商机制没有在劳动法及其他单独的法律中明确规定，关于建立健全劳动关系三方协调机制的指导意见仅对省一级的三方机制进行了规范。另一方面，相关法律法规更没有制定明确的、适当的方式，在以下几方面征求雇主组织和工人组织的意见、建议和支持：涉及他们利益的法律的起草和实施；关于就业安排、职业培训和进修、工人保护、产业卫生和安全、生产率、社会保险和福利事业等项工作的全国性机构的成立和运转；经济和社会发展计划的制定和实施。

针对以上异同点，建议从以下两个方面建设我国的三方协商机制。一是完善有关三方机制的立法内容。我国三方机制的立法主要是《工会法》和《劳动合

---

① 2007年6月29日第十届全国人民代表大会常务委员会第二十八次会议通过的《中华人民共和国劳动合同法》。

同法》，对三方机制的规定比较原则性，建议在明确三方机制定义的基础上，对国家建立不同级别、类型的三方机制做出明确的规定，并明确工人组织和雇主组织参与有关牵涉工人、雇主等利益的法律起草、就业安排、职业培训，以及经济和社会发展规划等的制定和实施重大决策中的方式方法、途径等。二是在我国现有三方机制的基础上，加强国家和行业一级的协商机制的建立。我国现有的协商机制，省级三方机制已经有了规范、指导性文件，对省级三方机制的职责做出了明确的规定，但还没有针对国家、地方、和行业一级的三方协商机制的指导性文件。国家层级的三方协商机制的建立极为重要，其职责的确定可以提升三方机制在国家经济、社会发展中的作用，是完善三方机制的重要一环。此外，与以人力资源和社会保障行政层级体系为基础的三方协商机制相比，行业一级的三方机制可以针对不同行业的特点对劳动关系加以调整，有针对性地对劳动者进行保护，做出的劳动关系调整更有利于企业和行业的发展。但我国目前还不具备建立行业工会的基础，三方机制的主体中行业工会和行业雇主组织都不成熟。这就要求我国工会系统注重在工会组织框架内加强行业工会建设方面的积累，同时，人力资源和社会保障行政部门注意加强对行业工会的引导。

### （二）集体谈判

1. 集体谈判公约和建议书

在第98号公约《组织权和集体谈判权利公约》，以及第91号建议书《集体协议建议书》的基础上，国际劳工大会在1981年又通过了专门的《集体谈判公约》和《集体谈判建议书》（第154号公约和第163号建议书）。

《集体谈判公约》要求各国采取符合国情的措施促进集体谈判。该公约第二条界定了集体谈判的定义，即：集体谈判一语包括在以一个雇主、一个雇主团体或一个以上的雇主组织为一方，以工人组织（一个或一个以上）为另一方开展的各种谈判，从而确定工人的工作环境和雇佣条件、调整雇主（雇主组织）和工人（工人组织）之间的关系；所有的经济活动部门中的所有雇主同所有的工人群体之间都有可能进行集体谈判；集体谈判的内容应当逐步扩大，直至把决定劳动条件和就业条件、规范工人与雇主之间的关系、规范雇主或其组织同工人组织之间的关系等一应事务全部包括进去。

《集体谈判公约》认为各企业都应该实施集体合同制度，而不管其所有制的性质，并且上级集体合同对下级集体合同有约束，下级集体合同规定的就业和雇佣条件不得低于上级集体合同。同时，如果存在不止一个工会，集体合同可以由其中最大的工会作为各个工会的代表签订，也可以由各工会联合签订。劳动制裁机构在必要的情况下，也可以承担协调谈判活动的任务。

第 163 号建议书主要对集体谈判的方法予以指导，国家在促进集体谈判方面可以采取以下措施：从国情出发，由国家建立，不强求国际一致；确认集体谈判代表资格，无论是雇主代表还是工人代表；培训代表；提供谈判咨询，比如国家经济形势、就业状况等；帮助劳资冲突双方找到解决冲突的办法；促进公私雇主向工人组织提供有关经济情况甚至社会情况的咨询，即使涉及商业机密，当然，工人代表必须保密；此外，按照第 154 号公约第 8 条规定，国家的"促进措施"不得妨碍集体谈判的自由进行。

2. 我国相关法律法规

在中国，涉及集体谈判的法律法规主要有《劳动法》《工会法》和《劳动合同法》。

一是《劳动法》的第三十三条、第三十四条和第三十五条对职工与企业之间签署劳动合同做出了原则性的规定。第三十三条规定了集体合同的内容和范围（劳动报酬、工作时间、休息休假、劳动安全卫生、保险福利等）和程序（先形成集体合同草案，再提交给职工代表大会，并由工会代表职工与企业签订）。第三十四条规定了集体合同的生效时间和方式，即由劳动行政部门审查，如果劳动部门在 15 日内没有提出不同的意见，该集体合同则自动生效。第三十五条明确了集体合同的法律效力，即企业及职工都必须遵守劳动合同的各项内容，个人劳动合同的各项标准不得低于集体合同的相关规定。

二是《工会法》第六条和第二十条对工会在平等协商和集体合同中的作用和权利做出具体的规定。第六条规定在协调劳动关系的过程中，工会需要运用平等协商和集体合同制度，维护企业职工的合法劳动权益。第二十条强调在签订集体合同时，上级工会应当支持和帮助下级工会，并对企业违反集体合同的情况下，工会为了维护企业职工的利益而能够采取的措施和手段，包括要求企业依法承担责任，提请协商、仲裁，以及提起诉讼。

三是《劳动合同法》的第一章总则的第六条和第五章第一节（从第五十一条至五十六条）对集体协商机制，尤其是集体合同，做出了详细规定。第六条明确指出工会应当与用人单位建立集体协商机制以维护劳动者的合法权益。第五十一条和劳动法的第三十三条一致，规定了集体合同的具体的范围。第五十二条是对专项集体合同的规定，如劳动安全卫生、女职工权益保护、工资调整机制等等。第五十三条规范了行业性集体合同和区域性集体合同，范围为县级以下区域，列举的行业包括采矿、建筑和餐饮服务等。第五十四条和劳动法第三十四条相同，规定了集体合同生效的程序，并规定了各种集体合同的效力范围。第五十五条强调劳动报酬和劳动条件必须满足当地人民政府规定的最低标准，并且个人劳动合同不得低于集体劳动合同的标准。第五十六条和工会法第二十条相同，对企业违反集体合同时，工会能够采取的维护劳动者合法权益的措施做出了规定。

3. 比较和建议

中国的集体谈判与国际劳工组织集体谈判标准是有区别的。一是中国不用"集体谈判"的字眼，大多数时候用"集体协商""集体合同"，在《工会法》中提到"平等协商"，在《劳动合同法》中提到"建立集体协商制度"。集体谈判是企业（雇主组织）和职工（工会）代表就就业条件、劳动保护等进行协商与谈判，为了各自的利益，劳资双方在讨价还价的过程中协调各自内部意见，最终达成妥协的一致性意见，有时还需要政府出面干预或通过法律程序解决双方的分歧。集体合同是集体谈判的最终结果，登记注册的集体合同具有法律效力，双方都应执行。同时，中国集体合同是企业职工一方和企业签订的，我国相关法律对集体合同谈判的程序、方法等没有明确的规范和指导，容易使集体合同的形式大于内容，失去集体合同应该发挥的基本功能。

二是中国对集体合同的规定主要是在企业一级的，与国际劳工组织的差异较大。就集体谈判等级而言，我国《劳动法》《工会法》《劳动合同法》主要是以企业职工与用人单位为主的，即是处于单个企业层级的集体谈判，而集体谈判公约及其建议书强调所有的经济活动部门中的所有雇主同所有的工人群体之间都有可能进行集体谈判，即根据谈判的级别和规模不同，雇主一方可能是一个雇主、多个雇主；一个雇主组织或多个雇主组织。但近年来，多雇主协议的重要性日趋下降，单个雇主为主体的、分散化的谈判成为主要发展趋势。国家一级集体谈判活动日渐式微，导致全国范围内的集体谈判只倾向于规范一些主要的、普遍性的原则性问题；以产业和企业为中心的谈判由于更能有效地反映出单个企业主及其员工的具体的诉求，并与企业发展战略一致而日益受到重视。因此，中国有关集体合同的规定基本符合当前国际集体谈判和集体合同的发展趋势。

三是中国集体合同谈判的主体与国际劳工标准有一定分歧。首先，我国属于一元工会体制的国家，全国总工会下有不同的行业工会，工会代表职工与雇主进行集体协商，但国际劳工组织强调集体谈判的雇员群体，因为雇员群体的工作性质、资质、受到的培训等决定了集体谈判单位是否合理。其次，我国《劳动法》和《工会法》没有对雇主的概念进行界定，而是用用人单位来取代雇主。我国用人单位的范围比国际劳工组织对雇主的定义要狭窄。国际劳工组织的雇主范围很宽泛，法人、自然人不具有法人资格的企业、事业组织都成为法律意义上的雇主，而我国法律显然将不具有法人资格的企业、公共部门、个人等排除在雇主范围之外。

综上所述，建议从以下几个方面加强集体谈判权利的实现。

一是我国立法应对集体谈判给予明确的定义，对集体谈判的程序、范围、参与各方的要求、谈判技术和方法等做出明确的、具体的规定和说明。

二是应进一步发挥工会在集体谈判中的作用。作为中国唯一的法定的工人组织，中华全国总工会虽然参与了《劳动合同法》及《实施条例》的起草、制定全过程，对规范集体谈判内容、程序和签订集体协议提供了必要的法律依据，但还应该在代表培训、谈判指导等方面发挥更大的作用。

三是对集体谈判的程序做出具体的规定和明确的指导。我国的《劳动法》《劳动合同法》只规定了集体合同由工会代表或职工代表大会代表经全体职工代表大会讨论后签字，并提交劳动行政部门审查等较为粗略的程序。而集体谈判是劳资谈判双方的事情，对主体双方代表的组成程序、谈判内容的确定、最终形成的谈判文本的拟定，以及将来的确保合同履行的监督机制等都没有做出详细的指导规定。如果缺乏规范的集体谈判程序，很多时候，集体合同很容易流于形式，出现"重签订合同、轻集体谈判"的现象，使集体谈判工作难以发挥应有的作用。因此，集体谈判的成功、劳资双方意愿一致的达成，规范的、有效的集体谈判程序是最关键的前提。

四是培育谈判主体，更好地发挥劳动行政部门在谈判中的作用。中国与集体谈判、集体合同相关的法律对劳动行政部门在集体合同中承担的作用仅限于对集体合同的审查，但作为三方机制中的平衡的一方，应该在集体谈判中发挥更大的作用。集体谈判的成果取决于谈判时的社会经济背景、劳资双方力量的差异，以及具体参与谈判的双方代表的知识架构、谈判能力等。因此，排除经济社会形势等客观因素之外，谈判双方代表的综合素质的高低决定的最终的谈判结果是否能够同时满足企业发展的要求和职工的合法诉求。在中国，对谈判主体的培训任重而道远。一方面，行业谈判因行业工会和行业雇主组织发展不足而止步难行；另一方面，谈判代表的技巧培训、相关法律法规培训等仍然很欠缺。

五是进一步增强劳动者的集体谈判权，对无故拒绝、拖延或逃避谈判的行为，将受到法律的处罚。我国《劳动法》《劳动合同法》在涉及集体合同时，都采取"可以"的字眼，使集体合同的推行力度大打折扣，是否签订集体合同的选择权应该赋予处于弱势地位的劳动者。因此，应当在相关立法中规定，谈判主体的双方都有权提出进行集体谈判的要求，并以书面文件的方式告知对方提请集体判断。同时，制定劳资双方履行集体谈判义务的约束机制，包括接受谈判的时间限制、不接受谈判的惩罚措施等。

六是谈判的范围和形式进一步变化，跨国谈判越来越应该引起重视。随着资本的全球流动、跨国公司的蓬勃发展，以及跨国劳务输出规模的日益增大，跨国性集体谈判具有日益重要的地位和作用。中国境外劳务输出和跨国公司越来越多，越来越需要关注跨国集体谈判，研究跨国集体谈判的特点，对协调境内外劳动关系，改善国与国之间的经济、社会合作具有积极的作用。

## 二、劳动争端预防和解决机制

### （一）公共部门的劳资关系

第151号公约《（公共部门）劳资关系公约》的第五部分制定了公共雇员争端解决机制，即制定就业条款和条件中产生的争端，要根据各国的国情，公共机构和雇员组织协商解决，或者通过独立的、中立的机制解决，如调解、仲裁等。

### （二）我国相关法律法规

2005年4月出台的《公务员法》的第十五章（第九十到九十四条）规定了公务员申诉控告的权利和程序。第九十条规定公务员对涉及本人的人事处理（处分、辞退或者取消录用、降职、定期考核不称职、免职、申请辞职或提请退休未予批准，以及扣减工资、福利和保险待遇等）不服的申诉程序。一是申请复核。可以自知道该人事处理之日起三十日内向原处理机关申请复核。二是提出申诉。对复核结果不服的，可以自接到复核决定之日起十五日内，按照规定向同级公务员主管部门或者做出该人事处理的机关的上一级机关提出申诉；也可以不经复核，自知道该人事处理之日起三十日内直接提出申诉。三是再申诉。对省级以下机关做出的申诉处理决定不服的，可以向做出处理决定的上一级机关提出再申诉。行政机关公务员对处分不服，也可以按照《行政监察法》向行政监察机关申诉。第九十一条、第九十二条对复核、申诉处理机关对公务员复核、申诉做出处理的程序进行规范，即复核机关 30 日内做出复核决定，受理申诉的机关原则上 60 日内做出处理决定（案情复杂的，可以适当延长）。同时，复核、申诉期间不停止人事处理的执行。第九十二条规定公务员申诉的受理机关审查认定人事处理有错误的，原处理机关应当及时予以纠正。第九十三条规定公务员认为机关及其领导人员侵犯其合法权益的，可以依法向上级机关或者有关的专门机关提出控告。受理控告的机关应当按照规定及时处理。第九十四条规定公务员提出申诉、控告要实事求是，不得诬告、捏造事实和陷害他人等。

### （三）比较和建议

国际劳动关系标准的公共部门雇员争端解决机制是建立在独立的公共雇员组织前提之上的，需要公共雇员组织与公共机构签署公共部门雇员的就业条款和条件中产生的争端解决机制。而我国的公务员争端解决机制是隶属于公务员所在行政系统，是不同的概念。

### （四）自愿调解和仲裁

1. 国际劳工标准

一是国际劳工组织第 92 号建议书。它是针对劳动争议自愿仲裁，意在提升当事人在劳动争议仲裁过程中的自主性，提出"劳资双方发生争议应采取自愿调解的手段预防与处理争议"，同时建议"劳资双方应当具有平等的代表权，双方主体在进行调解或仲裁程序的过程中不应采取罢工或闭厂等行为"。第一部分自愿调解强调在联合构建自愿调解机制时，应该包括雇主与工人的平等代表；该程序应该免费和及时；程序时限可由国家法律法规予以明确，应该事先规定并控制在最低限度；应该对启动条件程序做出规定，或者有争议一方提议启动或者由自愿调解机构自动启动；争议双方在调解期间或者作为调解结果可能达成的所有协议都应该以书面形式出现，并应该被视作与正常方式达成的协议一样。第二部分自愿仲裁强调，如果一个争议在有关各方同意下提交仲裁以做出最终处理，那么应该鼓励争议各方在仲裁过程中不要罢工和闭厂并接受仲裁裁决。

二是1967年《冤苦审查建议书》（第130号）。它制定了企业内的申诉程序，当企业内为解决申诉问题而做出的一切努力均告失败后，根据申诉的性质，应有可能通过下述一个或多个程序，使申诉取得最后解决：（1）诉诸集体协议规定的程序，例如，由有关雇主组织与工人组织共同审议案例，或经当事者雇主与当事者工人，或双方组织同意指定的某一人或某些人自愿裁决；（2）由主管公共当局调解或裁决；（3）向劳工法院或其他司法部门申诉；（4）根据本国条件，任何其他可能被认为适当的程序。

2. 我国相关法律法规

在我国，《劳动法》《劳动合同法》《人民调解法》《劳动争议调解仲裁法》和《劳动争议仲裁委员会办案规则》涉及自愿调解和仲裁，其中《劳动法》和《劳动争议调解仲裁法》是有关调解和仲裁的最重要的法律法规。

一是《劳动法》的第十章劳动争议（第七十七到第八十四条）对调解和仲裁做出了详细的规定。第七十七条和第七十九条对发生劳动争议时的解决机制做出了规定，包括协商、向本单位劳动争议调解委员会申请调解、向劳动争议仲裁委员会申请仲裁、向人民法院提起诉讼等。第七十八条规定了解决劳动争议的原则，即合法、公正、及时处理的原则。第八十条和第八十一条对协调委员会和仲裁委员会的组织形式做出了规定；劳动争议调解委员会由职工、用人单位和工会的代表组成，工会代表担任主任；劳动争议仲裁委员会采取三方原则，由劳动行政部门代表担任委员会主任。第八十二条和第八十三条劳动争议提起冲裁和诉讼的程序做出具体的规定，即争议发生后60天内以书面形式向劳动争议仲裁委员会提请仲裁，而仲裁委员会必须在60天内做出裁决；对裁决不服的，劳动争议当事人15日①内向人民法院提起诉讼。第八十四条专门对集体合同劳动争议做出了规定，当事人可以通过协商解决，也可以请当地劳动行政部门协调处理，也可以向劳动争议仲裁委员会提请仲裁，向人民法院提起诉讼。

二是劳动争议调解仲裁法。为了及时公正解决劳动争议、保护当事人的合法权益，实现和谐稳定的劳动关系，2007年12月29日第十届全国人民代表大会常务委员会通过了《劳动争议调解仲裁法》。该法共分六章三十六条。第一章（第

---

① 以收到的仲裁通知书的时间为起点。

一到九条）是总则部分，规定了适应本法的劳动争议范围、解决劳动争议的原则（合法、公正、及时、着重调解）、劳动争议的解决途径（调解、仲裁、法院起诉、向劳动部门投诉）和举证责任（劳动单位应提供属于单位掌握管理的证据，否则承担不利后果）。第二章（第十到十六条）对调解做出具体的规定，包括劳动争议可向三种类型的调解组织（企业劳动争议调解委员会、基层人民调解组织和乡镇街道的具有劳动争议调解功能的组织）申请调解，申请劳动调解的形式（书面和口头申请），以及调解中的注意事项和调解决定的执行和进一步申请仲裁的条件。第三章（第十七到五十一条）对仲裁做出具体的规定，共由三节组成。第一节（第十七到二十六条）包括劳动争议仲裁委员会的设立原则、领导机制、职责范围、仲裁员名册的设置、劳动争议管辖范围以及公开仲裁的原则。其中，第二十二条规定在派遣制用工中发生劳动争议时，劳动者的劳动用工单位和派遣单位作为共同当事人。第二节（第二十七到三十条）对申请和受理做出详细的规定，包括申请仲裁的时效（一年）、申请方式（书面申请）、申请书的内容和格式要求、劳动争议案件的受理和裁决。第三节（第三十一到五十一条）对开庭和裁决做出了具体的规定，包括仲裁庭制的组成（三名仲裁员，设首席仲裁员）、仲裁员的回避制度、对仲裁员违法违规行为的处理、专门性问题的鉴定及鉴定机构的选择，以及仲裁程序等。此外，为进一步完善劳动争议调解和仲裁机制，人力资源和社会保障部分别于2009年和2010年颁布了《劳动人事争议仲裁办案规则》和《劳动人事争议仲裁组织规则》。其中劳动争议仲裁组织规则规定了劳动争议仲裁委员会的组织形式（由人民政府依法成立）和职能（专门处理劳动、人事争议）、经费来源（财政），仲裁员的管理、培训工作（由人力资源和社会保障行政部门负责）。

（五）比较和建议

中国有关劳动争议协调、仲裁的法律、法规的基本精神和处理方式，都与国际劳工组织相关公约和建议书中倡导的解决劳动争议的模式和处理方式保持一致。但国际劳工组织相关公约和建议书解决劳动争议更加强调企业内部的争端解决机制，而我国的劳动争议在法规和实践中都强调了企业外独立的协调和仲裁机制。因此，要采取适当的措施鼓励用人单位制定劳动争议处理制度，建立企业劳动争议处理的组织机构。企业劳动者争议处理的组织机构组建要实行"三方原则",即在组织机构当中,必须有企业劳动争议的双方当事人的代表和第三方或中立方代表(可以由政府或公益机构委派)。同时,劳动争议仲裁员队伍也必须实现职业化、专业化。企业联合会等雇主组织和工会在各自的代表性方面还应继续完善。此外,企业集体谈判也可以作为解决企业劳动争议的主要手段之一,企业集体合同在某种程度上可以看作是企业劳动争议处理的一种结果或结论。

## 第三节 雇佣关系国际标准与我国的比较

### 一、对劳务派遣关系的规范

#### (一)《私营职业介绍所公约》相关规定

国际劳工组织1997年通过的《私营职业介绍所公约》(第181号),规定了被派遣劳动者应当受到保护的权利,以及派遣机构和要派单位的责任分担问题,对劳务派遣关系的法律规制提供了一个基本框架,这是目前唯一一个对劳务派遣关系做出全面规定的国际劳工公约。由于劳务派遣关系是一种三角关系①,派遣劳动者的权利很容易受到侵犯。故公约特别重视对劳动权的保护,并在第11条中做了全面的规定,该条要求,成员国应当根据其国内法和惯例,采取必要措施确保私营就业机构雇用的派遣工人的权利,包括自由结社、集体谈判、最低工资、工作时间和其他工作条件、法定社会保险待遇、培训机会、职业安全与卫生、生育保护和待遇、在发生工伤事故或职业病情况下的赔偿、在发生清算时的赔偿以及对劳动债权的保护等。根据公约的规定,成员国应当依照本国法律和惯例,确定及分配劳务派遣企业与实际用工企业在下列问题上各自应承担的责任:集体谈判、最低工资、工作时间和其他工作条件、法定社会保险待遇、培训机会、职业安全与卫生、生育保护和待遇、在发生工伤事故或职业病情况下的赔偿、在发生清算时的赔偿以及对劳动债权的保护等。

#### (二)《劳动合同法》相关规定

《劳动合同法》的第五章的第二节(第五十七到六十七条)对劳务派遣这一特殊的用工形式做出具体的规定。第五十七规定劳务派遣单位的注册资本不能少

---

① 三角关系是指派遣单位、实际用人单位、劳动者。

于 200 万元。第五十八条规定了劳务派遣单位作为用人单位的法律地位，对劳动者负有用人单位的义务。第五十九条规定劳务派遣单位与接收劳务派遣形式用工的单位之间的关系，以劳务派遣协议为基础。第六十二条规定了用工单位的具体的义务，包括劳动保护、工作报酬、福利待遇、岗位培训、工资调整等，并不得将劳动者向其他用人单位再次派遣。第六十三到六十五条，规定了被派遣劳动者的权利，包括同工同酬的权利、参加工会的权利、解除劳动合同的权利。第六十六条规定了劳务派遣用工的范围，即临时性、辅助性以及替代性的工作岗位。第六十七条禁止用人单位自己设立劳务派遣公司，用以向本单位派遣。

## 二、隐蔽雇佣关系的确认

### （一）《2006 年雇佣关系建议书》（第 198 号）相关规定

为了与隐蔽的雇佣关系做斗争、解决雇佣关系中的不确定性、保护劳动者的权益，国际劳工组织于 2006 年 6 月 15 日通过了《2006 年雇佣关系建议书》（第 198 号）。《2006 年雇佣关系建议书》对隐蔽雇佣关系进行了界定，即"在雇主以一种掩盖着某人作为雇员的真实法律地位的方式、不把他或她当作一个雇员对待时，就产生了隐蔽雇佣关系，继而可能产生剥夺劳动者应该得到的保护的后果"。

《2006 年雇佣关系建议书》在第一部分着重论述了国家在保护雇佣关系中劳动者应具备的政策措施，包括：一是为有关各方，尤其是为雇主和劳动者，就有效地确定雇佣关系的存在和就区分雇员与自营就业者提供指导的方法；二是与隐蔽的雇佣关系做斗争的措施（例如使用掩盖真实法律地位的其他形式的合同安排而掩盖雇佣关系）；三是制定适用于各种形式的合同安排的鉴别劳动关系的标准，以使受雇劳动者得到应有的保护；四是适用于各种形式合同安排的标准要明确规定劳动者所享保护的责任方；五是设立适当、迅速、不昂贵、公平且有效率的程序与机制，为有关各方（特别是雇主和劳动者）解决有关雇佣关系的存在和内容方面的争议；六是为司法人员、仲裁员、调停人、劳动监察员以及负责解决争议和执行国家雇佣法和标准的其他人员提供相关国际劳工标准、比较法和案例法方面的适当而足够的培训。同时，强调在国家政策方面，成员国应特别注意确保那些受雇佣关系是否存在之不确定性特别影响的劳动者①能得到有效的保护,并在国家政策方面特别考虑性别的问题。此外,在劳动者跨国流动的背景下:一是在制定国家政策时,在与最具代表性的雇主组织和工人组织协商后,成员国应在其管辖权限内考虑采取适当措施并酌情与其他成员国合作以便向在其领土上的可能受到雇佣关系是否存在之不确定性影响的移民工人提供有效保护并防止对其滥用权力的情况;二是在一国招聘工人去另一国劳动的情形中,为防止雇主规避对雇佣关系中的劳动者提供保护,有关成员国可考虑缔结双边协议以防止滥用权力的情况和欺诈性做法。

《2006年雇佣关系建议书》在第二部分提供了确定雇佣关系的存在的方法和标准。第9条规定,就保护雇佣关系中的劳动者的国家政策而言,确定此种关系的存在,应主要以与劳动者从事劳务并获得酬报相关的事实作指导,而不论在各方当事人之间可能确定的任何契约性或其他性质的相关安排中的关系特点。第11条规定,为便于确定雇佣关系的存在,成员国应在本建议书中所述的国家政策框架内考虑是否可能:首先,允许采用多种手段确定雇佣关系的存在;其次,当具备一项或多项相关指标时,为雇佣关系存在的法律推定做出规定;第三,在与最具代表性的雇主组织和工人组织进行事先协商后,决定必须把具有某些特征的劳动者,在总体上或某个特定部门内,确认为雇员或自营就业者。

## (二)《关于确立劳动关系有关事项的通知》相关规定

针对某些用人单位与劳动者不签订劳动合同、劳动关系不容易确定、损害劳动者合法权益的现象,2005年劳动和社会保障部颁布了《确立劳动关系有关事项的通知》,指导劳动关系的确立与处理。该通知共有五条,包括确定劳动关系成立的条件、确定劳动关系存在的凭证、劳动合同的补签、用工资格缺失时劳动关系的认定,以及因劳动关系发生争议时解决的途径。通知的第一条认为虽然用人单位未与劳动者订立劳动合同,但当满足以下条件时就可以确认劳动关系的存在,即用人单位和劳动者双方满足法律规定的主体资格的条件,劳动者遵守用人单位的规章制度、服从用人单位的管理、从事用人单位的有报酬的工作,劳动者提供的劳动是用人单位业务的组成部分。通知第二条列举了劳动关系确认时的各

---

① 包括女工以及最脆弱的劳动者、青年工人、老年工人、非正规经济工人、移民工人和有残疾的工人。

种凭证,包括支付工资的凭证、工作证、服务证、登记表、报名表、考勤记录和交纳保险记录等,并且用人单位承担管理范围内的举证责任。第四条强调用人单位如果将工程或经营权发包给不具备用工主体资格的组织或自然人,由具备用工主体资格的发包方承担用工主体责任。①

## 三、对家庭工人雇佣关系的确认

### (一)《家庭工人公约》相关规定

国际劳工公约和建议书适用于所有的工人,包括家庭工人,但针对家庭工作的特点,①国际劳工组织认为最好有专门适用于家庭工人的标准来补充一般性标准,以使家庭工人能充分享有其权利,于2011年通过了《家庭工人公约》及其建议书。

公约第1条规定了家庭工作和家庭工人的定义,即:家庭工作一词系指在或为一个住户或几个住户从事的工作;家庭工人一词系指在一种雇佣关系范围内从事家庭工作的任何人,男性或女性;仅偶尔或零星地,而并非在职业基础上从事家庭工作的人员不是家庭工人。

第2条规定了家庭工人应当享有的权利。即各成员国须采取措施,确保有效地促进和保护本公约规定的所有家庭工人的人权。各成员国须采取本公约中陈述的针对家庭工人的措施,以便尊重、促进并实现工作中基本原则和权利,即:结社自由和有效承认集体谈判权利;消除一切形式的强迫或强制性劳动;有效地废除童工劳动;消除就业和职业歧视。

第6条规定,各成员国须采取措施,确保家庭工人同其他一般工人一样,享有公平的就业待遇和体面的工作条件,如果他们住在住户家中,则享有尊重其隐私的体面生活条件。

第7条规定,各成员国须采取措施,以确保家庭工人能以适宜、可核实和易于理解的方式,最好在凡可行时,通过按照国家法律、法规或集体协议草拟的书面合同获得有关其就业待遇和条件的信息,特别是:雇主和工人的姓名和地址;通常的工作场所或多个工作场所的地址;起始日;合同的期限;将要从事的工作种类;报酬、计算方法和支付期限;正常工作时间;带薪年休假,及每日和每周

---

① 在特殊条件下进行的、仍未受到重视且是隐形的、主要由妇女或女孩来承担等。

休息时间；如果可行，提供膳宿；如果可行，考察期或适应期；如果不可行，遣返的条件；有关终止就业的待遇和条件，包括由家庭工人或雇主提出通知的任何期限。

### （二）《家庭工人体面劳动建议书》相关规定

《2011年家庭工人体面劳动建议书》（第201号）为保护家庭工人的权益做了补充性规定。第16条规定，成员国应采取措施，确保家庭工人在雇主破产或死亡时，保护工人的索赔方面享有不低于一般工人享有的条件。第18条规定，在出于严重的行为不端以外的原因由雇主提出终止就业的情况下，应给予居住在雇主家庭中的家庭工人一个合理的通知并准其在该时间段休假，以使他们能够寻找新的工作和住宿。第22条规定，成员国应与最有代表性的雇主组织和工人组织，以及与代表家庭工人的组织和代表家庭工人雇主的组织磋商之后，考虑通过法律、法规或其他措施的途径，就移民家庭工人的受聘就业合同到期或终止时有权获得免费遣返所依据的条件，做出具体规定。

## 四、政策建议

### （一）扩大劳动者和用人单位的认定范围

我国《劳动法》《劳动合同法》等对劳动者、用人单位的界定范围要比国际劳工组织《私营职业介绍所公约》《2006年雇佣关系建议书》《家庭工人公约》中定义的范围要窄。我国《劳动法》《劳动合同法》认为劳动者必须跟具备用人权利的企业、事业单位等用人单位签订劳动合同，才在法律保护的范围之内，而我国许多非正规就业人员都没有与用人单位签订劳动合同，缺乏应有的保护。而我国对用人单位的规定，也大大限制了劳动者签署劳动合同的可能性，个人、家庭不属于用人单位的范围，不能成为签署劳动合同的主体，也影响了灵活就业人员获得劳动合同保护的权利。

### （二）解决劳务派遣制用工中存在的主要问题

自2008年起实施的《劳动合同法》，在第五十七条到六十七条中对劳务派遣机构、劳动者、用人单位都进行了法律的界定和约束，对劳务派遣员工的正当权益起到很好的保护作用，也对劳务派遣机构和用人单位的职责范围进行了明确界定。但在实行过程中，出现了一些不规范、不合理、甚至不合法的现象，主要表现在以下几个方面。一是为了规避用人风险、减少用工支出，一些用人单位直接到人才市场招聘人员，却不与之签订劳动合同，而是委托劳务派遣机构与之签订劳务派遣合同，形成利益均沾的格局。这是利用劳务派遣规制，严重损害了员工的正当权益。二是劳务派遣机构收取一定数量的中介费，使劳务派遣员工的收入递减，并且存在严重的同工不同酬现象，身份不同导致劳务工和正式工的待遇差别很大。三是大量使用劳务工，并存在"混岗"现象。《劳动合同法》明确规定，劳务派遣的用工岗位范围限制在临时性、辅助性、替代性的工作岗位上，但现实中，尤其在某些大中型国有企业，不仅在生产一线大量使用劳务工，而且在某些生产部门或岗位上存在主要或全部使用劳务工的现象。四是大量正式工被迫转为劳务工。很多企业为规避《劳动合同法》中劳动者签署无固定期限劳动合同的权利，强迫有10年工龄的老员工与劳务机构重新签订合同，以劳务派遣的名义继续从事劳动。针对以上劳务派遣被滥用的现象，《劳动合同法实施条例》也尚未做出强有力的回应。因此，建议制定严格的劳动派遣法律实施规范，并加强社会监督，提高用人单位的违法成本，避免劳务派遣被滥用，保护劳动者的合法权益。

### （三）立法解决隐蔽雇佣关系的问题

2005年，劳动和社会保障部的《关于确立劳动关系有关事项的通知》大大扩大了对雇佣关系确认的力度和范围，提供了确认雇佣关系的手段和具体事实内容，但也没有将个人作为雇主的劳动者包含在内。同时，它仅以劳动行政部门通知的形式，立法层面较低，多用于劳动争议发生时对雇佣关系的确认，而不是正常确认雇佣关系的机制，难以实现对处于隐蔽雇佣关系下劳动者的保护。因此，建议根据国际劳工组织《2006年雇佣关系建议书》提供的辨别隐蔽雇佣关系的方法和机制，提高我国确立劳动关系的立法层次，从隐蔽雇佣关系的定义、本质出发，建立一整套隐蔽雇佣关系确认的方法、程序，以及确认后的保护措施等。

### （四）制定"家政工人权益保护法"

人力资源和社会保障部发布的"家政服务员国家职业标准"，已于2006年1月17日施行，标志着家政服务成为国家正式职业，并形成一个新的行业。鉴于家政工就业形式的多样化、隐蔽性，以及雇主的不确定性，建议借鉴《妇女权益保护法》《残疾人保障法》等做法，对家政工人的权益保护进行单独立法，对发展家庭服务业、保障家政工的权利会起到极为有效的作用。

### （五）扩大集体合同的覆盖范围，将非正规就业包含进来

中国的灵活就业人员就业分散，缺乏组织，不在工会系统的覆盖范围之内，很难与用人单位签署劳动合同，更不用说是集体合同。但我们可以仿效一些国家的做法，通过政府立法干预等方式把非正规就业人员纳入集体合同的覆盖范围，用集体合同为他们提供基本的权益保护，以纳入劳动关系调解的范围。如，奥地利多数自谋职业者已成为集体合同的受众，意大利的合作社成员也得到了集体合同的保护。在我国，随着经济的发展，越来越多的就业者加入灵活就业的范畴，采取一定的劳动行政手段，将他们纳入集体合同，不失为一种解决其劳动合同签署问题的有效方法。

# 第五章
# 社会保障方面的国际劳工标准比较

## 第一节 社会保障方面的国际劳工标准总体情况

### 一、国际劳工组织社会保障理念

自国际劳工组织建立以来,社会保障一直是其首要关切之一。1919年4月通过的《国际劳工组织章程》序言部分描述了当时的劳动状况,认为将如此多的人口陷入不公、困苦以及匮乏,由此导致的社会冲突如此巨大,以致使世界的和平与和谐受到威胁。因此,需要尽快采取改变上述状况的措施,包括防止失业、对工人由于劳动而发生的疾病、伤害和其他疾病的保障、对养老和伤害的给付,以及对受雇于非母国的工人的保护。

这些关切内容在1944年国际劳工组织大会《费城宣言》中予以重述。该宣言赞同广义的社会保障,呼吁采取其他措施"为所有需要这些保障的人们提供基本收入"。

劳工组织认为,提供社会保障应该是所有成员国共同努力、共同合作的结果。成员国可能希望通过降低本国劳动力成本以提高它们的国际贸易竞争力,因此,为了达到促进社会正义的目标,防止成员国的竞争扭曲行为是必要的。在国际劳工组织成立前已经签订的双边贸易条约包含了旨在防止社会倾销的条款,以遏制其对社会保障的破坏作用。国际劳工组织对"不公平竞争"的关注体现在序言和宪章中:"任何未能提供人道的劳动条件的国家构成了对其他意图提高他们国家内劳动条件的国家的障碍。"

社会保障权利作为一项基本人权,也体现在联合国大会通过的《世界人权宣言》(1948年)以及《经济、社会和文化权利国际公约》(1966年)等重要文件中。国际劳工组织的社会保障相关公约,尤其是1952年通过的《社会保障(最低标准)公约》(第102号),则被认为是使成员国履行社会保障义务、实现社会保障权利的主要文件。

近年来,社会保障作为更广义的社会保护概念的一部分构成了ILO体面劳动计划的主要支柱之一。1999年国际劳工组织时任局长索马维亚在第87届国际劳工大会上首次提出了"体面劳动"概念,并被国际劳工大会采纳。在经济形势不稳定、现有社会保障制度压力日益增大情况下,社会保障作用越来越大,体面劳动计划强调了以下几点的必要性:适应社会变化;扩大社会保障覆盖面;改善社会保障的管理;将劳动力市场和就业政策与社会保障相连接。

2001年,国际劳工大会的代表们重申了劳工组织在促进和扩大社会保障覆盖面方面的角色和义务。社会保障专家委员会的决议认为,应当优先制定政策和行动计划,使那些目前未被制度覆盖的人得到社会保障。该决议进一步强调了《费城宣言》、"体面劳动计划"以及相关社会保障公约的重要性。该决议认为应当采取行动,推动扩大社会保障覆盖面。基于此,2003年国际劳工组织启动了"社会保障及覆盖所有人"的全球行动计划。

## 二、国际劳工组织社会保障标准发展概况

国际劳工标准是由国际劳工组织三方成员(政府、雇主和工人)共同制定的法律文件,它规定了关于工作和工作场所的原则、权利和最低标准。国际劳工标准可以采用公约或者建议书的形式,前者是具有约束力的国际条约,后者不具有约束力。

一个国家一旦批准了一部国际劳工公约,就有责任定期就其实施的情况进行报告。对那些未遵守已批准公约的成员国,国际劳工组织可以启动相关程序。国际劳工组织还通过提供技术援助,帮助成员国批准和遵守国际劳工公约,并监督公约的实施情况。

国际劳工组织在社会保障国际标准制定方面,具有开创性地位。同时,由于国际劳工组织成员国几乎覆盖全球所有国家,其制定的社会保障标准的影响力十分重大。

1919年以来国际劳工组织制定的社会保障方面的标准,按照涉及的九大社会保障领域划分,分别简述如下:

(1)医疗护理。1927年的《工商业工人及家庭佣工的疾病保险公约》(第

24号）和《农业工人疾病保险公约》（第 25 号）分别在工商业和农业中规定实行强制疾病保险制度，其津贴待遇包括免费治疗和提供药品和器械。第 102 号公约对保证预防或治疗性质的医疗护理作了详细规定，并把覆盖范围扩大到住院治疗。1969 年《医疗和疾病津贴公约》（第 130 号）提出了更高标准。

（2）疾病津贴。第 24、第 25 号两公约规定了在工人患病时应当支付现金津贴。第 102 号公约则进一步规定应定期支付的最低限度的津贴。1969 年的《医疗护理与疾病津贴》（第 130 号）规定了较高的津贴水平，适用的范围也较宽。同年《医疗护理和疾病津贴建议书》（第 134 号）规定疾病津贴的法律应适用于所有经济自立人口。

（3）生育津贴。这方面有三个公约。第一个是 1919 年的《妇女生育前后工作公约》（第 3 号），适用于工商业中受雇的妇女。第二个是 1952 年的《生育保护公约（1952 年修正）》（第 103 号），适用于农业及其他手工业部门受雇的妇女。两个公约均规定生育产假期间发给现金津贴并提供医疗护理，其资金来自强制社会保险制度或其他公共基金。第 3 号公约规定生育津贴不得少于妇女生育前工资收入的三分之二（实行以工资收入为根据的保险制度者）。第三个是 2000 年的《关于修订 1952 年保护生育公约（修订本）公约》（第 183 号）。第 102 号公约也有关于生育津贴的规定。

（4）残疾津贴。1933 年的《工商业或自由职业受雇用人及厂外工人与家庭佣工的强制性残疾保险公约》（第 37 号）和《农业受雇人员的强制性残疾保险公约》（第 38 号）都规定按照强制残疾保险制度应对一般无能力工作的受保者支付残疾津贴。第 102 号公约也有此规定。1967 年的《残疾、老年、遗属津贴公约》（第 128 号）规定的最低限度津贴水平高于第 102 号公约，并规定了对残疾者有义务给予康复服务和安置。1967 年的《残疾、老年和遗属津贴建议书》（第 131 号）规定有关的法律扩大适用于所有经济自立人员。

（5）老年津贴。1933 年的《工商业或自由职业受雇用人及厂外工人与家庭用工的强制性老年保险公约》（第 37 号）和《农业受雇人员的强制性老年保险公约》（第 38 号）规定了强制性的保险制度，按照制度应给达到规定年龄受保人支付老年年金。第 102 号公约规定老年年金应不低于已规定的水平。1967 年的第 128 号公约修正了以前的标准，规定了较优的待遇。

（6）遗属津贴。1933 年的《工商业或自由职业受雇用人及厂外工人与家庭用工的强制性遗属保险公约》（第 39 号）和《农业受雇人员的强制性遗属保险公约》（第 40 号）都有遗属津贴的规定。第 102 号公约还规定了这一保险制度下的最低遗属津贴标准。第 128 号公约又修正了以前的公约，规定了较优的津贴待遇。

（7）工伤津贴。1921 年的《农业工人赔偿公约》（第 12 号）规定，农业工人应包括在现行工人赔偿立法的适用范围内。1925 年《工人事故赔偿公约》（第 17 号）规定，凡因工业事故而致身体遭受伤害（永久丧失工作能力或死亡）的工人或需其赡养的家属，应给予赔偿。1925 年的第 18 号公约《工人职业病赔偿公约》（后由 1934 年的第 42 号公约作了修正）规定，按照有关工业事故法律的一般原则支付职业病赔偿金。第 102 号公约也规定，由于职业原因发生事故或规定的职业病时，应以医疗护理和定期支付的形式给予工伤津贴。1964 年的《工伤事故津贴公约》（第 121 号）适用范围扩大，规定改进医疗护理和有关服务，并规定定期支付的工伤津贴的最低标准。

（8）失业津贴。1934 年的《对非自愿失业者保证给予津贴或补助公约》（第 44 号）要求批准公约的会员国建立一种对非自愿失业者支付津贴（不同于救济）的制度。第 102 号公约关于失业津贴也作了详细的规定，说明了定期支付的失业津贴应如何计算。1988 年《关于促进就业和失业保护的公约》（第 168 号）提出了失业津贴的更高标准。

（9）家庭津贴。第 102 号公约规定，应给予维持子女生活的津贴。这种津贴可以采取定期支付形式，也可用实物补助，还可以两者结合。

许多关于社会保障的公约还专为外籍工人规定同等待遇，至少是对批准同一公约的别国的外籍工人应该同等待遇。1925 年的《本国工人与外国工人关于事故赔偿的同等待遇公约》（第 19 号）规定，批准公约的各国间在事故赔偿方面应相互给对方的国民以相同本国国民同等权利，而不问其居住条件如何。1962 年的《本国人与非本国人在社会保障方面平等待遇公约》（第 118 号）进一步规定在社会保障制度的所有九个部分的平等待遇，虽则会员国对公约的义务可以只承担其中的一个部分。由于各国立法所根据的原则不同，外籍工人要取得与保持权利往往产生特殊问题。为了解决这个问题，1935 年国际劳工大会通过了《维护残疾、老年及遗属保险权利公约》（第 48 号）。

综合起来，国际劳工组织从 1919 年以来建立的社会保障标准可以分成两个时期（社会保险时期和社会保障时期）、三代标准。

第一代标准（1919—1944 年）。第一代社会保障领域的标准是指第二次世界大战前通过的此类文件。其中的绝大多数均将社会保险作为实施手段。这些公约的目标是为这些公约界定的特定的社会保障领域（如失业、工厂事故、职业病、疾病、老年、残疾和死亡）建立强制保险制度。这些公约覆盖了主要的职业和主要类别的工人（妇女、在工厂工作的工人和农业工人）。第一个通过的标准覆盖的领域是最紧迫也最适宜采取国际行动的领域，包括生育和工伤。

第二代标准（1944—1952 年）。在 20 世纪 40 年代，新的社会保障的观念已经形成，其可行的实现方式就是改变战前的社会保险制度。该观念发展中的重要环节即是 20 世纪 40 年代的《贝弗里奇报告》。该报告的新的社会保障理念包括普遍而全面的覆盖、社会保障制度的统一、对全部人口收入安全和医疗护理的保障。战前的相关公约已经不能反映社会保障制度诸多领域的发展已成共识，战后公约不同于战前公约的地方在于其对社会保障津贴制定了最低标准。其中，1952 年通过的 102 号公约是国际劳工组织标准设定活动的里程碑。

第三代标准（1952 年至今）。第三代社会保障标准是在第 102 号公约之后通过的一系列文书。一开始，国际劳动组织希望与第 102 号公约一起通过一个设定更高社会保障标准的文件，但由于时间紧迫、问题复杂，该事项未能在 1952 年大会上讨论。最后，制定单一文件的意图被放弃，国际劳工组织通过制定一系列更高标准的公约，对第 102 号公约涉及的九大社会保障领域进行了补充。这些更高的标准主要体现在《1952 年保护生育公约》（第 103 号），《1964 年工伤事故津贴公约》（第 121 号），1967 年《残疾、老年和遗属津贴公约》（第 128 号），《1969 年医疗和疾病津贴公约》（第 130 号），《1988 年促进就业和失业保护公约》（第 168 号）以及《2000 年保护生育公约》（第 183 号）。与第 102 号公约相比，这些公约进一步扩大了覆盖范围，提高了医疗保障和相关服务水平，延长了短期津贴期限，并以更为有利的条件和更高的水平支付所有现金津贴。第三代标准在设定了更高标准的同时，也有弹性条款，允许发展中国家在某些方面例外。

## 三、社会保障公约批准情况

与其他领域的公约相比，社会保障公约批准的国家数量有限，其中，批准第

102号公约的国家数量最多，共有49个国家，而且绝大多数是在1980年前批准的（28个），1980—1990年只有3个国家批准，1990—2000年有8个国家批准，2000年以来共有10个国家批准。从地区分布来看，49个批准第102号公约的国家有31个为欧洲和中亚国家，比重为63.3%（见表5—1）。

表5—1　　　　　　　公约批准国家数量及地区分布

| 公约<br>（主要内容） | 批准国家数 | 非洲 | 阿拉伯国家 | 亚太地区 | 欧洲和中亚 | 美洲、加勒比海 |
|---|---|---|---|---|---|---|
| 第102号公约<br>（最低社会保障） | 49 | 6 | 0 | 2 | 31 | 10 |
| 第121号公约<br>（工伤） | 24 | 4 | 0 | 1 | 14 | 5 |
| 第128号公约<br>（养老） | 16 | 1 | 0 | 0 | 10 | 5 |
| 第130号公约<br>（医疗） | 15 | 1 | 0 | 0 | 9 | 5 |
| 第168号公约<br>（失业） | 8 | 0 | 0 | 0 | 7 | 1 |
| 第183号公约<br>（生育） | 28 | 4 | 0 | 0 | 22 | 2 |
| 总计 | 140 | 16 | 0 | 3 | 93 | 28 |

注：根据2013年6月国际劳工组织网站数据整理。

从地区分布来看，欧洲和中亚国家批准社会保障公约次数最多，达到93次，其次是美洲和加勒比海地区，有28次，非洲共有16次，亚太地区有3次，而阿拉伯地区没有一个国家批准了社会保障公约。从批准国家的地区分布上，一定程度可以看出经济发展水平对一国批准公约与否有一定的影响。不过，还有部分发展程度相当的国家没有批准任何一个社会保障公约（如澳大利亚、加拿大、美国、海湾合作委员会成员国）。

尽管批准公约的国家数量有限，但公约的影响力还是比较大的，尤其是第102号公约。如欧洲理事会的主要人权文件《欧洲社会宪章》，明确以第102号公约为参考，作为欧洲国家必须提供的最低水平社会保障。该宪章第12条要求成员国提供的保障水平，至少要等于批准第 102 号公约所要求的最低社会保障水平。许多国家虽然没有批准社会保障公约，但是国际劳工组织提出的九大社会保障领域受到效仿，制度模式已经在全球范围内推广。

## 四、劳工标准的弹性条款

（1）公约批准方面。各种公约都包含了多个部分，只有在特定部分被批准时才视为接受。如第 102 号公约包括共同部分和九个社会保障领域部分，成员国可以通过接受部分条款以批准公约：除共同部分外，至少接受九个部分中的三个，并且这三个中至少包括失业、老年、工伤、残疾和遗属中的至少一个。

（2）覆盖范围方面。第 102 号公约和之后通过的公约都允许特定职业从其覆盖范围中排除，如海员（第 102 号、第 121 号及第 128 号公约）、公务员（第 121 号、第 128 号、第 130 号和第 168 号公约）、从事临时工作的人员和雇主的家属（第 121 号、第 128 号和第 130 号公约）等。

（3）发展中国家的临时例外。经济或者医疗设施还未充分发展的国家，在批准公约时，可以做出声明，将覆盖范围限定在较小数量的人群，或者作为临时例外，在特定领域允许提供较低水平或较短期限的津贴。这些例外主要指向发展中国家并且是临时性的（适用这些例外的国家必须对继续例外的原因和是否放弃例外作定期报告）。

（4）津贴计算方法方面。公约对津贴的最低额度进行了限定，但也同时考虑了不同成员国经济发展水平的差异。尽管规定了津贴占以往工资收入的最低百分比，但工资收入可以有不同的计算方法。

## 五、关于国际劳工组织社会保障标准的争议

（1）男性供养人模型涉嫌性别歧视。一种主要的批评观点以及多个发达国家未批准公约（如加拿大等国认为这违反男女平等的国内法律）的主要原因是，劳工组织社会保障标准假设男性为家庭唯一供养人。这一假设在标准通过的 20 世纪 50 年代有合理性，因为当时女性劳动参与率低。但这一假设已经不合时宜，女性劳动参与率大幅提高，男女平等观点得以流行。辩护的观点则认为，性别中立的模型将会降低社会保障标准，因为女性的工资收入普遍低于男性。另外，目前也没有合适的替代模型出现或被其他组织所广泛采用。

（2）缺乏社会保障的定义。劳工标准对社会保障没有采用过正式的定义，第

102号公约仅列举了九种风险覆盖情况。由于缺乏定义,公约规定的保障措施就只能局限于被提及的领域和相关条款描述的风险种类,也就是说缺乏普遍的保护。辩护的观点则认为,公约并没有对批准国家规定明确的义务,个人也不能从中引申出权利,宽泛的社会保障定义将减弱标准的可执行性,反而是明确界定的社会保障范围更有利于执行和监督。

（3）缺乏对现代风险的覆盖。随着社会发展,许多风险种类凸显出来。批评者认为社会保障公约忽略了对一些现代社会情形的覆盖,比如育儿假期的权利、从事职业的中断以及长期护理等,社会保障公约仅有九种常见的风险领域。辩护者则认为,公约就应该对普遍问题进行规定,除此之外的风险可以由各国自由进行规定,何况新的保障领域即使在发达国家也才处于起步阶段。

（4）未考虑制度可持续性问题。社会保障公约更多的是强调扩大社会保障覆盖面,给尽可能多的劳动者提供保护,并规定了最低的保障水平。但现实情况是,随着医疗技术进步,老龄化进程加快,各国社会保障的财政负担日益加重,各项社会保障制度尤其是养老保障制度的可持续性面临挑战,而这并没有在社会保障公约中提及。

## 第二节　社会保障方面劳工标准与我国情况的比较

### 一、总体比较

#### （一）社会保障公约和我国法律均强调社会保障是一项基本权利

社会保障权利作为一项基本人权,体现在联合国大会通过的《世界人权宣言》(1948年)以及《经济、社会和文化权利国际公约》(1966年)等重要文件中（劳工组织是负责劳工问题的联合国专门机构）。我国《宪法》第四十五条规定,中华人民共和国公民在年老、疾病或者丧失劳动能力的情况下,有从国家和社会获得物质帮助的权利。国家发展为公民享受这些权利所需要的社会保险、社会救济和医疗卫生事业。《劳动法》第七十条规定,国家发展社会保险事业,建立社会保险制度,设立社会保险基金,使劳动者在年老、患病、工伤、失业、生育等情况下获得帮助和补偿。《社会保险法》第二条规定,国家建立基本养老保险、基本医疗保险、工伤保险、失业保险、生育保险等社会保险制度,保障公民在年老、疾病、工伤、失业、生育等情况下依法从国家和社会获得物质帮助的权利。

## （二）社会保障公约和我国法律均强调国家在提供社会保障方面的责任

国家对于社会保障制度的正常运作承担总体责任是第102号公约和其后通过的其他公约规定的一项重要规则。责任包括为社会保障制度提供适宜的法律框架以及管理良好的执行机构。国家的责任同样包括津贴的提供，不考虑选择的财政方法，主管部门有义务采取所有必要的措施以保证津贴可以及时提供，同时也不允许政府为弥补财政预算赤字而使用社会保障制度的财产。《社会保险法》规定了国家在建立基本养老保险、基本医疗保险、工伤保险、失业保险、生育保险等社会保险制度方面的责任，以及建立社会保险经办机构的责任，也强调社会保险基金专款专用，任何组织和个人不得侵占或者挪用。我国社会保险制度坚持广覆盖、保基本、多层次、可持续的方针，社会保险水平应当与经济社会发展水平相适应，这与社会保障公约提出的弹性条款精神也是一致的。

但二者在社会保障领域方面存在不同，尽管按照弹性条款，批准第102号公约的国家至少需要批准三个领域。第102号公约规定的社会保障领域除了医疗保障、老龄津贴、失业保障、生育保障、工伤保障外，还包括遗属保险、残疾保险、疾病津贴、家庭津贴。其中，遗属保险我国目前缺失，但《社会保险法》规定，参加基本养老保险的个人，因病或者非因工死亡的，其遗属可以领取丧葬补助金和抚恤金。残疾保险方面，《社会保险法》规定，参加基本养老保险的个人，在未达到法定退休年龄时因病或者非因工致残完全丧失劳动能力的，可以领取病残津贴，但国家和各地还普遍没有出台相应政策规定。疾病津贴是生病期间的收入替代，我国没有相应的政策，而是由单位发放的病假工资。家庭津贴是用于抚养子女的责任，我国目前缺少相应的制度。因此，以下部分的比较将主要集中在医疗保障、老龄津贴、失业保障、生育保障、工伤保障五个领域。

第102号公约规定了社会保障最低标准，而其后的社会保障公约均是在此基础上的补充，是社会保障的更高标准。由于我国尚未批准任何一个社会保障公约，因此以下部分将主要以第102号公约为主要研究对象，把劳工标准和我国法律法规规定（主要包括《社会保险法》、国务院规定和人力资源和社会保障部文件）和实际情况进行比较。第 102 号公约主要是在覆盖范围、享受条件和保障水平等方面进行了规定，因此以下部分也将主要从这方面进行比较。

## 二、（老年）老龄津贴比较

### （一）覆盖范围

第 102 号公约规定，受保护人应当包括：（1）规定类别的雇员，其在全体雇员中的构成不低于 50%；或（2）规定类别的经济活动人口，其在全体居民中的构成不低于 20%；或（3）在情形期间其收入不超过规定限度的所有居民。发展中国家在批准该公约时，覆盖范围可以为 20 人及以上的工业工作场所的规定类别雇员，其在全体雇员中的比例不低于 50%。

我国《社会保险法》规定，职工应当参加基本养老保险，由用人单位和职工共同缴纳基本养老保险费；无雇工的个体工商户、未在用人单位参加基本养老保险的非全日制从业人员以及其他灵活就业人员可以参加基本养老保险，由个人缴纳基本养老保险费。2014 年年末我国参加城镇基本养老保险人数为 34 124 万人，该年末国家城乡居民社会养老保险参保人数 50 107 万人，两项合计占全国总人口 136 782 万人的 61.6%。从城镇基本养老保险覆盖来看，参保职工数占城镇就业人员数的比重也稳步提高，2014 年达到 64.9%（见表 5—2）。

表 5—2    1998—2014 年我国城镇基本养老保险覆盖情况

|  | 城镇就业人员数（万人） | 参保职工数（万人） | 覆盖率（%） |
| --- | --- | --- | --- |
| 1998 | 21 616 | 8 475.8 | 39.2 |
| 1999 | 22 412 | 9 501.8 | 42.4 |
| 2000 | 23 151 | 10 447.5 | 45.1 |
| 2001 | 24 123 | 10 801.9 | 44.8 |
| 2002 | 25 159 | 11 128.8 | 44.2 |
| 2003 | 26 230 | 11 646.5 | 44.4 |
| 2004 | 27 293 | 12 250.3 | 44.9 |
| 2005 | 28 389 | 13 120.4 | 46.2 |
| 2006 | 29 630 | 14 130.8 | 47.7 |
| 2007 | 30 953 | 15 183.2 | 49.1 |

续表

|  | 城镇就业人员数（万人） | 参保职工数（万人） | 覆盖率（%） |
|---|---|---|---|
| 2008 | 32 103 | 16 587.5 | 51.7 |
| 2009 | 33 322 | 17 743.0 | 53.2 |
| 2010 | 34 687 | 19 402.3 | 55.9 |
| 2011 | 35 914 | 21 565.0 | 60.0 |
| 2012 | 37 102 | 22 981 | 61.9 |
| 2013 | 38 240 | 24 177 | 63.2 |
| 2014 | 39 310 | 25 531 | 64.9 |

注：参保职工不包括已离退休人员，但城镇就业人员中包括了未参加城镇基本养老保险而享有退休金制度的机关事业单位人员，全国事业单位工作人员大约3 000多万，公务员及参公管理事业单位人员700多万，其中2013年机关事业单位共有1 612万人参加城镇基本养老保险。

### （二）获取待遇条件

第102号公约规定，享受老龄津贴的规定年龄必须不高于65岁，但考虑到该国老年人的工作能力，可规定更高年龄。劳动者完成至少30年的就业、缴费期限，20年的居住合格期限后，规定的津贴应当支付；在完成15年的缴费或就业合格期限后，津贴可以减少发放；津贴应当在整个情形期间发放。

我国享受养老保险待遇的条件相对较宽，至少缴费满15年即能享受待遇，达到退休年龄时缴费年限不够的还可以补缴。退休年龄为男职工60岁、女职工55岁、女工人50岁，一些艰苦条件下工作的劳动者还享受有提前退休的待遇。

### （三）津贴的水平

第102号公约规定，津贴应当定期支付，并至少不少于参照工资的40%，定期支付的额度还应当根据生活成本和（或者）一般收入水平的实质变化而改变。

我国《社会保险法》规定，国家建立基本养老金正常调整机制，根据职工平均工资增长、物价上涨情况，适时提高基本养老保险待遇水平。尤其是2005—2015年我国连续多次较大幅度提高养老金水平，但我国企业退休人员基本养老金正常调整机制还不成熟，调整标准、调整水平、调整方式等还不确定。同时，尽管我国企业职工月均养老金连续较大幅度增长，但与在岗职工月均工资相比，有不断走低的趋势，2013年替代率仅为42.5%。不过，有关替代率的计算有不同统计口径，因此我国基本养老金实际替代率水平仍存争议（见表5—3）。

表5—3　　2005—2011年我国城镇企业职工养老金替代率情况

|  | 2005 | 2006 | 2007 | 2008 | 2009 | 2010 | 2011 | 2012 | 2013 | 2014 |
|---|---|---|---|---|---|---|---|---|---|---|
| 企业职工月均养老金（元） | 698 | 815 | 925 | 1 100 | 1 225 | 1 326 | 1 511 | 1 721 | 1 856 | 2 061 |
| 年均增长（%） | — | 16.8 | 13.5 | 18.9 | 11.4 | 8.2 | 14.0 | 13.9 | 7.8 | 11.0 |
| 在岗职工月均工资（元） | 1 530 | 1 750 | 2 078 | 2 436 | 2 728 | 3 096 | 3 538 | 3 966 | 4 366 | — |
| 替代率（%） | 45.6 | 46.6 | 44.5 | 45.2 | 44.9 | 42.8 | 42.7 | 43.4 | 42.5 | — |

注：企业职工月均养老金数据来源于尹蔚民．民生为本，人才优先［M］．北京：人民出版社，2012；在岗职工月均工资来源于国家统计局．中国统计年鉴2014［Z］．北京：中国统计出版社，2012；部分资料来自人力资源和社会保障部历年"全国社会保险情况"。

养老保障的国际劳工标准与我国情况的对比见表5—4。

表5—4　　　　　养老保障的国际劳工标准与我国情况的比较

| | 国际劳工标准 | | 我国情况 |
|---|---|---|---|
| | 第102号公约第5部分 | 第128号公约第3部分 | |
| 覆盖范围 | （1）规定类别的雇员，其在全体雇员中的构成不低于50%；或<br>（2）规定类别的经济活动人口，其在全体居民中的构成不低于20%；或<br>（3）在情形期间其收入不超过规定限度的所有居民 | （1）包括学徒工在内的全体雇员；或<br>（2）被规定类别的经济活动人口，至少占经济活动总人口的75%；或<br>（3）全体居民，或者是在情形期间收入不超过规定限度的居民 | 我国养老保障制度包括：城镇职工基本养老保险、城镇居民养老保险、新型农村养老保险以及机关事业单位退休金制度；2014年年末全国参加城镇基本养老保险与城乡居民社会养老保险参保两项合计占全国总人口的61.6%。2014年，城镇基本养老保险参保职工数占城镇就业人员数的比重达到64.9% |

续表

|  | 国际劳工标准 | | 我国情况 |
| --- | --- | --- | --- |
|  | 第 102 号公约<br>第 5 部分 | 第 128 号公约<br>第 3 部分 |  |
| 津贴性质和数量 | (1) 定期支付，至少不少于参照工资的 40%；<br>(2) 定期支付的额度应当根据生活成本和（或者）一般收入水平的实质变化而改变 | (1) 定期支付，至少不少于参照工资的 45%；<br>(2) 与第 102 号公约相同 | 我国养老金实行每月定期支付，2013 年替代率为 42.5%；<br>为保障退休职工生活水平不降低，已连续多年较大幅度上调养老金水平，但城镇职工以及城乡居民社会养老保险金的正常调整机制还未建立 |
| 获取津贴的条件和津贴期限 | (1) 规定年龄必须不高于 65 岁，但考虑到该国老年人的工作能力，可规定更高年龄；<br>(2) 完成至少 30 年的缴费、就业期限、20 年的居住合格期限后，规定的津贴应当支付；<br>(3) 津贴可以减少，在已完成 15 年的缴费或就业合格期限后；<br>(4) 津贴应当在整个情形期间发放 | (1) 规定年龄必须不高于 65 岁，但考虑到该国人口、经济和社会状况，可规定更高年龄；如果规定年龄为 65 岁及以上，对于从事苦累或有害健康职业的人员，必须降低年龄；<br>(2) 完成至少 30 年的缴费、就业期限、20 年的居住合格期限后，规定的津贴应当支付；<br>(3) 与第 102 号公约相同；<br>(4) 与第 102 号公约相同 | (1) 男职工 60 岁、女职工 55 岁，女工人 50 岁，艰苦条件再适当提前；<br>(2) 至少 15 年缴费年限，可以补缴；<br>(3) 达到退休后发放直至亡故；<br>(4) 个人账户未发放完的养老金可以继承 |

### 三、医疗保障比较

#### （一）覆盖范围

第 102 号公约规定受保护人应当包括：（1）规定类别的雇员，其在全体雇员中的构成不低于 50%，以及他们的妻子和孩子；或（2）规定类别的经济活动人口，其在全体居民中的构成不低于 20%，以及他们的妻子和孩子；或（3）规定类别的居民，其在全体居民中的构成不低于 50%。

《社会保险法》规定，职工应当参加职工基本医疗保险，无雇工的个体工商户、未在用人单位参加职工基本医疗保险的非全日制从业人员以及其他灵活就业人员可以参加职工基本医疗保险；城乡居民可以自愿参加新型农村合作医疗制度和城镇居民基本医疗保险制度，实行个人缴费和政府补贴相结合。近年我国医疗保障制度发展迅速，通过扩大城镇企业职工医保覆盖面，建立并扩大城乡居民医疗保险覆盖面，已经实现了全民医保，实际覆盖范围在 95% 以上，在覆盖范围上已高于第 102 号公约规定的水平。

#### （二）获取待遇的条件

第 102 号公约规定医疗保障要提供预防或治疗性医疗，并且包括无论何种起因的任何病态、怀孕、分娩及其后果，形式可以是直接提供服务或者现金报销。我国情况则有所不同，医疗保障以现金报销为主要形式，并且主要提供治疗性医疗，预防性医疗服务提供不足。享受条件上有例外情形规定，如个人犯罪引起的病态、违反计划生育政策的分娩等。

#### （三）待遇水平

第 102 号公约规定，可要求受益人或其供养人分担受益人由于病态享受医疗的费用，有关费用分担的规则应以避免经济困难为原则加以制定。同时，掌管津贴的机构或政府部门应通过认为合适的手段，鼓励受保护人利用由公共当局或由经公共当局承认的其他机构为其提供的一般卫生设施。这与我国的情况基本一致，我国医疗保险制度实行社会统筹和个人账户相结合，也要求个人要适当分担医疗费用，同时对定点医院的规定，也在引导患者选择就医的医疗机构。但由于我国医疗保险的统筹层次较低，大多数只在县市级层次统筹，因此在医疗保险的报销范围、报销比例、报销条件等方面地区差异较大（见表 5—5、表 5—6）。

表 5—5　　　　　2002—2011 年我国医疗保障制度覆盖情况　　　（单位：万人）

| | 2002 | 2003 | 2004 | 2005 | 2006 | 2007 | 2008 | 2009 | 2010 | 2011 |
|---|---|---|---|---|---|---|---|---|---|---|
| 城镇基本医疗保险 | 9 401 | 10 902 | 12 404 | 13 783 | 15 732 | 22 311 | 31 822 | 40 147 | 43 263 | 47 343 |
| 其中 职工 | 9 401 | 10 902 | 12 404 | 13 783 | 15 732 | 18 020 | 19 996 | 21 937 | 23 735 | 25 227 |
| 其中 居民 | — | — | — | — | — | 4 291 | 11 826 | 18 210 | 19 528 | 22 116 |
| 新农合 | — | — | — | 17 900 | 41 000 | 72 600 | 81 500 | 83 300 | 83 600 | 83 200 |

资料来源：根据历年《中国劳动统计年鉴》和《中国卫生统计年鉴》整理。

表 5—6　　　　　医疗保障的国际劳工标准与我国情况比较

| | 国际劳工标准 | | 我国情况 |
|---|---|---|---|
| | 第 102 号公约第 2 部分 | 第 130 号公约 | |
| 覆盖范围 | （1）规定类别的雇员，其在全体雇员中的构成不低于 50%，以及他们的妻子和孩子；或<br>（2）规定类别的经济活动人口，其在全体居民中的构成不低于 20%，以及他们的妻子和孩子；或<br>（3）规定类别的居民，其在全体居民中的构成不低于 50% | （1）包括学徒工在内的全体雇员，以及他们的妻子和孩子；或<br>（2）被规定类别的经济活动人口，至少占经济活动总人口的 75%，以及规定类别人员的妻子和孩子；或<br>（3）规定类别的居民，其在全体居民中的构成不低于 75% | 我国医疗保障制度包括：城镇企业职工基本医疗保险、城乡居民医疗保险、中央国家机关公费医疗等，全民医保的实际覆盖率 95% 以上 |

续表

| | 国际劳工标准 | | 我国情况 |
|---|---|---|---|
| | 第102号公约第2部分 | 第130号公约 | |
| 津贴性质 | （1）预防性治疗；<br>（2）普通开业医生诊治，包括出诊；<br>（3）专家在医院内或医院外的治疗；<br>（4）基本药物供应；<br>（5）由开业医生或合格的助产士进行产前、分娩和产后的护理，以及必要时住院 | 除第102号公约外，还包括：<br>（1）牙医治疗；<br>（2）医疗康复 | 符合基本医疗保险药品目录、诊疗项目、医疗服务设施标准以及急诊、抢救的医疗费用，按国家规定从基本医疗保险基金中支付；<br>要确定统筹基金的起付标准和最高支付限额，起付标准原则上控制在当地职工年平均工资的10%左右，最高支付限额原则上控制在当地职工年平均工资的4倍左右；起付标准以下的医疗费用，从个人账户中支付或由个人自付。起付标准以上、最高支付限额以下的医疗费用，主要从统筹基金中支付，个人也要负担一定比例 |
| 获取津贴的条件和津贴期限 | （1）规定的合格期限；<br>（2）每种情形津贴给付不少于26周；<br>（3）津贴给付期限应当被延长，只要受益人有权获得疾病津贴或者需要延长的治疗 | 与第102号公约规定相同；<br>津贴给付应当贯穿整个情形期间；但可能被限于26周，如果受益人不再属于受保护人的类别，但在尚属该类受保护人时疾病业已开始；<br>与第102号公约规定相同 | 基本医疗保险统筹基金支付医疗费用设定结算期。结算期按职工和退休人员住院治疗的时间，恶性肿瘤放射治疗和化学治疗、肾透析、肾移植后服抗排异药门诊治疗的时间设定。在一个结算期内职工和退休人员发生的医疗费用，按医院等级和费用数额采取分段计算、累加支付的办法，由基本医疗保险统筹基金和个人按照比例分担（以北京市为例） |

## 四、失业保障比较

### (一) 覆盖范围

第102号公约规定失业保险受保护人应包含规定类别的雇员，其在全体雇员中的构成不低于50%；或在情形期间其收入不超过规定限度的所有居民。发展中国家可以仅覆盖雇佣人数在二十人及以上的单位。

我国《社会保险法》规定，职工应当参加失业保险，由用人单位和职工按照国家规定共同缴纳失业保险费。《失业保险条例》规定，城镇所有企业、事业单位及其职工纳入失业保险覆盖范围，省级政府可以自行决定社会团体及其专职人员、民办非企业单位及其职工、有雇工的城镇个体工商户及其雇工是否纳入。公务员和参照公务员法管理的工作人员未纳入失业保险覆盖范围。2014年年末全国参加失业保险人数为17 043万人，其中参加失业保险的农民工人数为4 071万人。在国企就业减少、私营和个体就业增加的情况下，我国失业保险覆盖范围也保持逐步扩大。

### (二) 享受条件

第102号公约规定，受保护人应当有能力工作而且适宜于从事工作，但没有得到合适的就业机会；并满足规定的合格期限。我国《社会保险法》规定，失业人员领取失业保险金的条件是：失业前用人单位和本人已经缴纳失业保险费满一年；非因本人意愿中断就业的；已经进行就业登记，并有求职要求的。

在设置等待期方面，第102号公约规定，可以设置7天等待时间。按照我国《失业保险条例》规定，只要失业者符合申领失业保险待遇的条件，就可以从失业登记之日起计算失业保险金。劳动保障部在《失业保险金申领发放办法》中规定，失业保险经办机构自受理失业人员领取失业保险金申请之日起10日内，对申领者的资格进行审核认定，并将结果及有关事项告知本人。经办机构的审核时间可以视为等待期。

### (三) 保障水平和待遇期限

第102号公约规定，失业津贴应当定期支付，至少不少于参照工资的45%。我国失业保险也采取定期支付，但针对农民工有例外规定，即失业保险基金对劳动合同期满未续订或提前解除劳动合同的农民合同制工人支付一次性生活补助。

我国津贴水平相对较低，2011年，全国领取失业保险金月人均水平为614元，而当年全国城镇单位就业人员月均工资为3 483元，替代率水平仅为17.6%。

公约规定，在12个月内，至少给付13周（在规定类别雇员受保护情况下）或者26周（在所有居民受保护情形下）的津贴。我国《社会保险法》规定，失业人员失业前用人单位和本人累计缴费满一年不足五年的，领取失业保险金的期限最长为十二个月；累计缴费满五年不足十年的，领取失业保险金的期限最长为十八个月；累计缴费十年以上的，领取失业保险金的期限最长为二十四个月。重新就业后，再次失业的，缴费时间重新计算，领取失业保险金的期限与前次失业应当领取而尚未领取的失业保险金的期限合并计算，最长不超过二十四个月。我国近年失业保险制度覆盖情况见表5—7。

表5—7　　　　　1999—2010年我国失业保险制度覆盖情况

| 年份（年） | 参保人数（万人） | 应保人数（万人） | 覆盖率（%） |
| --- | --- | --- | --- |
| 1999 | 9 852 | 12 073.6 | 81.60 |
| 2000 | 10 408 | 11 761.2 | 88.49 |
| 2001 | 10 355 | 11 563.5 | 89.55 |
| 2002 | 10 182 | 12 869 | 79.12 |
| 2003 | 10 373 | 12 207.7 | 84.97 |
| 2004 | 10 584 | 12 760.81 | 82.94 |
| 2005 | 10 648 | 13 469.96 | 79.05 |
| 2006 | 11 187 | 14 173.4 | 78.93 |
| 2007 | 11 645 | 15 090.8 | 77.16 |
| 2008 | 12 400 | 15 761 | 78.67 |
| 2009 | 12 715 | 16 472.7 | 77.19 |
| 2010 | 13 376 | 17 407.5 | 76.84 |
| 2011 | 14 317 | 19 539 | 73.27 |
| 2012 | 15 225 | 20 877 | 72.93 |
| 2013 | 16 417 | 24 492 | 67.03 |

数据来源：通过历年《中国统计年鉴》整理计算。

其中应保人数指按照法律规定，应当参加失业保险的劳动者总数，应保人数=国有单位从业人员数+集体单位从业人员数+其他单位从业人员数+私营企业从业人员数－公共管理和社会组织从业人员数，覆盖率=参保人数/应保人数。覆盖率数据可能有所高估，因为有些地方将民办非企业团体等人群也纳入参保范围。

失业保障方面国际劳工标准与我国情况的对比见表5—8。

表5—8　　　　失业保障的国际劳工标准与我国情况的比较

| | 国际劳工标准 | | 我国情况 |
|---|---|---|---|
| | 第102号公约第4部分 | 第168号公约 | |
| 覆盖范围 | （1）规定类别的雇员，其在全体雇员中的构成不低于50%；或<br>（2）在情形期间其收入不超过规定限度的所有居民 | （1）规定类别的雇员，不少于全体雇员（包括公共雇员和学徒）的85%；或<br>（2）在情形期间其收入不超过规定限度的所有居民 | 城镇企业事业单位、城镇企业事业单位职工应缴纳失业保险费。城镇企业，是指国有企业、城镇集体企业、外商投资企业、城镇私营企业以及其他城镇企业；<br>2010年我国失业保险制度实际覆盖率达到76.84% |
| 津贴性质和数量 | 定期支付，至少不少于参照工资的45% | 定期支付，至少不少于参照工资的50%；适用特殊的计算规则的初始期除外 | 定期支付，水平低于当地最低工资标准、高于城市居民最低生活保障标准；<br>2014年，全国领取失业保险金月人均水平为852元 |
| 获取津贴的条件和津贴期限 | （1）规定的合格期限；<br>（2）可以规定7天的等待期；<br>（3）在12个月内，至少给付13周（在规定类别雇员受保护情况下）或者26周（在所有居民受保护情形下）的津贴 | （1）与第102号公约规定相同；<br>（2）与第102号公约规定相同 | 按照规定参加失业保险，所在单位和本人已按照规定履行缴费义务满1年；非因本人意愿中断就业；已办理失业登记，并有求职要求；<br>津贴期限取决于失业人员的缴费年限 |

## 五、工伤保障比较

### （一）覆盖范围

第 102 号公约规定，受保护人应当包括：规定类别的雇员，其在全体雇员中的构成不低于 50%，如死亡者系供养人，为照顾起见，包括其妻子和孩子。

2010 年经过修订的《工伤保险条例》规定，企业、事业单位、社会团体、民办非企业单位、基金会、律师事务所、会计师事务所等组织和有雇工的个体工商户应当参加工伤保险，为本单位全部职工或者雇工缴纳工伤保险费。公务员和参照公务员法管理的事业单位职工未纳入工伤保险覆盖范围。2014 年年末全国参加工伤保险人数为 20 639 万人，其中参加工伤保险的农民工人数为 7 369 万人。

### （二）享受条件

第 102 号公约只是原则性提出参保职工因为工作造成的事故或疾病。我国《工伤保险条例》认同这一原则，并更加详细地提出了工伤认定的情形和例外情况，并详细列明了伤残等级。

### （三）待遇水平

第 102 号公约的规定涉及津贴和职业康复。津贴包括直接医疗服务和现金津贴，包括：(1) 医疗（公约罗列的项目）；(2) 在丧失工作能力或者残疾的情况下，定期支付至少不少于参考工资的 50%；(3) 在供养人死亡的情况下，对遗孀和受供养的儿童定期支付至少不少于参照工资的 40%；(4) 除非在丧失工作能力的情况下，定期支付应当根据生活成本和（或）一般收入水平的实质变化而改变；(5) 定期支付可改为一次付清，如丧失工作能力的程度轻微，或主管当局确信一次付清将会合理使用。

我国工伤保险待遇的规定更加详细。《工伤保险条例》提出了工伤保险基金支出要用于工伤预防、工伤保险待遇和职业康复。在工伤保险待遇方面，根据伤残等级，确定了不同待遇水平。其中，职工因工致残被鉴定为一级至四级伤残的，从工伤保险基金按月支付伤残津贴，标准为：一级伤残为本人工资的 90%，二级伤残为本人工资的 85%，三级伤残为本人工资的 80%，四级伤残为本人工资的 75%。职工因工死亡，其近亲属按照下列规定从工伤保险基金领取丧葬补助金、供养亲属抚恤金和一次性工亡补助金。其中，供养亲属抚恤金按照职工本人工资的一定比例发给由因工死亡职工生前提供主要生活来源、无劳动能力的亲属。标准为：配偶每月40%，其他亲属每人每月30%，孤寡老人或者孤儿每人每月在上述标准的基础上增加10%。核定的各供养亲属的抚恤金之和不应高于因工死亡职工生前的工资（见表5—9）。

表5—9　　　　　工伤保障的国际劳工标准与我国情况的比较

|  | 国际劳工标准 | | 我国情况 |
| --- | --- | --- | --- |
|  | 第102号公约第6部分 | 第121号公约 |  |
| 覆盖范围 | 规定类别的雇员，其在全体雇员中的构成不低于50%，如死亡者系供养人，为照顾起见，包括其妻子和孩子 | 包括合作社在内的公营或私营部门的全体雇员（包括学徒），并在供养人死亡时，包括规定的寡妇、被供养的残疾鳏夫，以及患病的受供养的儿童或者其他规定人员 | 企业、事业单位、社会团体、民办非企业单位、基金会、律师事务所、会计师事务所等组织和有雇工的个体工商户应当参加工伤保险，为本单位全部职工或者雇工缴纳工伤保险费 |
| 津贴性质和数量 | （1）医疗（公约罗列的项目）；<br>（2）在丧失工作能力或者残疾的情况下，定期支付至少不少于参考工资的50%；<br>（3）在供养人死亡的情况下，对寡妇和受供养的儿童定期支付至少不少于参照工资的40% | （1）与第102号公约规定相同，但还包括在工作场所的特定类别的护理；<br>（2）在丧失工作能力或者残疾的情况下，定期支付至少不少于参考工资的60%；<br>（3）在供养人死亡的情况下，对寡妇和受供养的儿童定期支付至少不少于参照工资的50%；<br>对定期支付规定最低限额的义务 | 根据《工伤保险条例》规定，工伤伤残待遇分为一到四级伤残待遇，五到六级伤残待遇，七到十级伤残待遇三个层次。主要包括：一次性伤残补助金、伤残津贴、解除或者终止劳动关系享有的一次性工伤医疗补助金和伤残就业补助金等 |

续表

|  | 国际劳工标准 | | 我国情况 |
| --- | --- | --- | --- |
|  | 第 102 号公约第 6 部分 | 第 121 号公约 |  |
| 津贴性质和数量 | （4）除非在丧失工作能力的情况下，定期支付应当根据生活成本和（或）一般收入水平的实质变化而改变；<br>（5）定期支付可改为一次付清，如丧失工作能力的程度轻微，或主管当局确信一次付清将会合理使用 | （4）与第 102 号公约相同；<br>（5）定期支付可改为一次付清，如收入能力丧失的程度轻微，或在非常情况下，经有关受害人同意，当主管当局有理由认为采用一次付清的津贴将以对受害人有利的方式使用时；<br>针对需要第三人持续照顾的残疾人的额外津贴 | 根据《工伤保险条例》规定，工伤伤残待遇分为一到四级伤残待遇，五到六级伤残待遇，七到十级伤残待遇三个层次。主要包括：一次性伤残补助金、伤残津贴、解除或者终止劳动关系享有的一次性工伤医疗补助金和伤残就业补助金等 |
| 获取津贴的条件和津贴期限 | （1）规定的合格期限；<br>（2）如属遗孀，津贴权利以其不能自我抚养为条件；<br>（3）没有等待期，除非在暂时丧失工作能力的情况下（最多 3 天）；<br>（4）津贴必须贯穿整个情形期间发放 | （1）与第 102 号公约相同；<br>（2）规定遗孀申请津贴的条件；<br>（3）在丧失工作能力的情况下确定的等待期限，如果该规定在公约生效时已规定，并且其理由仍然存在；<br>（4）与第 102 号公约相同 | 伤残等级共分为十个等级，具体待遇上的差别又体现为一级至四级伤残、五级至六级伤残、七级至十级伤残 |

## 六、生育保障比较

### （一）覆盖范围

第 102 号公约规定，受保护人应当包括：（1）规定类别雇员中的所有妇女，这几类雇员在全体雇员中的构成不低于 50%，在涉及生育医疗津贴时，也包括这几类雇员中男性雇员的妻子；或（2）规定类别经济活动人口中的所有妇女，这几类人在全体居民中的构成不低于20%，在涉及生育医疗津贴时，还包括这几类人中男人的妻子。对于发展中国家，可以仅适用于雇用二十人或二十人以上的工作单位。

《社会保险法》规定，职工应当参加生育保险，这里的职工主要指企业职工和机关、社会团体和事业单位的劳动合同制职工。但近年来，特别是随着医疗保险制度的改革，部分地方将机关、事业单位、社会团体、民办非企业单位、个体工商户等单位纳入生育保险覆盖范围。同时，《社会保险法》规定，用人单位已经缴纳生育保险费的，其职工享受生育保险待遇；职工未就业配偶按照国家规定享受生育医疗费用待遇。

## （二）享受条件

国际劳工公约和我国法律均规定，在风险发生情况下，只要完成参保缴费的年限，就能享受。尤其是二者均规定，参保男职工的未就业妻子应当享受生育医疗津贴。

## （三）待遇水平

第102号公约规定的生育津贴主要包括两部分，一是生育医疗津贴，包括至少由开业医生或合格的助产士进行的产前、分娩和产后的护理，以及必要时的住院，并且掌管生育医疗津贴的机构或政府部门应通过适当的方式，鼓励受保护妇女利用公共当局或被公共当局承认的其他机构为其开办的一般卫生服务设施；二是定期支付的现金津贴，并至少不少于参照工资的45%。符合条件的就业妇女应享受两部分津贴，男职工的未就业妻子应当享受生育医疗津贴。

《社会保险法》规定的生育保险待遇的内容与第102号公约基本一致，也主要包括生育医疗费用和生育津贴两项。其中，生育医疗费用包括妇女妊娠、分娩、产后的医疗照顾以及实施节育手术时所产生的费用。生育津贴是妇女因生育离开工作岗位，由生育保险基金支付的生活费用，按照职工所在用人单位上年度职工月平均工资计发。

总体来说，我国能够享受生育医疗待遇的人数已经十分庞大，除了生育保险以外，我国居民医保和新农合已经把妇女生育医疗费用纳入了支付范围，开展了中西部地区农村妇女住院分娩补助等行动。相对来说，享受生育津贴的比例有待提高，2014年年末全国参加生育保险人数为7 039万人。

第102号公约规定，现金津贴至少给付12周，第183号公约进一步提高到至少给付14周。我国于2012年开始实行的《女职工劳动保护特别规定》，女职工生育享受98天产假。女职工产假期间的生育津贴，对已经参加生育保险的，按照用人单位上年度职工月平均工资的标准由生育保险基金支付；对未参加生育保险的，按照女职工产假前工资的标准由用人单位支付。

生育医疗费用的负担，第102号公约并未直接提及，只表明生育医疗津贴应当采用医疗办法，而在该公约第二部分第10条规定，医疗津贴应包括病态情况、怀孕、分娩及其后果，其中可要求受益人或供养人分担由于病态享受医疗的费用，而未提及怀孕、分娩费用。

我国生育医疗津贴是以报销形式，而非直接提供服务的形式，而各地报销多规定限额或定额，实际过程中生育医疗费用是需要个人分担的。《企业职工生育保险试行办法》规定，女职工生育的检查费、接生费、手术费、住院费和药费由生育保险基金支付，超出规定的医疗服务费和药费（含自费药品和营养药品的药费）由职工个人负担（见表5—10）。

表5—10　　　　生育保障的国际劳工标准与我国情况的比较

| | 国际劳工标准 | | 我国情况 |
| --- | --- | --- | --- |
| | 第102号公约第8部分 | 第183号公约 | |
| 覆盖范围 | （1）规定类别雇员中的所有妇女，这几类雇员在全体雇员中的构成不低于50%，在涉及生育医疗津贴时，也包括这几类雇员中男性雇员的妻子；或<br>（2）规定类别经济活动人口中的所有妇女，这几类人在全体居民中的构成不低于20%，在涉及生育医疗津贴时，还包括这几类人中男人的妻子 | 所有的受雇妇女，包括从事非正式形式的从属性工作的妇女 | 企业职工和机关、社会团体和事业单位的劳动合同制职工应当参加生育保险。部分地方将机关、事业单位、社会团体、民办非企业单位、个体工商户等单位纳入生育保险覆盖范围 |

续表

| | 国际劳工标准 | | 我国情况 |
|---|---|---|---|
| | 第102号公约第8部分 | 第183号公约 | |
| 津贴性质和数量 | (1) 医疗护理,包括至少由开业医生或合格的助产士进行的产前、分娩和产后的护理,以及必要时的住院;<br>(2) 定期支付,至少不少于参照工资的45% | (1) 医疗护理,包括:产前、分娩和产后的护理,以及必要时的住院;<br>(2) 现金津贴的标准应当保证妇女能够保障她及其儿童的适度健康和适当生活水平;在基于过去收入支付现金津贴时,其数量应当不少于该妇女过去收入的至少2/3或相当数量 | 包括生育医疗费用和生育津贴两项。其中,生育医疗费用包括妇女妊娠、分娩、产后的医疗照顾以及实施节育手术时所产生的费用。生育津贴是妇女因生育离开工作岗位,由生育保险基金支付的生活费用,按照职工所在用人单位上年度职工月平均工资计发 |
| 获取津贴的条件和津贴期限 | (1) 规定的合格期限;在男性已经完成规定的合格期限时,医疗护理津贴也应当发给属于受保护类别的男子的妻子;<br>(2) 医疗津贴应当贯穿整个情形;<br>(3) 现金津贴至少给付12周,除非国家法律或者条例要求或者赋予更长的缺勤期限 | (1) 公约所适用的绝大多数妇女能够满足享受现金津贴的条件;不符合享受现金津贴条件的妇女,按照社会救助要求经过收入审查后,有权获得社会救助基金提供的足量津贴;<br>(2) 医疗护理津贴应当贯穿整个情形;<br>(3) 现金津贴至少给付14周,除非国家法律或者条例要求或者赋予更长的缺勤期限 | 女职工生育享受98天产假。女职工产假期间的生育津贴,对已经参加生育保险的,按照用人单位上年度职工月平均工资的标准由生育保险基金支付;对未参加生育保险的,按照女职工产假前工资的标准由用人单位支付 |

## 第三节 完善我国社会保障制度的政策建议

尽管近年来我国社会保障制度建设取得重大突破，但迄今为止，我国尚未批准第102号公约以及其他5个重要社会保障公约。批准国际劳工标准有利于巩固现有的制度建设成果，有利于展现负责任大国形象，有利于开展国际交往，但批准劳工标准也意味着要承担每年汇报的责任，同时在社会保障理念上我国与劳工标准还存在一定差异，比如标准的男性供养人模型在我国不适用，因为我国女性的劳动参与率一直是较高的。而且，《宪法》和有关法律法规也都是一直强调男女平等的，女性在社会地位、社会角色方面的重要性与男性是一致的。但抛开这些劳工标准的普遍争议不谈，在技术层面，我国批准社会保障标准的条件还未完全成熟。

社会保障标准在技术层面的规定主要体现在覆盖范围和保障水平上，第102号公约对九个社会保障领域的最低要求进行了规定，其他五个公约又分别对养老、医疗、失业、工伤和生育进行了更高水平的规定。批准第102号公约的条件是至少要批准九个社会保障领域的三个，而由于我国制度建设仍在进行，目前只有五项社会保险制度，因此至少要批准其中的三项。从上述的分析中可以看出，尽管近年来我国社会保险制度的覆盖面逐步扩大，保障水平逐年提高，但五项社会保险制度的覆盖范围有待巩固和提高，保障水平有待进一步提高。我国社会保障制度的问题主要有：

一是统筹层次低，涉及转移接续难、待遇差距大等问题。我国在从计划经济向市场经济转轨过程中，本着稳妥的原则，社会保险制度的建立一般以县市为单位，因此我国目前各项社会保险制度的统筹层次偏低。首先，统筹层次低导致无法发挥社会保险的大数法则和共济功能，不同地区社会保险基金收支不均，影响制度整体可持续性。其次，统筹层次低导致不同地区"分灶吃饭"，经济发达地区保障水平高，落后地区保障水平低。最后，统筹层次低导致不适应劳动者流动的现实需要，尽管目前有转移接续办法，但无论是对劳动者还是经办机构还是会产生一定成本，尤其是在医疗保障方面不利于劳动者的异地退休就医等。

二是农民工、非公经济组织、灵活就业人员等群体的社会保障扩面工作是重点和难点。以农民工为例，2012年全国农民工总量达到26 261万人，参加城镇基本养老保险、医疗保险、失业保险和工伤保险的农民工数量分别为4 543万人、4 996万人、2 702万人和7 179万人，比例分别为17.3%、19.0%、10.3%和27.3%，农民工还不能普遍享受与就业相关的社会保障，影响就业稳定性。

三是不同人群、不同制度之间的攀比成为社会焦点问题。在计划经济时代，机关事业单位和企业职工基本实行待遇水平一致的保障制度。改革开放以来，伴随着国企改革，城镇企业职工各项社会保险制度得以建立，个人责任得以强调，而国家机关和事业单位改革进展较为缓慢，尤其是养老保障方面仍然实行的是由财政解决的"单位保障"。不同制度模式、不同筹资来源，导致机关事业单位和企业离退休人员之间的待遇差距在拉大，成为社会不同群体之间的一个矛盾。

通过与国际劳工组织社会保障标准的比较，再结合我国现实情况，进一步完善我国社会保障制度应坚持我国实际和未来发展目标进行统筹安排。党的十八大报告提出要坚持全覆盖、保基本、多层次、可持续方针，就是基于对我国现阶段经济社会发展基本国情和实现全面建成小康社会目标的科学判断。党的十八大报告进一步提出，社会保障制度建设要以增强公平性、适应流动性、保证可持续性为重点，全面建成覆盖城乡居民的社会保障体系。

从法律建设角度来看，我国已经出台了《社会保险法》等相关法律法规，对公民社会保险的基本权利与义务，以及社会保险制度的顶层设计和长远发展，做出了规定，因此法律法规已经相对成熟，目前主要是在法律法规的落实方面，还存在不足，需要完善。总的来看，今后一个时期，我国社会保障工作的重点任务包括以下几个方面：第一，继续改革机关事业单位社会保险制度，消除养老金"双轨制"。在稳步推进事业单位分类改革基础上，同步推进机关事业单位养老保险制度，实现机关事业单位养老保险制度与城镇企业职工基本养老保险制度的有效衔接，实现新老制度的平稳过渡。第二，整合城镇居民和农村居民基本养老保险制度和基本医疗保险制度，建立城乡统一的基本养老保险制度和基本医疗保险制度，实现制度上的平等和管理效率上的提高。尤其是要整合城乡居民医疗保险制度的管理，按照有利于百姓、方便管理、提高效率等原则，将新型农村合作医疗与城镇居民医疗保险有效整合，并由人力资源和社会保障部门管理。第三，进一步完善城镇企业职工基本养老保险制度，在省级统筹的基础上，实现基础养老金全国统筹，并通过划转国有资产、财政补贴等多种方式逐步做实个人账户，更好地实现我国城镇企业职工基本养老保险制度社会共济和个人责任的制度初衷。第四，结合我国经济社会发展阶段，建立健全社会保障待遇确定机制和正常调整机制，合理确定社会保障水平，保障社会保障制度财务上的可持续发展，实现公平和效率。尤其是要尽快确立基础养老金正常规范的调整机制，既保障退休人员合理分享经济发展成果，又不会对制度可持续发展造成负担。第五，尽快出台病残津贴制度的实施政策，并根据经济社会发展，建立新的社会保障制度，如长期护理保险制度等。

# 第六章
# 劳动条件方面的国际劳工标准比较

## 第一节 劳动条件方面的国际劳工标准总体情况

劳动条件是国际劳工组织非常重视的一个领域。国际劳工组织的第1号公约就是《1919年（工业）工时公约》。从目前情况看，无论是国际劳工公约还是建议书，关于劳动条件方面的都占到将近三分之一。

国际劳工公约总共189个，劳动条件方面有51个，现行公约82个，劳动条件方面有24个；国际劳工建议书总共202个，劳动条件方面有54个，现行的建议书82个，劳动条件方面有26个。这还不包括移民工人、家政工人等特殊人群的公约。如果加上后者，涉及的范围更宽。

我国已批准承认的公约有25个，其中涉及劳动条件的就有9个，分别为《1921年（工业）每周休息公约》（第14号）、《1928年最低工资确定机制公约》（第26号）、《1932年（码头工人）事故预防公约（修订）》（第32号）、《1935年（妇女）井下作业公约》（第45号）、《1951年同酬公约》（第100号）、1981年《职业安全和卫生公约》（第155号）、《1983年（残疾人）职业康复和就业公约》（第159号）、《1988年建筑业安全和卫生公约》（第167号）、《1990年工作场所安全使用化学品公约》（第170号）。

## 第二节 工资方面的国际劳工标准比较研究

有关劳动报酬的国际劳工公约主要有以下几个：《1928年确定最低工资办法公约》（第26号）、《1938年工资及工时统计公约》（第63号）、《1946年（海上）工资、工时和人员配置公约》（第76号）、《1949年（海上）工资、工时和人员配置公约（修订本）》（第93号）、《1949年保护工资公约》（第95号）、《1951年（农业）确定最低工资办法公约》（第99号）、《1951年同酬公约》（第100号）、《1958年（海上）工资、工时和人员配置公约（修订本）》（第109号）、《1970年确定最低工资公约》（第131号）。

对应的建议书分别是：《1928年确定最低工资办法建议书》（第30号）、《1949年保护工资建议书》（第85号）、《1951年（农业）确定最低工资办法建议书》（第89号）、《1951年同酬建议书》（第90号）、《1958年（海上）工资、工时和人员配置建议书》（第109号）、《1970年确定最低工资建议书》（第135号）。

到目前为止，我国只批准了其中的两项公约，即《1928年最低工资办法公约》（第26号）和《1951年同酬公约》（第100号）。

## 一、最低工资确定机制

关于最低工资问题，国际劳工组织至今共制定了3个公约和3个建议书，分别是《1928年最低工资确定机制公约》（第26号）和《1928年最低工资确定机制建议书》（第30号）、《1951年（农业）最低工资确定机制公约》（第99号）和《1951年（农业）最低工资确定机制建议书》（第89号）、《1970年确定最低工资公约》（第131号）和《1970年确定最低工资建议书》（第135号）。其中目前生效的公约和建议书为《1970年确定最低工资公约》（第131号）和《1970年确定最低工资建议书》（第135号）。第131号公约规定了最低工资适用范围、主管当局的职责、最低工资的确定机制及相关的监管措施；第135号建议书重申了最低工资制度的重要性和覆盖范围，更为详细地规定了最低工资的确定机制、调整制度及执行要求。

我国在最低工资制度方面也有较多的法律法规。《劳动法》《劳动合同法》的某些条款对最低工资制度做出了原则性规定，2004年出台的《最低工资规定》及2007年出台的《关于进一步健全最低工资制度的通知》，对最低工资的适用范围和确定因素进行了专门的规定。

比较国际劳工组织公约和建议书以及我国相关法律法规，二者的异同点主要有以下几个方面：

1. 相同点

（1）二者均确定建立随时调整的最低工资制度

第131号公约在第1条第1款明确规定：凡批准本公约的国际劳工组织会员国，承诺建立一种最低工资制度，其范围包括雇佣条件适合于该范围的一切工薪劳动群体。第4条第1款进行了再次强调，并提出最低工资要随时进行调整：凡批准本公约的会员国，应创造和（或）保持适合本国条件和要求的办法，以便确定根据第1条应予包括的各类工资劳动者群体的最低工资，并随时进行调整。

我国《劳动法》第四十八条规定：国家实行最低工资保障制度。最低工资的具体标准由省、自治区、直辖市人民政府规定，报国务院备案。用人单位支付劳动者的工资不得低于当地最低工资标准。

《最低工资规定》第七条规定：省、自治区、直辖市范围内的不同行政区域可以有不同的最低工资标准。第十条规定：最低工资标准发布实施后，如本规定第六条所规定的相关因素发生变化，应当适时调整。最低工资标准每两年至少调整一次。

（2）二者均明确建立最低工资制度的目的是反对过分的低工资，减少贫困

第131号公约在引言中明确指出："……考虑到这些公约为保护工薪劳动者中处境不利的群体做出了可贵的贡献；考虑到现在通过一项新的文件正是时候，这一新文件将对这些公约做出补充，保护工薪劳动者，反对过分的低工资；它一方面普遍适用，同时特别考虑到发展中国家的需要……"

第135号建议书在第1条"最低工资确定机制的目的"中进行了更为详细的阐述。第1款规定：最低工资确定机制应是战胜贫困并确保满足所有工人及其家庭需要整体政策的一个组成部分。第2款规定：最低工资确定机制的最基本目的是通过给予承诺的最低水平工资从而给工薪劳动者必要的社会保护。

我国《最低工资规定》在第一条就明确了制度目的是为了维护劳动者取得劳动报酬的合法权益并保障劳动者个人及其家庭成员的基本生活。

（3）二者均对最低工资标准的适用范围做出规定

第131号公约要求批准公约的会员国在与有代表性的雇主组织和雇员组织协商后，确定最低工资标准的适用范围群体。该公约第1条第2款规定：各国主管当局应在征得有关的、有代表性的雇主组织和工人组织（如存在此种组织）的同意或与它们充分协商后，确定应包括在该范围内的工薪劳动者群体。

第 135 号建议书在第 3 条"最低工资制度的覆盖范围"中规定：1）最低工资制度应适用于第 131 号公约第 1 条所覆盖的工薪劳动者，既可以制定适用于全部对象的单一最低工资，也可以制定适用于特定群体劳动者的一系列最低工资。2）如果是单一最低工资制度，则（a）可以在不同的地区，由于生活成本差别而制定不同的最低工资率；（b）不应该损害决定的效果，不论是过去的还是将来的，最低工资应比特定群体工人的一般最低工资高。

我国《最低工资规定》第二条确定的适用范围为中国境内的企业、民办非企业单位、有雇工的个体工商户以及与之形成劳动关系的劳动者。

（4）二者均明确了最低工资标准的确定和调整机制

第 131 号公约第 3 条规定：在可能和适当照顾本国实践和条件的情况下，确定最低工资水平时应考虑的因素包括：（a）工人及其家庭的需要，同时考虑本国工资的一般水平、生活费用、社会保障津贴以及其他社会群体相应的生活标准；（b）经济方面的因素，包括经济发展的需要，生产率水平，实现并保持高水平就业的愿望。第 135 号建议书第 2 条"确定最低工资水平的因素"做出了与上相同的规定。

第 135 号公约第 5 条对最低工资的调整做出了明确规定。其中第 11 款规定最低工资率应该根据生活成本和其他经济条件的变化而适时进行调整。第 12 款规定：为此，可以就生活成本和其他经济条件对最低工资率进行评价，既可以定期进行评价，也可以根据生活成本指数的变化适时进行评价。第 13 款规定：1）为支持本建议书第 11 款的应用，应在国家财力允许的条件下对国家经济情况进行定期调查，包括人均收入、生产力和就业、失业和就业不充分等方面的趋势；2）应根据国家实情确定此类调查的频率。

我国《劳动法》第四十九条规定，确定和调整最低工资标准应当综合参考的因素包括：劳动者本人及平均赡养人口的最低生活费用；社会平均工资水平；劳动生产率；就业状况；以及地区之间经济发展水平的差异。

《最低工资规定》第六条对月最低工资标准和小时最低工资标准的确定参考依据进行了规定。其中确定和调整月最低工资标准时应参考的因素有：（a）当地就业者及其赡养人口的最低生活费用；（b）城镇居民消费价格指数；（c）职工个人缴纳的社会保险费和住房公积金；（d）职工平均工资；（e）经济发展水平；（f）就业状况等。确定和调整小时最低工资标准时，应在月最低工资标准的基础上，考虑单位应缴纳的基本养老保险费和基本医疗保险费因素，同时适当考虑非全日制劳动者在工作稳定性、劳动条件和劳动强度、福利等方面与全日制就业人员之间的差异。《最低工资规定》的附件详细阐释了月最低工资标准和小时最低工资标准的具体测算方法。

我国关于最低工资标准确定因素的规定更加具体化，但还是基本围绕国际劳工公约所提出来的两大影响因素，即劳动者本人及其家庭的因素和经济发展因素。

（5）二者均要求对最低工资制度建立监察制度，并对违反最低工资制度的行为进行惩罚

第131号公约第2条第1款规定：最低工资制应具有法律效力，并不得予以降低；不执行最低工资制者，不论是一人还是多人，应受适当的刑罚或其他制裁。第5条规定：为保证有关最低工资的全部规定的有效实施，应采取恰当的措施，例如建立一种适宜的监察制度，并配合采取其他必要措施。

第135号建议书在第6条"执行"中规定：如公约第5条所规定的，应采取措施确保最低工资相关规定的有效实施，这些措施应包括以下几个方面：（a）以需要保护的工人能够理解的语言和方言对最低工资规定进行公告，对于文盲人员，需要时可以进行调整；（b）雇用足够数量的经过充分培训的监察员，并赋予权力，配备执行任务必要的条件；（c）对于违反最低工资规定的行为进行充分的惩罚；（d）简化法律规定和程序，采取适当措施使工人能够有效享有其最低工资规定的权利，包括当他们未被足额支付时追讨款额的权利；（e）雇主协会和工人组织应努力保护工人免遭滥用；（f）对工人提供充分的保护，使其免遭伤害。

我国《最低工资规定》第四条规定：县级以上地方人民政府劳动保障行政部门负责监督检查本行政区域内用人单位的执行情况，各级工会组织负责监督本规定的执行情况，在发现用人单位支付劳动者工资违反本规定的，有权要求当地劳动保障行政部门处理。

《关于进一步健全最低工资制度的通知》第四条规定：各地要在今年已开展劳动用工专项检查的基础上，进一步通过日常巡查、举报专查等方式，加强对用人单位支付劳动者工资和执行最低工资标准情况的执法监察。重点查处用人单位违反加班工资支付规定和变相违反最低工资规定的行为。在认定用人单位支付劳

动者工资低于最低工资标准的违法行为时，要严格剔除加班工资、艰苦岗位津贴等项目。对违反《最低工资规定》的用人单位，要依法严肃处理，并记入劳动保障守法诚信档案；对严重违法的，要向社会公布，真正形成社会舆论监督氛围，切实维护劳动者的合法权益。

（6）二者均强调三方机制在最低工资制度确定和实施中的作用

不论是最低工资制度的适用范围，还是最低工资标准的确定和调整方面，国际劳工标准均强调要与相关的雇主组织和工人组织协商，我国法律法规也做出了相应的规定。

第131号公约第1条第2款要求最低工资制度的适用范围采取三方机制，规定：各国主管当局应在征得有关的、有代表性的雇主组织和工人组织（如存在此种组织）的同意或与它们充分协商后，确定应包括在该范围内的工薪劳动者群体。

第131号公约第4条第2款、第3款要求最低工资的制定、实施和修改采取三方机制，第135号建议书对公约规定进行了补充说明。公约第2款规定：关于制定、实施和修改上述办法，应做出规定和有关的雇主组织和工人组织充分协商，如不存在这类组织，则和有关的雇主代表和工人代表协商。建议书第7款具体阐释为：公约第4条第2款所规定的协商应该包括以下协商事项：（a）确定最低工资水平的标准选择和应用问题；（b）确定的最低工资率；（c）适时调整最低工资率；（d）实施最低工资立法所面临的问题；（e）收集数据、开展研究，为最低工资确定部门提供信息。

第131号公约第4条第3款规定：根据现行确定最低工资办法的性质，只要情况适合，应做出规定使下述人员能直接参与该办法的实施：（a）有关的雇主组织和工人组织的代表，若不存在这类组织，有关的雇主代表和工人代表；基于平等的基础；（b）公认有资格代表国家整体利益的人士，其任命需经与有关的、有代表性的雇主组织和工人组织（如存在此种组织）充分协商，而此种协商应符合国家法律或惯例。第135号建议书第8款补充为：对于已经建立机构为最低工资确定部门提供建议的国家，或者由政府负责确定最低工资的国家，公约第4条第3款所指的参与最低工资确定机制的运行，应该包括这些机构的成员。

我国《最低工资规定》第八条规定：省、自治区、直辖市人民政府劳动保障行政部门会同同级工会、企业联合会/企业家协会研究拟订最低工资标准的确定和调整方案,并报送劳动保障部。劳动保障部在收到拟订方案后,应征求全国总工会、中国企业联合会/企业家协会的意见。如果劳动保障部在收到方案后 14 日内未提出修订意见的,视为同意。

2007 年劳动和社会保障部颁布的《关于进一步健全最低工资制度的通知》第三条也强调了要通过协调劳动关系三方机制来保障最低工资制度的落实。其中第一款规定:各地要依托协调劳动关系三方机制,积极推动用人单位建立和完善工资集体协商制度,通过平等协商确定本单位的工资水平、工资分配制度、工资标准和工资支付办法,确保支付劳动者的工资不低于当地的最低工资标准。第二款规定:实行计件工资形式的用人单位,要通过平等协商合理确定劳动定额和计件单价,保证劳动者在法定工作时间内提供正常劳动的前提下,应得工资不低于当地的最低工资标准;劳动者在完成计件定额任务后,由用人单位安排在日法定工作时间以外、休息日和法定休假节日工作的,应分别按照不低于其本人法定工作时间计件单价的 150%、200%、300% 支付工资。

2. 不同点

在遵循国际劳工标准的基础上,我国法律法规对最低工资的内涵进行了规定,并对一些特殊情况下最低工资标准的执行进行了具体明确。

《关于劳动法若干条文的说明》第四十八条规定,"最低工资"是指劳动者在法定工作时间内履行了正常劳动义务的前提下,由其所在单位支付的最低劳动报酬,包括基本工资和奖金、津贴、补贴,但不包括加班加点工资、特殊劳动条件下的津贴,以及国家规定的社会保险和福利待遇。

《最低工资规定》第三条规定:最低工资标准,是指劳动者在法定工作时间或依法签订的劳动合同约定的工作时间内提供了正常劳动的前提下,用人单位依法应支付的最低劳动报酬。其中正常劳动是指劳动者按依法签订的劳动合同约定,在法定工作时间或劳动合同约定的工作时间内从事的劳动。劳动者依法享受带薪年休假、探亲假、婚丧假、生育(产)假、节育手术假等国家规定的假期间,以及法定工作时间内依法参加社会活动期间,视为提供了正常劳动。第五条规定:最低工资标准分月最低工资标准和小时最低工资标准两种形式,前者适用于全日制就业劳动者,后者适用于非全日制就业劳动者。

《劳动合同法》第二十条和《劳动合同法实施条例》第十五条对劳动者在试用期间的工资做出了规定:不得低于本单位相同岗位最低档工资或者劳动合同约

定工资的80%,并不得低于当地最低工资标准。

综上,在最低工资制度方面,我国法律法规基本遵循了国际劳工标准要求,以及公约和建议书的各项规定,我国法律法规基本有相应的条款规定,规定内容也基本一致。在此基础上,我国法律法规对最低工资所包括的内容进行了具体的阐释,并对试用期劳动者的工作是否适应最低工资标准制度也做出了明确的规定(见表6—1)。

表6—1　　最低工资方面国际劳工标准与我国法律法规对照表

| 国际劳工标准 | 我国相应法律法规 |
| --- | --- |
| 《确定最低工资公约》(第131号) | |
| 第1条　1. 凡批准本公约的国际劳工组织成员国,承诺建立一种最低工资制度,其范围包括雇用条件适合于该范围的一切工薪劳动群体 | 《劳动法》第四十八条规定:国家实行最低工资保障制度。最低工资的具体标准由省、自治区、直辖市人民政府规定,报国务院备案。用人单位支付劳动者的工资不得低于当地最低工资标准 |
| 第1条　2. 各国主管当局应在征得有关的、有代表性的雇主组织和工人组织(如存在此种组织)的同意或与它们充分协商后,确定应包括在该范围内的工薪劳动者群体 | 《最低工资规定》第二条规定:本规定适用于在中华人民共和国境内的企业、民办非企业单位、有雇工的个体工商户(以下统称用人单位)和与之形成劳动关系的劳动者。国家机关、事业单位、社会团体和与之建立劳动合同关系的劳动者,依照本规定执行 |
| 第2条　1. 最低工资制应具有法律效力,并不得予以降低;不执行最低工资制者,不论是一人还是多人,应受适当的刑罚或其他制裁 | 《最低工资规定》第十三条规定:用人单位违反本规定第十一条规定的,由劳动保障行政部门责令其限期改正;违反本规定第十二条规定的,由劳动保障行政部门责令其限期补发所欠劳动者工资,并可责令其按所欠工资的1至5倍支付劳动者赔偿金。《关于进一步健全最低工资制度的通知》第四条规定:在认定用人单位支付劳动者工资低于最低工资标准的违法行为时,要严格剔除加班工资、艰苦岗位津贴等项目。对违反《最低工资规定》的用人单位,要依法严肃处理,并记入劳动保障守法诚信档案;对严重违法的,要向社会公布,真正形成社会舆论监督氛围,切实维护劳动者的合法权益 |

续表

| 国际劳工标准 | 我国相应法律法规 |
| --- | --- |
| 第2条 2. 在遵守法定最低工资规定的前提下，集体谈判的自由应予充分尊重 | |
| 第3条 在可能和适当照顾本国实践和条件的情况下，确定最低工资水平时应考虑的因素包括：(a) 工人及其家庭的需要，同时考虑本国工资的一般水平、生活费用、社会保障津贴以及其他社会群体相应的生活标准；(b) 经济方面的因素，包括经济发展的需要，生产率水平，实现并保持高水平就业的愿望 | 《劳动法》第四十九条规定：确定和调整最低工资标准应当综合参考下列因素：（一）劳动者本人及平均赡养人口的最低生活费用；（二）社会平均工资水平；（三）劳动生产率；（四）就业状况；（五）地区之间经济发展水平的差异。<br>《最低工资规定》第六条规定：确定和调整月最低工资标准，应参考当地就业者及其赡养人口的最低生活费用、城镇居民消费价格指数、职工个人缴纳的社会保险费和住房公积金、职工平均工资、经济发展水平、就业状况等因素。确定和调整小时最低工资标准，应在颁布的月最低工资标准的基础上，考虑单位应缴纳的基本养老保险费和基本医疗保险费因素，同时还应适当考虑非全日制劳动者在工作稳定性、劳动条件和劳动强度、福利等方面与全日制就业人员之间的差异。并在附件中详细阐释了月最低工资标准和小时最低工资标准的具体测算方法 |
| 第4条 1. 凡批准本公约的成员国，应创造和（或）保持适合本国条件和要求的办法，以便确定根据第1条应予包括的各类工资劳动者群体的最低工资，并随时进行调整 | 《最低工资规定》第七条规定：省、自治区、直辖市范围内的不同行政区域可以有不同的最低工资标准。第10条规定：最低工资标准发布实施后，如本规定第六条所规定的相关因素发生变化，应当适时调整。最低工资标准每两年至少调整一次 |

续表

| 国际劳工标准 | 我国相应法律法规 |
|---|---|
| 第4条 2. 关于制定、实施和修改上述办法，应做出规定和有关的雇主组织和工人组织充分协商，如不存在这类组织，则和有关的雇主代表和工人代表协商 | |
| 第4条 3. 根据现行确定最低工资办法的性质，只要情况适合，应做出规定使下述人员能直接参与该办法的实施：（a）有关的雇主组织和工人组织的代表，若不存在这类组织，有关的雇主代表和工人代表；基于平等的基础；（b）公认有资格代表国家整体利益的人士，其任命需经与有关的、有代表性的雇主组织和工人组织（如存在此种组织）充分协商，而此种协商应符合国家法律或惯例 | 《最低工资规定》第八条规定：最低工资标准的确定和调整方案，由省、自治区、直辖市人民政府劳动保障行政部门会同同级工会、企业联合会/企业家协会研究拟订，并将拟订的方案报送劳动保障部 |
| 第5条 为保证有关最低工资的全部规定的有效实施，应采取恰当的措施，例如建立一种适宜的监察制度，并配合采取其他必要措施 | 《最低工资规定》第四条规定：县级以上地方人民政府劳动保障行政部门负责对本行政区域内用人单位执行本规定情况进行监督检查。各级工会组织依法对本规定执行情况进行监督，发现用人单位支付劳动者工资违反本规定的，有权要求当地劳动保障行政部门处理。<br>《关于进一步健全最低工资制度的通知》第四条规定：各地要在今年已开展劳动用工专项检查的基础上，进一步通过日常巡查、举报专查等方式，加强对用人单位支付劳动者工资和执行最低工资标准情况的执法监察。重点查处用人单位违反加班工资支付规定和变相违反最低工资规定的行为 |

续表

| 国际劳工标准 | 我国相应法律法规 |
|---|---|
| 《确定最低工资建议书》（第135号） | |
| 一、最低工资确定机制的目的 | |
| 1. 最低工资确定机制应是战胜贫困并确保满足所有工人及其家庭需要整体政策的一个组成部分 | 《最低工资规定》第一条规定：为了维护劳动者取得劳动报酬的合法权益，保障劳动者个人及其家庭成员的基本生活，根据《劳动法》和国务院有关规定，制定本规定 |
| 2. 最低工资确定机制的最基本目的是通过给予承诺的最低水平工资从而给工薪劳动者必要的社会保护 | |
| 二、确定最低工资水平的因素（同公约第3条） | |
| 三、最低工资制度的覆盖范围 | |
| （1）最低工资制度应适用于C131公约第1条所覆盖的工薪劳动者，既可以制定适用于全部对象的单一最低工资，也可以制定适用于特定群体劳动者的一系列最低工资。（2）如果是单一最低工资制度，则（a）可以在不同的地区，由于生活成本差别而制定不同的最低工资率；（b）不应该损害决定的效果，不论是过去的还是将来的，最低工资应比特定群体工人的一般最低工资高 | 《劳动法》第四十九条规定：确定和调整最低工资标准应当综合参考下列因素：（一）劳动者本人及平均赡养人口的最低生活费用；（二）社会平均工资水平；（三）劳动生产率；（四）就业状况；（五）地区之间经济发展水平的差异。<br><br>《最低工资规定》第二条规定：本规定适用于在中华人民共和国境内的企业、民办非企业单位、有雇工的个体工商户（以下统称用人单位）和与之形成劳动关系的劳动者。国家机关、事业单位、社会团体和与之建立劳动合同关系的劳动者，依照本规定执行 |
| 四、最低工资确定机制 | |
| 1. 根据公约第4条做出的最低工资确定机制可以采取多种形式，如通过以下形式确定最低工资：（a）成文法；（b）主管当局的决定，不论是否有正式条款规定考虑其他机构的建议；（c）工资委员会或理事会的决定；（d）产业或劳动法庭的判决或仲裁机构的裁决；（e）赋予集体协议条款法律效力 | 我国通过成文法《最低工资规定》形式来实现 |

续表

| 国际劳工标准 | 我国相应法律法规 |
| --- | --- |
| 2. 公约第 4 条第 2 款所规定的协商应该包括以下协商事项：(a) 确定最低工资水平的标准选择和应用问题；(b) 确定的最低工资率；(c) 适时调整最低工资率；(d) 实施最低工资立法所面临的问题；(e) 收集数据、开展研究，为最低工资确定部门提供信息 | 《最低工资规定》第八条规定：最低工资标准的确定和调整方案，由省、自治区、直辖市人民政府劳动保障行政部门会同同级工会、企业联合会/企业家协会研究拟订，并将拟订的方案报送劳动保障部。方案内容包括最低工资确定和调整的依据、适用范围、拟订标准和说明。劳动保障部在收到拟订方案后，应征求全国总工会、中国企业联合会/企业家协会的意见。劳动保障部对方案可以提出修订意见，若在方案收到后 14 日内未提出修订意见的，视为同意。 |
| 3. 对于已经建立机构为最低工资确定部门提供建议的国家，或者由政府负责确定最低工资的国家，公约第 4 条第 3 款所指的参与最低工资确定机制的运行，应该包括这些机构的成员 | 《关于进一步健全最低工资制度的通知》第三条第 1 款规定：各地要依托协调劳动关系三方机制，积极推动用人单位建立和完善工资集体协商制度，通过平等协商确定本单位的工资水平、工资分配制度、工资标准和工资支付办法，确保支付劳动者的工资不低于当地的最低工资标准。第 2 款规定：实行计件工资形式的用人单位，要通过平等协商合理确定劳动定额和计件单价，保证劳动者在法定工作时间内提供正常劳动的前提下，应得工资不低于当地的最低工资标准；劳动者在完成计件定额任务后，由用人单位安排在日法定工作时间以外、休息日和法定休假节日工作的，应分别按照不低于其本人法定工作时间计件单价的 150%、200%、300% 支付工资 |
| 4. 国家应该尽可能投入足够的力量来收集分析相关经济因素及其演变所需要的统计信息和其他数据，特别是本建议书第 3 款所提到的 | |
| 五、最低工资的调整 | |

续表

| 国际劳工标准 | 我国相应法律法规 |
|---|---|
| 1. 最低工资率应该格局生活成本和其他经济条件的变化而适时进行调整 | 《最低工资规定》第六条规定：确定和调整月最低工资标准，应参考当地就业者及其赡养人口的最低生活费用、城镇居民消费价格指数、职工个人缴纳的社会保险费和住房公积金、职工平均工资、经济发展水平、就业状况等因素。确定和调整小时最低工资标准，应在颁布的月最低工资标准的基础上，考虑单位应缴纳的基本养老保险费和基本医疗保险费因素，同时还应适当考虑非全日制劳动者在工作稳定性、劳动条件和劳动强度、福利等方面与全日制就业人员之间的差异。并在附件中详细阐释了月最低工资标准和小时最低工资标准的具体测算方法 |
| 2. 为此，可以就生活成本和其他经济条件对最低工资率进行评价，既可以定期进行评价，也可以根据生活成本指数的变化适时进行评价 | |
| 3. （1）为支持本建议书第11款的应用，应在国家财力允许的条件下对国家经济情况进行定期调查，包括人均收入、生产力和就业、失业和就业不充分等方面的趋势。（2）应根据国家实情确定此类调查的频率 | |
| 六、执行 | |
| 如公约第5条所规定的，应采取措施确保最低工资相关规定的有效实施，这些措施应包括以下几个方面：（a）以需要保护的工人能够理解的语言和方言对最低工资规定进行公告，对于文盲人员，需要时可以进行调整；（b）雇用足够数量的经过充分培训的监察员，并赋予权力，配备执行任务必要的条件；（c）对于违反最低工资规定的行为进行充分的惩罚；（d）简化法律规定和程序，采取适当措施使工人能够有效享有其最低工资规定的权利，包括当他们未被足额支付时追讨款额的权利；（e）雇主协会和工人组织应努力保护工人免遭滥用；（f）对工人提供充分的保护，使其免遭伤害 | 《最低工资规定》第4条规定：县级以上地方人民政府劳动保障行政部门负责对本行政区域内用人单位执行本规定情况进行监督检查。各级工会组织依法对本规定执行情况进行监督，发现用人单位支付劳动者工资违反本规定的，有权要求当地劳动保障行政部门处理。第13条规定：用人单位违反本规定第十一条规定的，由劳动保障行政部门责令其限期改正；违反本规定第十二条规定的，由劳动保障行政部门责令其限期补发所欠劳动者工资，并可责令其按所欠工资的1至5倍支付劳动者赔偿金 |

## 二、工资保护

在保护工资方面，国际劳工组织通过了《1949年保护工资公约》（第95号）和《1949年保护工资建议书》（第85号公约），并至今有效。公约和建议书对工资的定义、适用对象、工资支付方式、克扣工资问题等做出了详细的规定。

我国《劳动法》《劳动合同法》对工资保护问题进行了原则性规定，《工资支付暂行条例》对工资保护问题进行了具体的规定。

比较国际劳工组织公约和建议书书已经我国法律法规对工资保护的规定，二者的异同点主要有以下方面：

1. 相同点

（1）二者均对"工资"的概念做出了界定

关于"工资"的概念，第95号公约在第1条中做出了清晰的界定：在本公约中，"工资"一词系指不论名称或计算方式如何，由一位雇主对一位受雇者，为其已完成和将要完成的工作或已提供或将要提供的服务，可以货币结算并由共同协议或国家法律条例予以确认而凭书面或口头雇用合同支付的报酬或收入。

我国《工资支付暂行规定》第三条对"工资"概念做出了简单的界定，即"工资"是用人单位依据劳动合同的规定，以各种形式支付给劳动者的工资报酬。

我国《劳动法》和《劳动合同法》没有提出工资的概念，但是1995年劳动部印发的《关于贯彻执行〈中华人民共和国劳动法〉若干问题的意见的通知》（劳部发〔1995〕309号），在第五十三条中对"工资"的概念进行了详细的规定，既提出了工资的定义，也明确指出哪些报酬不纳入"工资"范畴。按照第五十三条的规定：《劳动法》中的"工资"是指用人单位依据国家有关规定或劳动合同的约定，以货币形式直接支付给本单位劳动者的劳动报酬，一般包括计时工资、计件工资、奖金、津贴和补贴、延长工作时间的工资报酬以及特殊情况下支付的工资等。"工资"是劳动者劳动收入的主要组成部分。

我国法律法规关于"工资"的定义与国际劳工标准是相一致的。

（2）二者对适用范围的界定基本一致

第95号公约将公约的适用对象界定为：一切向其支付或应向其支付工资的人员。随之做出例外说明，就业环境和条件不适于本公约的全部或任何规定者，以及从事非体力劳动者或被雇用于家庭服务或类似职业者，可以不适用本公约的全部或部分规定，但前提是，主管当局须与直接有关的雇主组织和工人组织（如存在此种组织）协商一致。

我国《工资支付暂行规定》在第二条将适用对象界定为在中国境内的企业、个体经济组织以及与之形成劳动关系的劳动者。国家机关、事业组织、社会团体和与之建立劳动合同关系的劳动者，依照本规定执行。从这条规定看，个人家庭雇用的家政服务人员不再适用该规定。我国法律法规确定的适用对象与国际劳工标准的要求基本一致。

（3）二者均强调工资应该以货币形式支付

国际劳工标准原则上要求以货币形式支付工资，并规定对于应用货币支付的工资，应一律发给法定货币，禁止用记名期票、付款凭证、息票或以其他据称可以代表法定货币的形式来支付工资。但如属惯例，或出于特殊情况有此必要，或有集体协议或仲裁裁定做出明确规定，或虽无此种规定，但已征得有关工人的同意，在上述情况下主管当局得允许或规定使用银行支票、邮政支票或汇票支付工资。

同时公约也提出，在确是需要的部门也允许以实物津贴的方式发放，但是对以实物津贴方式支付工资做出了严格的要求。第 95 号公约第 4 条第 1 款规定：在产业或职业部门，如由于该产业或职业的性质以实物津贴的方式支付部分工资或已有惯例或合乎需要，国家法律或条例、集体协议或仲裁裁定得允许部分工资以这种津贴的方式支付。但在任何情况下，都不得允许以含高度酒精的烈性酒或毒品的形式支付工资。第 2 款规定：在部分工资以实物津贴的方式支付得到批准的情况下，应采取适当措施，以保证：（a）实物津贴适合于工人及其家属个人使用，并符合他们的利益；（b）归属于实物津贴的价值是公平、合理的。

我国法律法规只允许以货币形式支付工资。《劳动法》第五十条规定：工资应当以货币形式按月支付给劳动者本人。《工资支付暂行规定》第五条规定：工资应当以法定货币支付。不得以实物及有价证券替代货币支付。

（4）二者均规定工资应直接向工人支付

第 95 号公约在第 5 条中明确规定：工资应直接发给有关工人，除非国家法律或条例、集体协议或仲裁裁定另有规定，或有关工人同意其他办法。在第 6 条中补充规定：禁止雇主以任何方式限制工人支配自己工资的自由。

我国除了在《劳动法》第五十条中规定工资应当支付给劳动者本人外，在

《工资支付暂行规定》第六条也规定：用人单位应将工资支付给劳动者本人。劳动者本人因故不能领取工资时，可由其亲属或委托他人代领；用人单位可委托银行代发工资。

（5）二者均禁止任意扣除工人工资行为

第 95 号公约在第 8 条中规定"只有在国家法律或条例规定或集体协议或仲裁裁定予以确定的条件下和范围内，始得对工资做出扣除"。并且"应以主管当局认为最恰当的方式，将做出这种扣除的条件和范围通知工人"。

第 95 号公约在第 9 条中明确禁止"任何以确保工人向其雇主或雇主代表或任何中间人（如签订合同或招聘劳动力的中间人）直接或间接交纳一笔钱以换取或保留工作为目的的扣除工资的做法，"并在第 10 条补充规定：只有在国家法律或条例规定方式下和范围内，始得对工资进行扣押或转让。在维持工人及其家属生活所需的范围内，工资应受保护，不得扣押或转让。

第 85 号建议书在第 1 条"关于扣除工资"中，首先明确应争取一切必要的措施对工人工资的扣除予以限制，以保护工人及其家庭使能维持其生活所需为度。其次，详细说明了两种扣除工资情况的条件和要求：一是因赔偿对雇主的产品、动产或设备造成有损失或损坏而进行的工资扣除，要求：（a）这种扣除应仅在确有损失或损坏、并能完全证明该工人确为责任者时，始得允许；（b）这种扣除的金额应是公平的，不应超出损失或损坏的实际金额；（c）在做出决定进行这种扣除之前，有关工人应有适当机会说明不应进行扣除的理由。二是由于雇主提供工人使用的工具、原料或设备而扣除工人的工资。这种扣除应限于下列情况：（a）在有关行为或职业中是公认的惯例或由于集体协议或仲裁裁定所规定；（b）为国家法律或条例承认的某种程序所批准。

我国相关法律法规也对克扣工资行为做出限制。《劳动合同法》第三十条规定：用人单位应当按照劳动合同约定和国家规定，向劳动者及时足额支付劳动报酬。用人单位拖欠或者未足额支付劳动报酬的，劳动者可以依法向当地人民法院申请支付令，人民法院应当依法发出支付令。

《工资支付暂行规定》第十五条规定：用人单位不得克扣劳动者工资。第十六条规定：因劳动者本人原因给用人单位造成经济损失的，用人单位可按照劳动合同的约定要求其赔偿经济损失。经济损失的赔偿，可从劳动者本人的工资中扣除。但每月扣除的部分不得超过劳动者当月工资的 20%。若扣除后的剩余工资部分低于当地月最低工资标准，则按最低工资标准支付。

（6）二者均要求雇主让工人了解工资项目信息并保存工资记录

第 95 号公约在第 14 条中规定：如有必要，应采取有效措施保证以恰当和通俗易懂的方式通知工人：(a) 在他们就业前，或有任何变动之时，他们的工资条件如何；(b) 在每次发放工资时，在工资构成细节易有变动的范围内，说明在该付酬时期，其工资的构成细节。

第 85 号建议书在第 3 条 "向工人通知其工资条件" 中进行了补充规定，包括，应向工人告知工资条件细节内容，如 (a) 应付工资标准；(b) 工资计算方法；(c) 工资发放周期；(d) 发放地点；和 (e) 可能进行扣除的条件。当发生工资扣除情况时，应在工资发放时向工人告知：(a) 应得工资总数；(b) 任何可能做出的扣除，包括扣除的理由和金额；(c) 净得工资金额。应要求雇主在合适情况下保存工资记录，其上载有他所雇每个工人的上款所规定的工资细节。

我国《工资支付暂行规定》第六条规定，用人单位必须书面记录支付劳动者工资的数额、时间、领取者的姓名以及签字，并保存两年以上备查。用人单位在支付工资时应向劳动者提供一份其个人的工资清单。我国法律虽然没有明确表明告知工人相关工资信息，但是提到需要工资领取者签字，实质上是要求让工人了解工资相关信息。

（7）二者均对雇佣合同终止时的工资支付问题做出规定

对于雇佣合同终结时的工资支付问题，第 95 号公约在第 12 条第 2 款中规定：在雇佣合同终结时，全部应付工资的最终结算应按照国家法律或条例，集体协议或仲裁裁定来进行，在没有适用的法律、条例、协议或裁定时，结算应根据合同的约定，在合理的期限内完成。

我国《工资支付暂行规定》第九条规定：劳动关系双方依法解除或终止劳动合同时，用人单位应在解除或终止劳动合同时一次付清劳动者工资。

（8）二者均明确工资在企业破产或清理时属于优先债权

第 95 号公约对企业倒闭或判决清理时工人工资的获取进行保护，在第 11 条第 1 款规定：该企业的工人，无论在取得根据他们在企业破产前或清理前提供的服务而应得到的，其金额由国家法律或条例规定的工资方面，或在取得不超过国家法律或条例规定的工资金额方面，均应享有优先债权人的地位。第 2 款规定：工资构成一种优先债权，应在普通债权人提出任何分割资产的要求前予以全部支付。第3款规定：由工资构成的优先债权和其他优先债权相比，其先后次序应由国际法律或条例予以确定。

我国《工资支付暂行规定》第十四条规定：用人单位依法破产时，劳动者有权获得其工资。在破产清偿中用人单位应按《中华人民共和国企业破产法》规定的清偿顺序，首先支付欠付本单位劳动者的工资。

2. 不同点

（1）二者均规定工资定期支付，但是在特殊问题方面的规定有所不同

在工资支付时间和支付周期方面，国际劳工标准和我国法律均规定工资定期支付，主要支付方式是按月支付。第95号公约要求工资定期支付。支付工资的间隔期限应由国家法律或条例加以规定，或由集体协议或仲裁裁定加以确定，除非已有其他妥善安排能够保证工资定期支付。第85号建议书第四条规定：对于按月或按年计酬的雇用人员，至少每月发工资一次。我国《劳动法》第五十条规定：工资应当按月支付给劳动者本人。《工资支付暂行规定》第七条规定：工资必须在用人单位与劳动者约定的日期支付。如遇节假日或休息日，则应提前在最近的工作日支付。工资至少每月支付一次。

但是在一些特殊问题方面，国际劳工标准和我国法律法规的规定有一些出入。具体表现在两点：

一是对以小时、日或周计算的报酬。第85号建议书规定：每月至少发工资两次，间隔期最多为16天；我国《工资支付暂行规定》第七条规定：工资至少每月支付一次，实行周、日、小时工资制的可按周、日、小时支付工资。

二是对一次性工作的报酬。第85号建议书在第4条中规定：如果雇用工人从事一项需两周以上才能完成的任务，对于那些工资发放间隔期未在集体协议或仲裁裁定中做出规定的，应采取适当措施，确保：（a）工资的分期发放应每月至少两次，间隔期最多为16天，其发放数量按工作已完成部分计算；（b）工资的最后结算不得迟于任务完成后二周。我国《工资支付暂行规定》第八条规定：对完成一次性临时劳动或某项具体工作的劳动者，用人单位应按有关协议或合同规定在其完成劳动任务后即支付工资。

（2）国际劳工标准有些规定，我国相关法律法规还没有相应的规定

国际劳工标准有规定，而我国相关法律法规尚属空白的，主要有两方面规定。

一是对工资支付地点的规定。第 95 号公约在第 13 条第 1 款中规定：当工资用货币支付时，其发放只应在工作日和在工作场所附近进行，除非国家法律或条例、集体协议或仲裁裁定另有规定，或者如有为有关工人所熟知的更为合适的其他安排。在第 2 款中规定：禁止在酒店或其他类似地方发放工资，并在有必要防止乱花钱时，也应禁止在零售商店和娱乐场所发放工资，但那里的雇员除外。

二是对企业小卖部的规定。第 95 号公约还规定：当企业内设有向工人出售商品的小卖部，或开办与企业有关的服务设施时，不得向有关工人施加任何压力以迫使他们去利用这些小卖部或服务部。当有关工人不可能去其他商店或服务设施时，主管当局应采取恰当措施，以期保证小卖部出售的商品和服务设施提供的服务的价格的公平合理的，或保证雇主设立的小卖部或服务设施的经营目的不为营利而为有益于有关工人。第 85 号建议书在第五条中鼓励工人参与企业小卖部的管理，提出：应采取恰当措施，鼓励做出安排，让有关工人代表，特别是企业福利委员会或类似组织（如存在这种组织）的成员参与出售商品的小卖部或类似的、和企业有关的、为工人提供各种服务的服务设施的一般管理工作。

综上，除了一些非常具体的规定外，在工资支付项目、工资支付形式、工资支付对象、工资支付时间、合同终止或企业倒闭、破产时的工资支付规定，我国相关法律法规的规定与国际劳工标准是基本一致的（见表6—2）。

表6—2　　　　工资支付方面国际劳工标准与我国法律法规对照表

| 国际劳工标准 | 我国法律法规 |
| --- | --- |
| 《1949 年保护工资公约》（第 95 号） | |
| 第1条　在本公约中，"工资"一词系指不论名称或计算方式如何，由一位雇主对一位受雇者，为其已完成和将要完成的工作或已提供或将要提供的服务，可以货币结算并由共同协议或国家法律条例予以确认而凭书面或口头雇用合同支付的报酬或收入 | 《工资支付暂行规定》第三条：本规定所称工资是指用人单位依据劳动合同的规定，以各种形式支付给劳动者的工资报酬 |

续表

| 国际劳工标准 | 我国法律法规 |
| --- | --- |
|  | 《关于贯彻执行〈中华人民共和国劳动法〉若干问题的意见的通知》(劳部发［1995］309号) 在第53条:《劳动法》中的"工资"是指用人单位依据国家有关规定或劳动合同的约定,以货币形式直接支付给本单位劳动者的劳动报酬,一般包括计时工资、计件工资、奖金、津贴和补贴、延长工作时间的工资报酬以及特殊情况下支付的工资等。"工资"是劳动者劳动收入的主要组成部分。劳动者的以下劳动收入不属于工资范围:(1)单位支付给劳动者个人的社会保险福利费用,如丧葬抚恤救济费、生活困难补助费、计划生育补贴等;(2)劳动保护方面的费用,如用人单位支付给劳动者的工作服、解毒剂、清凉饮料费用等;(3)按规定未列入工资总额的各种劳动报酬及其他劳动收入,如根据国家规定发放的创造发明奖、国家星火奖、自然科学奖、科学技术进步奖、合理化建议和技术改进奖、中华技能大奖等,以及稿费、讲课费、翻译费等 |
| 第2条 1. 本公约适用于一切向其支付或应向其支付工资的人员 |  |
| 第2条 2. 主管当局在与直接有关的雇主组织和工人组织(如存在此种组织)协商后,可将下列类别的人员,即其就业环境和条件不适于本公约的全部或任何规定者,以及从事非体力劳动者或被雇用于家庭服务或类似职业者,排除于本公约的全部或任何规定的适用范围之外 | 《工资支付暂行规定》第二条规定:本规定适用于在中华人民共和国境内的企业、个体经济组织(以下统称用人单位)和与之形成劳动关系的劳动者。国家机关、事业组织、社会团体和与之建立劳动合同关系的劳动者,依照本规定执行 |

续表

| 国际劳工标准 | 我国法律法规 |
|---|---|
| 第3条 1. 应用货币支付的工资，应一律发给法定货币，用记名期票、付款凭证、息票或以其他据称可以代表法定货币的形式来支付工资，应予以禁止 | 《劳动法》第五十条规定：工资应当以货币形式按月支付给劳动者本人。《工资支付暂行规定》第五条规定：工资应当以法定货币支付。不得以实物及有价证券替代货币支付 |
| 第3条 2. 主管当局得允许或规定使用银行支票、邮政支票或汇票支付工资，条件是这种支付方式属于通常惯例，或出于特殊情况有此必要，或有集体协议或仲裁裁定做出明确规定，或虽无此种规定，但已征得有关工人的同意 | |
| 第4条 1. 在产业或职业部门，如由于该产业或职业的性质以实物津贴的方式支付部分工资或已有惯例或合乎需要，国家法律或条例、集体协议或仲裁裁定得允许部分工资以这种津贴的方式支付。但在任何情况下，都不得允许以含高度酒精的烈性酒或毒品的形式支付工资 | 《劳动法》第五十条规定：工资应当以货币形式按月支付给劳动者本人。《工资支付暂行规定》第五条规定：工资应当以法定货币支付。不得以实物及有价证券替代货币支付 |
| 第4条 2. 在部分工资以实物津贴的方式支付得到批准的情况下，应采取适当措施，以保证：(a) 实物津贴适合于工人及其家属个人使用，并符合他们的利益；(b) 归属于实物津贴的价值是公平、合理的 | |

续表

| 国际劳工标准 | 我国法律法规 |
| --- | --- |
| 第5条 工资应直接发给有关工人，除非国家法律或条例、集体协议或仲裁裁定另有规定，或有关工人同意其他办法 | 《劳动法》第五十条规定：工资应当支付给劳动者本人；<br>《工资支付暂行规定》第六条规定：用人单位应将工资支付给劳动者本人。劳动者本人因故不能领取工资时，可由其亲属或委托他人代领；第2款规定用人单位可委托银行代发工资 |
| 第6条 禁止雇主以任何方式限制工人支配自己工资的自由 | 《劳动合同法》第三十条规定：用人单位应当按照劳动合同约定和国家规定，向劳动者及时足额支付劳动报酬。用人单位拖欠或者未足额支付劳动报酬的，劳动者可以依法向当地人民法院申请支付令，人民法院应当依法发出支付令 |
| 第7条 1. 当企业内设有向工人出售商品的小卖部，或开办与企业有关的服务设施时，不得向有关工人施加任何压力以迫使他们去利用这些小卖部或服务部 | — |
| 第7条 2. 当有关工人不可能去其他商店或服务设施时，主管当局应采取恰当措施，以期保证小卖部出售的商品和服务设施提供的服务的价格的公平合理的，或保证雇主设立的小卖部或服务设施的经营目的不为营利而为有益于有关工人 | — |

续表

| 国际劳工标准 | 我国法律法规 |
|---|---|
| 第8条 1. 只有在国家法律或条例规定或集体协议或仲裁裁定予以确定的条件下和范围内,始得对工资做出扣除 | 《工资支付暂行规定》第十五条规定:用人单位不得克扣劳动者工资。有下列情况之一的,用人单位可以代扣劳动者工资:(一)用人单位代扣代缴的个人所得税;(二)用人单位代扣代缴的应由劳动者个人负担的各项社会保险费用;(三)法院判决、裁定中要求代扣的抚养费、赡养费;(四)法律、法规规定可以从劳动者工资中扣除的其他费用 |
| 第8条 2. 应以主管当局认为最恰当的方式,将做出这种扣除的条件和范围通知工人 | |
| 第9条 任何以确保工人向其雇主或雇主代表或任何中间人(如签订合同或招聘劳动力的中间人)直接或间接交纳一笔钱以换取或保留工作为目的的扣除工资的做法,应予禁止 | 《就业促进法》第四十一条规定:职业中介机构不得有下列行为:(四)扣押劳动者的居民身份证和其他证件,或者向劳动者收取押金;<br>第六十六条规定:违反本法规定,职业中介机构向劳动者收取押金的,由劳动行政部门责令限期退还劳动者,并以每人五百元以上二千元以下的标准处以罚款 |
| 第10条 1. 只有在国家法律或条例规定方式下和范围内,始得对工资进行扣押或转让 | — |
| 第10条 2. 在维持工人及其家属生活所需的范围内,工资应受保护,不得扣押或转让 | — |
| 第11条 1. 当企业倒闭或判决清理时,该企业的工人,无论在取得根据他们在企业破产前或清理前提供的服务而应得到的,其金额由国家法律或条例规定的工资方面,或在取得不超过国家法律或条例规定的工资金额方面,均应享有优先债权人的地位 | 《工资支付暂行规定》第十四条规定:用人单位依法破产时,劳动者有权获得其工资。在破产清偿中用人单位应按《中华人民共和国企业破产法》规定的清偿顺序,首先支付欠付本单位劳动者的工资 |
| 第11条 2. 工资构成一种优先债权,应在普通债权人提出任何分割资产的要求前予以全部支付 | |
| 第11条 3. 由工资构成的优先债权和其他优先债权相比,其先后次序应由国际法律或条例予以确定 | |

续表

| 国际劳工标准 | 我国法律法规 |
| --- | --- |
| 第12条 1. 工资应定期支付，除非已有其他妥善安排保障工资定期支付，否则支付工资的间隔期限应由国家法律或条例加以规定，或由集体协议或仲裁裁定加以确定 | 《劳动法》第五十条规定：工资应当按月支付给劳动者本人。<br>《工资支付暂行规定》第七条规定：工资必须在用人单位与劳动者约定的日期支付。如遇节假日或休息日，则应提前在最近的工作日支付。工资至少每月支付一次 |
| 第12条 2. 在雇佣合同终结时，全部应付工资的最终结算应按照国家法律或条例，集体协议或仲裁裁定来进行，在没有适用的法律、条例、协议或裁定时，结算应根据合同的约定，在合理的期限内完成 | 《工资支付暂行规定》第九条规定：劳动关系双方依法解除或终止劳动合同时，用人单位应在解除或终止劳动合同时一次付清劳动者工资 |
| 第13条 1. 当工资用货币支付时，其发放只应在工作日和在工作场所附近进行，除非国家法律或条例、集体协议或仲裁裁定另有规定，或者如有为有关工人所熟知的更为合适的其他安排 | — |
| 第13条 2. 禁止在酒店或其他类似地方发放工资，并在有必要防止乱花钱时，也应禁止在零售商店和娱乐场所发放工资，但那里的雇员除外 | — |
| 第14条 如有必要，应采取有效措施保证以恰当和通俗易懂的方式通知工人：(a) 在他们就业前，或有任何变动之时，他们的工资条件如何；(b) 在每次发放工资时，在工资构成细节易有变动的范围内，说明在该付酬时期，其工资的构成细节 | — |

| 国际劳工标准 | 我国法律法规 |
| --- | --- |
| 第17条 如一个会员国的领土中有大片地区由于人口稀少或基于各地区的发展阶段而使主管当局认为不宜实施本公约的规定时，经与有关的雇主组织和工人组织（如存在此种组织）协商，该当局可对此类地区或全部豁免其实施本公约，或只对它认为适当的特定企业或职业实施本公约 | — |
| 《1949年保护工资建议书》（第85号）<br>一、关于扣除工资 | |
| 1. 应争取一切必要的措施对工人工资的扣除予以限制，以保护工人及其家庭使能维持其生活所需为度 | — |
| 2.（a）凡在赔偿对雇主的产品、动产或设备造成有损失或损坏的名下所进行的工资扣除，应仅在确有损失或损坏、并能完全证明该工人确为责任者时，始得允许。（b）这种扣除的金额应是公平的，不应超出损失或损坏的实际金额。（c）在做出决定进行这种扣除之前，有关工人应有适当机会说明不应进行扣除的理由 | 《工资支付暂行规定》第十六条规定：因劳动者本人原因给用人单位造成经济损失的，用人单位可按照劳动合同的约定要求其赔偿经济损失。经济损失的赔偿，可从劳动者本人的工资中扣除。但每月扣除的部分不得超过劳动者当月工资的20%。若扣除后的剩余工资部分低于当地月最低工资标准，则按最低工资标准支付 |
| 3. 为雇主提供工人使用的工具、原料或设备而扣除工人的工资时，应采取恰当的措施，把这种扣除限于下列情况：（a）在有关行为或职业中是公认的惯例；（b）为集体协议或仲裁裁定所规定；（c）为国家法律或条例承认的某种程序所批准 | — |

续表

| 国际劳工标准 | 我国法律法规 |
| --- | --- |
| 二、发放工资的周期 | |
| 1. 对于发放工资的最大间隔期限应作如下规定，使工资发放做到：（a）对于以小时、日或周计算报酬的工人，每月至少发工资两次，间隔期最多为16天；（b）对于按月或按年计酬的雇用人员，至少每月发工资一次<br><br>2. （1）如果工人的报酬以计件劳动或产量为计算基础，其工资发放的最大间隔期应尽可能规定为：工资的发放每月至少两次，间隔期最多为16天。（2）如果雇用工人从事一项需两周以上才能完成的任务，对于那些工资发放间隔期未在集体协议或仲裁裁定中做出规定的，应采取适当措施，确保：（a）工资的分期发放应每月至少两次，间隔期最多为16天，其发放数量按工作已完成部分计算；（b）工资的最后结算不得迟于任务完成后二周 | 《工资支付暂行规定》第七条规定：工资必须在用人单位与劳动者约定的日期支付。如遇节假日或休息日，则应提前在最近的工作日支付。工资至少每月支付一次，实行周、日、小时工资制的可按周、日、小时支付工资。<br><br>第八条规定：对完成一次性临时劳动或某项具体工作的劳动者，用人单位应按有关协议或合同规定在其完成劳动任务后即支付工资 |
| 三、向工人通知其工资条件 | |
| 应让工人了解的工资条件细节，如属适宜，应包括以下内容：（a）应付工资标准；（b）工资计算方法；（c）工资发放周期；（d）发放地点；（e）可能进行扣除的条件 | 《工资支付暂行规定》第六条规定：用人单位必须书面记录支付劳动者工资的数额、时间、领取者的姓名以及签字，并保存两年以上备查 |
| 四、关于工资和工资状况的说明 | |

续表

| 国际劳工标准 | 我国法律法规 |
|---|---|
| 1. 在一切合适的场合，每次发放工资时，对该付酬期的下述情况，在可能发生变化的范围内，应让工人了解：（a）应得工资总数；（b）任何可能做出的扣除，包括扣除的理由和金额；（c）净得工资金额 | 《工资支付暂行规定》第六条规定：用人单位必须书面记录支付劳动者工资的数额、时间、领取者的姓名以及签字，并保存两年以上备查。用人单位在支付工资时应向劳动者提供一份其个人的工资清单 |
| 2. 应要求雇主在合适情况下保存工资记录，其上载有他所雇每个工人的上款所规定的工资细节 | |
| 五、工人参与企业小卖部的管理 | |
| 应采取恰当措施，鼓励做出安排，让有关工人代表，特别是企业福利委员会或类似组织（如存在这种组织）的成员参与出售商品的小卖部或类似的、和企业有关的、为工人提供各种服务的服务设施的一般管理工作 | — |

## 三、同工同酬

在同工同酬方面，国际劳工组织制定并发布了《1951 年同酬公约》（第 100 号）和《1951 年同酬建议书》（第 90 号）。第 100 号公约是国际劳工组织的八个核心公约之一。公约对报酬和男女同工同酬的含义做出了界定，并敦促各会员国采取措施实现同工同酬。第 90 号建议书对公约的规定进行了具体的阐释。

我国没有专门关于同工同酬的法律法规，具体的内容规定散见于《宪法》《劳动法》《劳动合同法》和其他一些法规文件中。

比较国际劳工组织公约和建议书以及我国法律法规对同工同酬的规定，二者的异同点主要有以下方面：

1. 相同点

国际劳工标准和我国的相关法律法规都确定了同工同酬原则，并将之作为一项基本权利加以强调。第 131 号公约是国际劳工核心公约之一,而我国在《宪法》第四十八条也明确规定:中华人民共和国妇女在政治的、经济的、文化的、社会的和家庭的生活等各方面享有同男子平等的权利。国家保护妇女的权利和利益,实行男女同工同酬,培养和选拔妇女干部。

2. 不同点

尽管国际劳工标准和我国法律都将同工同酬作为一项基本权利,但是二者的规定之间还是存在许多差异,主要表现在以下几个方面。

(1) 同工同酬的范围不同

第 100 号公约和第 90 号建议书所指的同工同酬仅指男女同工同酬。第 100 号公约本身的名称就是对男女工人同等价值的工作付予同等报酬公约。

而我国对同工同酬范围的规定比较宽泛,除了《宪法》第四十八条明确指出男女同工同酬外,其他的法律法规并不特别指男女同工同酬。例如《劳动法》第四十六条规定:工资分配应当遵循按劳分配原则,实行同工同酬。另外,新修订的《劳动合同法》第十一条也指出:用人单位未在用工的同时订立书面劳动合同,与劳动者约定的劳动报酬不明确的,新招用的劳动者的劳动报酬按照集体合同规定的标准执行;没有集体合同或者集体合同未规定的,实行同工同酬。同时《劳动合同法》第六十三条还规定了被派遣劳动者享有与用工单位的劳动者同工同酬的权利。《国务院关于解决农民工问题的若干意见》规定了农民工与其他职工要实行同工同酬。

可以说,我国的同工同酬规定并不仅限于男女同工同酬,我国的规定范围更大,可以理解为所有劳动者同工同酬。

(2) 同工同酬的含义有差别

第 100 号公约和第 90 号建议书所说的同工同酬是指"同等价值的工作付予同等报酬"。公约第 3 条还明确了如何评定是否同等价值的工作:第 1 款规定,只要以下行动能有助于本公约条款的实施,应采取措施以需从事的工作为依据,促使对各种工作岗位进行客观评定;第 2 款明确用以进行这种评定的方法得由负责确定报酬标准的当局决定,或如此种标准系由集体协议确定,则由协议各方予以决定;第 3 款做出例外说明,经此种客观评定所确定的不论性别而依所从事工作的差别而造成相应的工人之间标准的差距不应被认为违反对男女工人同等价值的工作付予同等报酬的原则。第 90 号建议书在第 5 条也规定了如何评价同等价值的工作,即在"征得有关的雇主组织和工人组织的同意后,通过工作岗位分析或其他程序,建立或鼓励建立对需完成的工作进行客观评定的方法,以提出不分性别的工作岗位分类"。

我国法律法规虽然规定了同工同酬原则,但是没有对同工同酬做出定义,一般理解是同岗位工作同等报酬。《劳动合同法》在规定劳务派遣工和单位员工同工同酬时,规定"用工单位应当按照同工同酬原则,对被派遣劳动者与本单位同类岗位的劳动者实行相同的劳动报酬分配办法。用工单位无同类岗位劳动者的,参照用工单位所在地相同或者相近岗位劳动者的劳动报酬确定",从这条规定可以推断,我国法律法规所指的同工同酬即本单位同类岗位的劳动者给予同等报酬。

(3)国际劳工公约和建议书中的一些内容我国还没有相应的规定

第一,第100号公约明确了"同酬"中的"报酬"的含义,在第一条规定:"报酬"一词包括因工人就业而由雇主直接或间接以现金或实物向其支付的常规的、基本或最低的工资或薪金,以及任何附加报酬。

第二,公约和建议书强调与雇主组织和工人组织合作的重要性。第100号公约第4条规定:为实施本公约的规定,各会员国应酌情与有关的雇主组织和工人组织合作。

第三,第90号建议书提出为更好地实现同酬,需要对女工进行帮助。建议书第6条规定:为利于实行对男女工人同等价值的工作付予同等报酬的原则,如属必要,应采取适当行动通过下列措施提高女工的生产效率:(a)保证男女工人在职业指导或就业咨询、职业培训以及安置方面享有平等或相等的便利条件;(b)采取适当措施鼓励妇女利用职业指导或就业咨询、职业培训及安置方面的便利条件;(c)提供福利和社会服务解决女工,特别是有家庭负担的女工的需要,利用一般公共基金,或利用工人不分性别同样都要缴费的社会保障或产业福利基金对此类服务进行资助;(d)并在不违背有关保护妇女健康和福利的国际条例及国家法律和条例规定的情况下,促进男女工人在求得职业和岗位方面的平等。

对于上述内容,我国相关法律法规都没有明确的规定。

综上,国际劳工标准和我国法律均将"同酬"作为劳动者一项基本权利加以强调。但是我国所说的"同酬"和国际劳工标准所说的"同酬"有相当大的区别。首先,我国所说的"同酬"受众范围大于国际劳工标准,指的是所有劳动者同酬,而不仅仅是男女同酬。其次,我国所说的"同酬"对比范围远远小于国际劳工标准规定。我国的"同酬"是同工同酬，指本单位同类岗位给予同等报酬，在本单位无同类岗位的时候，参照单位所在地相同或者相近岗位劳动者的劳动报酬确定。而国际劳工标准所说的"同酬"是指同等价值的工作给予同等报酬，不仅仅是同类岗位，更不限于本单位。为了判定是否同等价值，公约和建议书给出了一定要求。第三，公约和建议书还有一些具体要求，我国相关法律法规还没有相应规定。

## 四、公共契约中的劳动条款

针对公共合同的特殊性，国际劳工组织通过了《1949年（公共合同）劳动条款公约》（第94号）和《1949年（公共合同）劳动条款建议书》（第84号），对公共合同的劳动条款要求做出了规定。

根据第94号公约，公共合同是指具备如下所列条件的合同，（a）合同各方中至少有一方为公共当局。（b）合同的履行包括以下内容：（i）公共当局使用的资金；（ii）合同另一方对工人的雇佣。（c）合同是为下列目的签订的：（i）公共工程的建造、改建、修缮或拆除；（ii）材料、物资或设备的制造、装配、处理或运输；或（iii）进行或提供服务。（d）合同是由本公约对之生效的国际劳工组织会员国中央当局通过的。

公约提出，应保证公共合同中有关工人享有不低于当地有关行业或产业中同样性质工程中所规定的工资（包括补贴）、工时和其他劳动条件，应采取措施保证有关工人公正合理的卫生、安全和福利条件。对于不遵守或不实施公共合同劳动条款规定的，应中止合同或采取其他办法适当处罚。在发生危及国家利益和安全的不可抗力时，主管当局经与有关雇主组织和工人组织（如存在此类组织）协商后，可以暂时中止公约各项规定的实行。

第84号建议书补充规定了如下两条。

1. 在私营雇主获得补贴或得到经营公共事业的许可证时，应使用与公共合同中劳动条款的规定基本相似的规定。

2. 公共合同中的劳动条款应直接规定，或通过参照法律或条例、集体协议、仲裁裁决或其他经认可的安排中的适当条款规定：

（a）应向各类有关工人支付的正常工资率和加班工资率（包括补贴）。

（b）确定工时的方式。如有必要，包括：（i）应支付正常工资的日、周或其他规定时间的小时数；（ii）在连续作业的倒班中工作的工人可接受的平均小时数；和（iii）如工时为平均计算，计算这一平均数的时间，以及任何规定时间的最长正常工时。

（c）假日和病假规定。

在公共合同的劳动条款规定方面，我国没有相应的法律法规。

## 五、保护工人债权

在保护工人债权方面，国际劳工组织通过了《1992年（雇主破产）保护工人债权公约》（第173号）和《1992年（雇主破产）保护工人债权建议书》（第180号）。事实上，在《1949年保护工资公约》（第95号）中已经明确规定了当企业破产时工资属于优先债权予以偿付。时隔近半个世纪后，国际劳工组织制定专门的保护工人债权方面的公约和建议书，其原因在于国际劳工组织注意到，自第95号公约通过以来，国际劳工组织将更多的注意力放在了恢复破产企业和保证就业方面，而自该公约通过以来，许多会员国的法律法规加强了在雇主无偿债能力情况下对工人债权的保护规定。出台更加详细的保护政策已时机成熟，故于1992年通过第173号公约，第173号公约是对第95号公约第11条更为具体化的规定。根据第173号公约总则第3条第6款和第7款的规定，会员国承诺本公约第二部分义务，可以在法律上终止其对《1949年保护工资公约》第11条规定的义务的承诺；会员国如果只承诺本公约第三部分义务，可以通过向国际劳工局提交一份声明，终止其承诺《1949年保护工资公约》第11条规定的已受第三部分规定保护的那些债权的义务。

第173号公约主要包括三部分内容：

第一部分是"总则"，确定了"无偿债能力"的定义及会员国的相应义务。根据公约，"无偿债能力"是指为集中解决各债权人的偿还要求，根据国家法律和惯例已就某雇主资产开始法律诉讼的这样一种状况。会员国可以将"无偿债能力"一词的含义，扩展到因雇主财务状况方面的原因而使工人债权无法得到偿付的其他状况，例如，当雇主的资产额不足可证明有开始破产程序之必要时。

第二部分是"以优先权手段保护工人受保护的债权"。规定在雇主无偿债能力的情况下，需以优先权保护工人因其就业而伴生的债权，以使工人能在非优先债权人获得其份额之前，从破产雇主的资产中获得偿还。明确优先权至少应包括：(a)工人对雇主破产或本人雇佣关系终止前一段规定时间内因工资所拥有的债权，这段规定时间不得少于三个月；(b)工人在雇主破产或本人雇佣关系终止的当年以及前一年因所从事的工作而在假日报酬方面拥有的债权；(c)工人对雇主破产或本人雇佣关系终止前一段时间内因其他形式的有酬缺勤而拥有的债权，这段规定时间不得少于三个月；(d)以及工人因雇佣终止而应得到的遣散金。要求会员国国家法律或条例给予工人债权的优先权等级，需高于其他绝大部分优先债权，特别是国家和社会保障制度拥有的优先债权。允许国家法律或条例对受优先权保护的工人债权限定一个数额，但这一数额不得低于社会能够接受的水平且在必要时需做出调整，以便保值。

第三部分是"由担保机构保护工人的债权"。规定在有担保机构的情况下，当雇主因破产而无法偿债时，工人因其就业而产生的对其雇主的债权，需由担保机构保证偿还。受保护的工人债权至少应包括：(a)工人对雇主破产或本人雇佣终止前一段规定时间内因工资而拥有的债权，这段规定时间不得少于八周；(b)工人在雇主破产或本人雇佣终止前一段规定时间内因从事的工作而在假日报酬方面拥有的债权，这段规定时间不得少于六个月；(c)工人对雇主或本人雇佣终止前一段规定时间内因其他形式的有酬缺勤而拥有的债权，这段规定时间不得少于八周；以及(d)工人因雇佣终止而应该得到的遣散金。提出会员国应在与其最有代表性的雇主组织和工人组织磋商之后采取适当措施，以防止可能出现的滥用这一部分规定的现象。

第180号建议书再次界定了"无偿债能力"的定义，在公约最低标准的基础上扩大了优先债权和受担保保护债权的范围。

第180号建议书详细列举了会员国可以将"无偿债能力"概念扩大的情况，(a)企业已经关闭，或已经停止活动，或自愿解散；(b)雇主的资产额不足可证明有开始破产程序之必要时；(c)在为追索因就业而产生的工人债权的破产程序中，已判定雇主没有资产或其资产不足以偿付这些债务；(d)雇主已经死亡，他或她的资产已交由遗产管理人负责处理，并且所欠债务从他或她的遗产中不够支付。

根据第180号建议书规定，优先权所提供的保护应该包括下列债权：(a)与雇主破产或本人雇佣终止前一段规定时间内所从事的工作有关的工资、加班费、佣金及其他形式的报酬，这段规定时间应由国家法律或条例予以确定，并且不应少于十二个月；(b)根据雇主破产或本人雇佣终止的当年以及前一年所从事的工作而应支付的假日报酬；(c) 对雇主破产或本人雇佣终止前一段规定时间按国家法律或条例、集体协议或个人就业合同而应予支付的其他形式的有酬缺勤的报酬、年终奖金和其他奖金，这段规定时间不得少于十二个月；(d) 由于未能对雇佣终止提前通知而应给予的补偿；(e) 雇佣终止时应付给工人的遣散金、不合理解雇补偿及其他费用；(f) 由雇主直接付给的对职业事故和职业病的补偿费。

优先权所提供的保护可以包括下列债权：(a) 国家法定社会保障计划的缴费，当不支付会对工人待遇领取权利造成损失时；(b) 独立于国家法定社会保障计划的私人计划、职业年金计划、行业间或企业社会保护计划的缴费，当不支付会对工人待遇领取权利造成损失时；(c) 工人因参加企业社会保护计划而在破产前享有的、应有雇主支付的津贴。

受担保保护的债权应该包括：(a) 与雇主破产或本人雇佣终止前一段规定时间内所从事的工作有关的工资、加班费、佣金和其他形式的报酬，这段规定时间不应少于三个月；(b) 根据雇主破产或本人雇佣终止的当年以及前一年所从事的工作而应支付的假日报酬；(c) 对雇主破产或本人雇佣终止前一段规定时间内，按国家法律或条例、集体协议或个人就业合同而应予支付的年终奖金和其他奖金，这段规定时间不得少于十二个月；(d) 对雇主破产或本人雇佣终止前一段规定时间内因其他形式的有酬缺勤而拥有的债权，这段规定时间不得少于三个月；(e) 因未能对雇佣终止提前通知而应给予的补偿；(f) 终止雇佣时应付给工人的遣散金、不合理解雇补偿及其他费用；(g) 由雇主直接付给的对职业事故和职业病的补偿费。

受担保保护的债权可以包括下列：(a) 国家法定社会保障计划的缴费，当不支付会对工人待遇领取权利造成损失时；(b) 独立于国家法定社会保障计划的私人计划、职业年金计划、行业间或企业社会保护计划的缴费，当不支付会对工人待遇领取权利造成损失时；(c) 工人因参加企业社会保护计划而在破产前享有的、应有雇主支付的津贴；(d) 在破产前三个月内经判决或仲裁判给工人的、符合本款中规定的工资或任何其他形式的报酬。

第180号建议书提出：凡破产程序无法保证迅速支付工人的优先债权时，应有一个加速支付的程序，以保证无须等到破产程序结束，工人的优先债权能从可动用资金中得到偿付或是一旦资金可动用时即可偿付，除非担保机构保证迅速支付工人的债权，并列举了加速支付工人债权的两种方式。

我国没有相应的专门法律法规。只是在《破产法》第一百一十三条规定了破产财产的清偿程序。破产财产在优先清偿破产费用和共益债务后，依照下列顺序清偿：①破产人所欠职工的工资和医疗、伤残补助、抚恤费用，所欠的应当划入职工个人账户的基本养老保险、基本医疗保险费用，以及法律、行政法规规定应当支付给职工的补偿金。②破产人欠缴的除前项规定以外的社会保险费用和破产人所欠税款。③普通破产债权。破产财产不足以清偿同一顺序的清偿要求的，按照比例分配。破产企业的董事、监事和高级管理人员的工资按照该企业职工的平均工资计算。在《工资支付暂行规定》第十四条规定：用人单位依法破产时，劳动者有权获得其工资。在破产清偿中用人单位应按《中华人民共和国企业破产法》规定的清偿顺序，首先支付欠付本单位劳动者的工资。

## 第三节　工时方面的国际劳工标准比较研究

工时领域是国际劳工组织颁布公约和建议书最早和最多的一个领域，由此可见，国际劳工组织对工时问题的重视程度。国际劳工组织颁布的第一个公约就是1919年11月28日在国际劳工大会上通过的《1919年（工业）工时公约》（第1号）。之后，国际劳工组织又陆陆续续通过了22个关于工时的公约、18个相关的建议书和1个议定书。其中目前仍生效的有4个公约、4个建议书和1个议定书。

### 一、一般工时和休息休假制度

有关一般工作时间和休息休假的国际劳工公约主要有以下几个：《1919年（工业）工时公约》（第1号）、《1921年（工业）每周休息公约》（第14号）、《1930年（商业和办事处所）工时公约》（第30号）、《1930年（煤矿）工时公约》（第31号）、《1935年（煤矿）工时公约（修订本）》（第46号）、《1935年四十小时工作周公约》（第47号）、《1936年带薪休假公约》（第52号）、《1936年（海上）带薪休假公约》（第54号）、《1936年（海上）工时和人员配置公约》（第57号）、《1937年（纺织业）缩短工时公约》（第61号）、《1939年（公路运输）工时与间休公约》（第67号）、《1946年（海员）带薪休假公约》（第72号）、《1946年（海上）工资、工时和人员配置公约》（第76号）、《1957年（商业和办事处）每周休息公约》（第106号）、《1958年（海上）工时和人员配置公约（修订本）》（第 109 号）、《1970 年带薪休假公约（修订本）》（第 132 号）、《1976 年海员带薪年休假公约》（第 146 号）、《1979 年（公路运输）工时与间休公约》（第 153 号）、《1996 年海员的工时和海上人员配置公约》（第 180 号）。

有关一般工作时间和休息休假的国际劳工建议书分别是：《1920 年（捕鱼业）工时建议书》（第 7 号）、《1920 年（内河航运）工时建议书》（第 8 号）、《1921 年（商业）每周休息建议书》（第 18 号）、《1930 年（旅馆等行业）工时建议书》（第 37 号）、《1930 年（剧场等行业）工时建议书》（第 38 号）、《1930 年（医院等行业）工时建议书》（第 39 号）、《1936 年带薪休假建议书》（第 47 号）、《1936 年（海上）工时和人员配置建议书》（第 49 号）、《1939 年（公路运输）调节工作时间方法建议书》（第 65 号）、《1939 年（私人司机）休息时间建议书》（第 66 号）、《1952 年（农业）带薪休假建议书》（第 93 号）、《1954 年带薪休假建议书》（第 98 号）、《1957 年（商业和办事处所）每周休息建议书》（第 103 号）、《1958 年（海上）工资、工时和人员配置建议书》（第 109 号）、《1962 年缩短工时建议书》（第 116 号）、《1996 年海员的工资、工时和船上人员配置建议书》（第 189 号）。

目前仍生效的是《1921 年（工业）每周休息公约》（第 14 号）、《1957 年（商业和办事处）每周休息公约》（第 106 号）、《1957 年（商业和办事处所）每周休息建议书》（第 103 号）以及《1962 年缩短工时建议书》（第 116 号）。

尽管国际劳工组织通过的多数公约、建议书都或被搁置，或是临时的、或已过时、或被撤销，但从其名称中可以看出，国际劳动组织针对不同的行业有不同的工时制度。换句话说，一些行业的工时制度有其特殊性，如果采取一样的工时制度可能是不适当的。

我国《劳动法》《劳动合同法》和《国务院关于职工工作时间的规定》等法律法规也对工时进行了或详或略的规定。

比较国际劳工标准和我国相关法律法规对工时制度的规定，二者的异同点主要有以下几个方面。

1. 相同点
（1）二者均强调在工时问题上要注重集体协商

第 106 号公约在第 7 条第 4 款中规定：为实施本条第 1、第 2 和第 3 款的规定（指特殊工时制度）而采取任何措施时，应和有关的有代表性的雇主组织和工人组织（如存在此种组织）磋商。

第116号建议书第20条指出，主管当局须就本建议书的实施问题与最具代表性的雇主组织和工人组织进行咨询，特别是涉及下列问题：(a) 第8条规定的安排措施；(b) 第12条规定的计算平均工时周期的最长限度；(c) 为执行第13条关于必须轮班进行连续作业的规定，须制定条款；(d) 第14条规定的例外情况；(e) 第17条和19条规定的加班时间的限制和报酬。

我国《劳动法》和《劳动合同法》相关条款也强调了工时事项的确定和修改需要进行集体协商。《劳动法》第八条规定，劳动者有权参与民主管理或者就保护劳动合法权益与用人单位进行平等协商；第三十三条规定：企业职工一方与企业可以就劳动报酬、工作时间、休息休假、劳动安全卫生、保险福利等事项，签订集体合同。

《劳动合同法》第四条规定，用人单位在制定、修改或者决定有关劳动报酬、工作时间、休息休假……直接涉及劳动者切身利益的规章制度或者重大事项时，应当经职工代表大会或者全体职工讨论，提出方案和意见，与工会或者职工代表平等协商确定，且在规章制度和重大事项决定实施过程中，工会或者职工认为不适当的，有权向用人单位提出，通过协商予以修改完善。第五十一条规定：企业职工一方与用人单位通过平等协商，可以就劳动报酬、工作时间、休息休假……事项订立集体合同。集体合同草案应当提交职工代表大会或者全体职工讨论通过。

（2）二者均强调在不降低工资的前提下逐渐减少工时

第106号公约第9条规定：在工资由法律和条例管理，或受行政机关控制的情况下，本公约所覆盖人员的收入不应实施根据本公约采取的措施而有所减少。其对应的第103号建议书补充了如下内容：在工资非由法律和条例规定或不受行政当局的控制，因而《1957年（商业和办事处所）每周休息公约》第9条不适用的情况下，应采用集体协议或其他方法保证在实施根据本公约所采取的措施时，不致导致公约规定范围内的人员的收入有所减少。

为促使各会员国采取措施逐步减少正常工时，国际劳工组织通过了专门的《缩短工时建议书》（第116号），该建议书在第4条明确指出：应逐步减少正常工时，而不降低工人的原有工资。并对缩短工时的具体要求、实施步骤进行规定。要求会员国在正常工作周工时超过四十八小时的情况下，须采取措施，在不降低工资条件下，将工时减少为四十八小时；在正常工作周工时为四十八小时或少于四十八小时的情况下，须根据第 4 条，采取适合具体国情和各经济活动部门条件的方式，制定并实施逐步减少工时的措施。这些措施须考虑经济发展水平、技术进步、人们生活水平及产业部门雇主组织和工人组织的考虑等因素。

我国《国务院关于职工工作时间的规定》将正常工时从每周四十四小时减为四十小时，《〈国务院关于职工工作时间的规定〉的实施办法》第三条指出：实行这一工时制度，应保证完成生产和工作任务，不减少职工的收入。在第四条中规定：在特殊条件下从事劳动和有特殊情况，需要在每周工作四十小时的基础上再适当缩短工作时间的，应在保证完成生产和工作任务的前提下，根据《中华人民共和国劳动法》第三十六条的规定，由企业根据实际情况决定。

（3）二者均要求对加班进行限制，并禁止强迫加班

第 14 号公约第 4 条规定：如果各会员国基于各种人道主义方面与经济方面的适当理由，需要对每七日期间内享有连续至少二十四小时休息时间的规定进行例外处理时，须在征询有资格的雇主和工人组织（如存在此种组织）的意见后方可，除非现行法律已规定了这种例外。

第 116 号建议书第 17 条：在遇有不可抗力时，各国主管当局或机构须规定在某一特定阶段内可以加班工作的加班总小时的限度。

我国《劳动法》第四十一条规定：用人单位由于生产经营需要，经与工会和劳动者协商后可以延长工作时间，一般每日不得超过一小时；因特殊原因需要延长工作时间的，在保障劳动者身体健康的条件下延长工作时间每日不得超过三小时，但是每月不得超过三十六小时。第四十三条强调：用人单位不得违反本法规定延长劳动者的工作时间。

《劳动合同法》第三十一条规定：用人单位应当严格执行劳动定额标准，不得强迫或者变相强迫劳动者加班。用人单位安排加班的，应当按照国家有关规定向劳动者支付加班费。

《国务院关于职工工作时间的规定》第六条也规定：任何单位和个人不得擅自延长职工工作时间。因特殊情况和紧急任务确需延长工作时间的，按照国家有关规定执行。

（4）二者均要求工时制度和安排应向工人告知

第 14 号公约第 7 条提出：为便利本公约各项规定的实施，各雇主、厂长或

经理，应依照下列规定办理：(a) 如每周的休息系同时给予全体职工者，应在工作场所或其他任何适当地点张贴明显的通告，或采用政府所许可的其他方法，以公布集体休息的日期与时间；(b) 如休息时间非同时给予全体职工者，应按照本国法律或主管机关规章所许可的方法，拟定名册，以公布适用于特别休息办法的工人或雇员，并介绍该项办法。

第116号建议书第21条规定，有效地实施为逐步减少工作时间而采取的措施中，(b) 须要求雇主在企业张贴布告或以主管当局批准的其他方式通知有关工人：(i) 工作开始和结束的时间；(ii) 轮班工作的地点，每班开始和结束的时间；(iii) 正常工作小时未包括的休息时间；(iv) 每周工作的天数。

我国《劳动合同法》在第四条提出：用人单位应当将（有关劳动报酬、工作时间、休息休假、劳动安全卫生、保险福利、职工培训、劳动纪律以及劳动定额管理等）直接涉及劳动者切身利益的规章制度和重大事项决定公示，或者告知劳动者。

（5）二者均指出休息休假的安排应尽可能考虑风俗习惯和民族传统

第14号公约第2条第3款：（每七日的期间内享有连续至少二十四小时的休息时间）此项休息时间，如可能，应与本国或当地的风俗习惯相符合。

第106号公约第6条第4款：少数派宗教的传统和习惯应尽可能予以尊重。

我国《劳动法》第四十条规定，用人单位在下列节日期间应当依法安排劳动者休假：①元旦；②春节；③国际劳动节；④国庆节；⑤法律、法规规定的其他休假节日。

国务院《全国年节及纪念日放假办法》第四条规定：少数民族习惯的节日，由各少数民族聚居地区的地方人民政府，按照各该民族习惯，规定放假日期。

（6）二者均允许实行特殊工时制度

第106号公约第7条规定：如某企事业因其工作性质、服务性质、服务对象的规模，或其雇佣人员的数目不适用第6条的规定（指每七天内至少连续休息二十四小时的规定），则各主管当局或适当机构得采取措施，在对一切社会和经济因素加以适当考虑后，如属适宜，对本公约明确规定的各类人员或各类企事业实施特殊的每周休息制度。适用此种特殊制度的一切人员，应有权在每七天内享受其总持续时间至少相当于第6条所规定的休息。实行特殊制度的企事业，如果其分部是独立的，而且为第6条的规定所豁免，则在该分部工作的人员应实行该条的规定。

第 116 号建议书在第 14 条中明确指出：各国主管当局或机构须确定在何种情况和限度内允许对正常工时有例外。（a）永久性的：（i）基本上是间歇性的工作；（ii）根据公众利益需要的某些特殊工作；（iii）那些因技术原因，必须在企事业内，企事业内的一部分，或一般轮班工作的限度以为的作业。（b）临时性的：（i）在实际发生事故或有事故危险时；（ii）必须对机器设备或工厂进行紧急工作时；（iii）在遇有不可抗力时；（iv）在遇有不正常的工作压力时；（v）为弥补因材料发生事故、停电、恶劣天气、材料或运输设备不足和自然灾害造成的集体停工而损失的时间；（vi）在国家发生危急时。（c）周期性的：（i）在年度盘点和制定年度资产负债表时；（ii）有特殊季节活动时。

我国《劳动法》第三十九条指出：企业因生产特点不能实行本法第三十六条、第三十八条规定的，经劳动行政部门批准，可以实行其他工作和休息办法。《国务院关于职工工作时间的规定》第五条也进行了类似的规定。

此外，我国人力资源和社会保障部已根据《劳动法》和《国务院关于职工工作时间的规定》等法律法规，制定了《特殊工时管理规定》。目前该《规定》正处于立法征求意见阶段。按照《规定》，特殊工时制度包括不定时工作制和综合计算工时工作制。其中实行不定时工作制的岗位范围是：（1）对企业经营管理负有决策、指挥等领导职责的高级管理岗位，包括董事长、总经理、副总经理、董事、监事等；（2）劳动者可以自主安排工作时间且无考勤要求的技术、研发、创作等岗位；（3）需要机动作业、由劳动者根据工作需要安排工作时间的外勤、推销、长途运输等岗位。实行综合计算工时制的岗位范围是：（1）地质及资源勘探开发、建筑、制盐、制糖、旅游、渔业、海运等行业中，部分受季节、资源、环境和自然条件限制需要集中作业的岗位；（2）交通、铁路、邮政、电信、内河航运、航空、电力、石油、石化、金融等行业中，部分中断作业可能会影响社会公共利益的岗位；（3）人力资源和社会保障部根据国务院鼓励或者扶持发展的产业政策，规定可以实行综合计算工时工作制的岗位。

（7）二者均提出尽可能照顾青年、妇女和残疾人

第 103 号建议书第 4 条提出：（a）如属可行，未满十八岁的年轻人应保证每周有连续两天的休息。（b）《1957 年（商业和办事处所）每周休息公约》第 8 条的规定应不适用于未满十八岁的年轻人。

第 116 号建议书第 9 条规定：实施逐步减少工时的措施时，重点应是那些含

有特别繁重的体力或脑力劳动的产业和职业，或对工人健康有害的，特别是妇女和青年人比较集中的工业和职业。第 18 条规定：在安排加班时间时，须照顾到 18 岁以下的青年人、孕妇和哺乳期母亲和残疾人的特殊情况。

我国《妇女权益保护法》第二十六条规定：任何单位均应根据妇女的特点，依法保护妇女在工作和劳动时的安全和健康，不得安排不适合妇女从事的工作和劳动。妇女在经期、孕期、产期、哺乳期受特殊保护。

《未成年人保护法》第三十八条规定：任何组织或者个人按照国家有关规定招用已满十六周岁未满十八周岁的未成年人的，应当执行国家在工种、劳动时间、劳动强度和保护措施等方面的规定，不得安排其从事过重、有毒、有害等危害未成年人身心健康的劳动或者危险作业。

2. 不同点

（1）二者规定的正常工时标准不一样

在每周工作时间方面，第 14 号公约将工业企业的工作时间限制为每日为 8 小时，每周为 48 小时。第 116 号建议书要求会员国采取措施分阶段逐步减少正常工时：在正常工作周工时超过 48 小时的情况下，须采取措施，在不降低工资条件下，将工时减少为 48 小时；在正常工作周工时为 48 小时或少于 48 小时的情况下，须根据第 4 条，采取适合具体国情和各经济活动部门条件的方式，制定并实施逐步减少工时的措施。

我国《劳动法》规定每日工作时间不超过 8 小时、平均每周工作时间不超过 44 小时的工时制度。之后，《国务院关于职工工作时间的规定》进一步减少工时，实行每日工作 8 小时、每周工作 40 小时的工时制度，同时在第四条提出：在特殊条件下从事劳动和有特殊情况，需要适当缩短工作时间的，按照国家有关规定执行。

在每周连续休息时间方面，第 14 号公约规定：除另有例外规定，凡公营或私营的工业企业或其任何分部所雇用的全体职工，均应于每七日的期间内享有连续至少二十四小时的休息时间。各会员国对于依第 4 条而暂停或缩短的休息时间，应在可能范围内规定补偿休息时间，但如协议或当地习惯已订有补偿休息时间者，则不在此限定内。

第 106 号公约也规定：适用本公约的一切人员，除以下各条另有规定者外，应有权于每七天内享受不少于连续二十四小时的每周休息时间。适用特殊制度的一切人员，应有权在每七天内享受其总持续时间不少于二十四小时的休息。

第 103 号建议书做出了更高的要求：《1957 年（商业和办事处所）每周休息公约》的适用人员应尽可能享有每周不少于三十六小时休息的权利，如属可行，该休息期不应中断

我国《劳动法》第三十八条规定：用人单位应当保证劳动者每周至少休息一日。

《国务院关于职工工作时间的规定》第七条：国家机关、事业单位实行统一的工作时间，星期六和星期日为周休息日。企业和不能实行前款规定的统一工作时间的事业单位，可以根据实际情况灵活安排周休息日。

（2）二者规定的加班工资标准不一样

第 116 号建议书第 19 条规定：（a）加班时间须以高出正常工作小时的工资率给予报酬。（b）加班时间的报酬率须由各国主管当局或机构确定；但任何情况下，该报酬率都不得低于《1919 年（工业）工时公约》第 6 条第 2 款所规定的报酬率。而《1919 年（工业）工时公约》第 6 条第 2 款所规定的报酬率至少为正常工作小时工资率的 1.25 倍。

我国《劳动法》第四十四条：有下列情形之一的，用人单位应当按照下列标准支付高于劳动者正常工作时间工资的工资报酬：（1）安排劳动者延长工作时间的，支付不低于工资的百分之一百五十的工资报酬；（2）休息日安排劳动者工作又不能安排补休的，支付不低于工资的百分之二百的工资报酬；（3）法定休假日安排劳动者工作的，支付不低于工资的百分之三百的工资报酬。

（3）国际劳工标准对工业、商业和办事处所分别制定标准，而我国法律未做出区分

国际劳工标准是针对工业企业、商业和办事处所分别制定公约和建议书的。而且不仅在公约和建议书中对各自适用范围进行了详细的列举，还要求会员国要将工业、商业和农业的工时制度加以区分。

第 14 号公约在第 1 条第 1 款中明确指出，本公约所称的"工业企业"包括：（a）矿山、采石场及各类开采业；（b）对产品进行制造、改制、清洗、修理、装饰、完成、销售加工或原材料加工的工业，包括造船、材料拆毁业以及发电、变电、输电或任何种类动力的工业；（c）房屋、铁路、电车路、海港、船坞、码头、运河、内河航运设施、公路、隧道、桥梁、栈道、暗渠、明沟、水井、电报或电话设施、发电设备和企业、煤气企业、自来水企业或其他建筑工程的建筑、改建、维护、修理、更改或拆毁，以及此类企业或建筑物的准备与奠基工程；

(d) 公路、铁路或内河的客货运输，包括船坞、码头、埠头或货栈的货物搬运，但手工运输者除外。而且在第1条第3款中要求：除以上的列举外，各会员国在必要时，得将工业有别于商业和农业的界限予以划明。

第106号公约在第2条也详细列举了公约的适用范围，本公约适用于如下所示的公、私营企事业、团体或行政机构所雇佣的，包括学徒在内的一切人员。(a) 贸易企事业。(b) 所雇人员主要从事办公室工作的企事业、团体、行政机构，包括自由职业者的办事处所。(c) 不属于本公约第3条提到的企事业所雇用的，和不属于有关工业、矿业、运输业或农业每周休息的国家条例或其他安排之列的下列人员：(i) 任何其他企事业的贸易分部；(ii) 所雇人员主要从事办公室工作的任何其他企事业的分部；(iii) 商业和工业混合企事业。在第3条将适用范围进行了扩充，本公约应适用于下列企事业雇佣的人员，这些企事业得由批准本公约的会员国在与批准书一并提交的声明书中予以说明：(a) 提供人员方面服务的企事业、团体和行政机构；(b) 邮政和电讯机构；(c) 报社；(d) 剧院和公共娱乐场所。

与第14号公约一样，第106号公约也要求如属必要，应做适当安排，划出区分适用本公约的企事业和其他机构的界限。在任何情况下，如对本公约是否适用于某一企事业、团体或行政机构发生疑问，该问题应由主管当局与有关的雇主和工人的代表性组织（如存在此种组织）磋商后予以解决，或用符合国家法律和实践的其他任何方法予以解决。

第116号建议书则明确指出，本建议书不适用于农业、海洋运输业和海洋捕鱼业，对这些经济活动部门须制定特别条款。

(4) 国际劳工标准对一些细节问题进行了规定，我国法律法规没有相应明确的规定

一是对休息时间段的规定。第103号建议书在第2条中指出，《1957年（商业和办事处所）每周休息公约》第6条规定的每周休息，如属可行，其计算应包括从午夜至午夜这段时间，而不应包括或前或后紧衔午夜至午夜这一段时间的其他休息期。第3条规定《1957年（商业和办事处所）每周休息公约》第7条规定的特殊休息制度应保证：(a) 适用此类制度的人员不得连续工作超过三周而得不到应当享有的休息；并 (b) 在不可能连续二十四小时休息时，休息期包括有不少于十二小时的连续时间。

二是对记录工时并保存记录的规定。第103号建议书第6条要求，应采取适

当措施，保证保持为适当安排每周休息所必需的记录，特别是有关下列人员安排的记录：(a) 根据《1957 年（商业和办事处）每周休息公约》第 7 条的规定，适用特殊的每周休息制度的人员。(b) 根据《1957 年（商业和办事处）每周休息公约》第 8 条规定，适用临时豁免的人员。第 116 号建议书第 21 条 (c) 规定：须要求雇主保存，并在监察时出示，由主管当局认可的，载有每个工人工时、工资和加班时间的记录。

综上，在工时制度方面，我国法律法规和国际劳工标准的要求是基本相符合的，而且在具体的工时要求和加班费规定方面，我国的标准还远远高于国际劳工标准（见表 6—3）。

表 6—3　　工时制度方面国际劳工标准与我国法律法规对照表

| 国际劳工标准 | 我国相关法律法规 |
| --- | --- |
| 《1921 年（工业）每周休息公约》（第 14 号） | |
| 第 1 条　1. 本公约所称的"工业企业"包括：<br>(a) 矿山、采石场及各类开采业；<br>(b) 对产品进行制造、改制、清洗、修理、装饰、完成、销售加工或原材料加工的工业，包括造船、材料拆毁业以及发电、变电、输电或任何种类动力的工业；<br>(c) 房屋、铁路、电车路、海港、船坞、码头、运河、内河航运设施、公路、隧道、桥梁、栈道、暗渠、明沟、水井、电报或电话设施、发电设备和企业、煤气企业、自来水企业或其他建筑工程的建筑、改建、维护、修理、更改或拆毁，以及此类企业或建筑物的准备与奠基工程；<br>(d) 公路、铁路或内河的客货运输，包括船坞、码头、埠头或货栈的货物搬运，但手工运输者除外 | — |

续表

| 国际劳工标准 | 我国相关法律法规 |
| --- | --- |
| 第1条 2. 在限制工业企业工作时间每日为八小时，每周为四十八小时的华盛顿公约原有的特殊国家例外规定，如其能适用于本公约，应适用于前款所列举的范围 | 《劳动法》第三十六条规定：国家实行劳动者每日工作时间不超过八小时、平均每周工作时间不超过四十四小时的工时制度。<br>《国务院关于职工工作时间的规定》第三条规定：职工每日工作八小时、每周工作四十小时 |
| 第1条 3. 除以上的列举外，各会员国在必要时，得将工业有别于商业和农业的界限予以划明 | — |
| 第2条 1. 凡公营或私营的工业企业或其任何分部所雇用的全体职工，除以下各条所规定的例外外，均应于每七日的期间内享有连续至少二十四小时的休息时间 | 《劳动法》第三十八条规定：用人单位应当保证劳动者每周至少休息一日。<br>《国务院关于职工工作时间的规定》第七条规定：国家机关、事业单位实行统一的工作时间，星期六和星期日为周休息日。企业和不能实行前款规定的统一工作时间的事业单位，可以根据实际情况灵活安排周休息日。<br>《〈国务院关于职工工作时间的规定〉的实施办法》第九条规定：企业根据所在地的供电、供水和交通等实际情况，经与工会和职工协商后，可以灵活安排周休息日 |
| 第2条 2. 此项休息时间应尽可能同时给予各企业的全体职工 | — |
| 第2条 3. 此项休息时间，如可能，应与本国或当地的风俗习惯相符合 | 《劳动法》第四十条用人单位在下列节日期间应当依法安排劳动者休假：（1）元旦；（2）春节；（3）国际劳动节；（4）国庆节；（5）法律、法规规定的其他休假节日。<br>《国务院关于修改〈全国年节及纪念日放假办法〉的决定》第四条规定：少数民族习惯的节日，由各少数民族聚居地区的地方人民政府，按照各该民族习惯，规定放假日期 |

续表

| 国际劳工标准 | 我国相关法律法规 |
| --- | --- |
| 第3条 会员国可将仅雇用同一家庭成员的工业企业的人员排除在外,不适用第2条的规定 | — |
| 第4条 1. 各会员国特别基于各种人道主义方面与经济方面的适当理由,并在征询有资格的雇主和工人组织(如存在此种组织)的意见后,对于第2条的规定得准许全部或局部作为例外(包括暂停或缩短休息时间) | — |
| 第4条 2. 如现行法律已规定有这种例外时,即无须征询雇主和工人组织的意见 | — |
| 第5条 各会员国对于依第4条而暂停或缩短的休息时间,应在可能范围内规定补偿休息时间,但如协议或当地习惯已订有补偿休息时间者,则不在此限 | — |
| 第7条 为便利本公约各项规定的实施,各雇主、厂长或经理,应依照下列规定办理:<br>(a) 如每周的休息系同时给予全体职工者,应在工作场所或其他任何适当地点张贴明显的通告,或采用政府所许可的其他方法,以公布集体休息的日期与时间;<br>(b) 如休息时间非同时给予全体职工者,应按照本国法律或主管机关规章所许可的方法,拟定名册,以公布适用于特别休息办法的工人或雇员,并介绍该项办法 | 《劳动合同法》第四条规定:用人单位应当将(有关劳动报酬、工作时间、休息休假、劳动安全卫生、保险福利、职工培训、劳动纪律以及劳动定额管理等)直接涉及劳动者切身利益的规章制度和重大事项决定公示,或者告知劳动者 |

续表

| 国际劳工标准 | 我国相关法律法规 |
|---|---|
| 《（商业和办事处）每周休息公约》（第106号） | |
| 第1条 本公约的各项规定，如未经法定确定工资的机制、集体协议、仲裁裁定或以其他适合各国实践的方法予以实施者，应由国家法律或条例予以实施 | — |
| 第2条 本公约适用于如下所示公、私营企事业、团体或行政机构所雇用的，包括学徒在内的一切人员。<br>（a）贸易企事业；<br>（b）所雇人员主要从事办公室工作的企事业、团体、行政机构，包括自由职业者的办事处所；<br>（c）不属本公约第3条提到的企事业所雇用的，和不属于有关工业、矿业、运输业或农业每周休息的国家条例或其他安排之列的下列人员：<br>（i）任何其他企事业的贸易分部；<br>（ii）所雇人员主要从事办公室工作的任何其他企事业的分部；<br>（iii）商业和工业混合企事业 | — |
| 第3条 本公约也应适用于下列企事业雇用的人员，这些企事业得由批准本公约的会员国在与批准书一并提交的声明书中予以说明：<br>（a）提供人员方面服务的企事业、团体和行政机构；<br>（b）邮政和电讯机构；<br>（c）报社；<br>（d）剧院和公共娱乐场所 | — |

| 国际劳工标准 | 我国相关法律法规 |
| --- | --- |
| 第4条 1. 如属必要，应做适当安排，划出区分适用本公约的企事业和其他机构的界限 | — |
| 第4条 2. 在任何情况下，如对本公约是否适用于某一企事业、团体或行政机构发生疑问，该问题应由主管当局与有关的雇主和工人的代表性组织（如存在此种组织）磋商后予以解决，或用符合国家法律和实践的其他任何方法予以解决 | — |
| 第5条 各国主管当局或适当机构得采取措施，免除下列企事业人员实行本公约的规定：（a）所雇用者仅为雇主家属的企事业，这些人不是或不能视为工薪劳动者；（b）居高级管理职位的人员 | — |
| 第6条 1. 适用本公约的一切人员，除以下各条另有规定者外，应有权于每七天内享受不少于连续二十四小时的每周休息时间 | 《劳动法》第三十八条规定：用人单位应当保证劳动者每周至少休息一日。<br>《国务院关于职工工作时间的规定》第七条规定：国家机关、事业单位实行统一的工作时间，星期六和星期日为周休息日。企业和不能实行前款规定的统一工作时间的事业单位，可以根据实际情况灵活安排周休息日。<br>《〈国务院关于职工工作时间的规定〉的实施办法》第九条规定：企业根据所在地的供电、供水和交通等实际情况，经与工会和职工协商后，可以灵活安排周休息日 |

续表

| 国际劳工标准 | 我国相关法律法规 |
| --- | --- |
| 第6条 2. 如属可能,每周休息时间应同时给予各企事业的全体有关人员 | — |
| 第6条 3. 如属可能,每周休息时间应同时给予各企事业的全体有关人员 | — |
| 第6条 4. 少数派宗教的传统和习惯应尽可能予以尊重 | 《国务院关于修改〈全国年节及纪念日放假办法〉的决定》规定:第四条:少数民族习惯的节日,由各少数民族聚居地区的地方人民政府,按照各该民族习惯,规定放假日期 |
| 第7条 1. 如某企事业因其工作性质、服务性质、服务对象的规模,或其雇用人员的数目不适用第6条的规定,则各主管当局或适当机构得采取措施,在对一切社会和经济因素加以适当考虑后,如属适宜,对本公约明确规定的各类人员或各类企事业实施特殊的每周休息制度 | 《劳动法》第三十九条规定:企业因生产特点不能实行本法第三十六条、第三十八条规定的,经劳动行政部门批准,可以实行其他工作和休息办法 |
| 第7条 2. 适用此种特殊制度的一切人员,应有权在每七天内享受其总持续时间至少相当于第6条所规定的休息 | — |
| 第7条 3. 实行特殊制度的企事业,如果其分部是独立的,而且为第6条的规定所豁,则在该分部工作的人员应实行该条的规定 | — |

续表

| 国际劳工标准 | 我国相关法律法规 |
| --- | --- |
| 第7条 4. 为实施本条第1、第2和第3款的规定而采取任何措施时,应和有关的有代表性的雇主组织和工人组织(如存在此种组织)磋商 | 《劳动法》第八条规定:劳动者依照法律规定,通过职工大会、职工代表大会或者其他形式,参与民主管理或者就保护劳动者合法权益与用人单位进行平等协商。<br>《劳动合同法》第四条规定:用人单位在制定、修改或者决定有关劳动报酬、工作时间、休息休假、劳动安全卫生、保险福利、职工培训、劳动纪律以及劳动定额管理等直接涉及劳动者切身利益的规章制度或者重大事项时,应当经职工代表大会或者全体职工讨论,提出方案和意见,与工会或者职工代表平等协商确定 |
| 第8条 1. 当发生下列情况时,各国主管当局得许可,或经主管当局同意,以符合国家法律和实践的任何其他方法许可临时全部或部分(包括暂停或减少休息时间)豁免于第6条和第7条的规定:(a)当有事故发生或有发生之虞、遭遇不可抗拒的事情、或房屋和设备方面有紧急任务时,但仅以该企业正常业务免遭严重干扰所必要者为限;(b)由于出现特殊情况工作超常紧迫时,但以雇主无法采用其他通常办法者为限;(c)为了避免易坏货物的损失 | 《劳动法》第四十二条规定:有下列情形之一的,延长工作时间不受本法第四十一条的限制:<br>(1)发生自然灾害、事故或者因其他原因,威胁劳动者生命健康和财产安全,需要紧急处理的;<br>(2)生产设备、交通运输线路、公共设施发生故障,影响生产和公众利益,必须及时抢修的;<br>(3)法律、行政法规规定的其他情形 |
| 第8条 2. 在决定何种情况得按前款(a)、(b)两项规定予以临时豁免时,应和有关的、一代表性的雇主组织和工人组织(如存在此种组织)磋商 | — |

续表

| 国际劳工标准 | 我国相关法律法规 |
| --- | --- |
| 第8条 3. 如按照本条规定实行临时豁免，应允许给予有关人员补休、其总持续时间至少相当于第6条所规定的时间 | — |
| 第9条 在工资由法律和条例管理，或受行政机关控制的情况下，本公约所覆盖人员的收入不应实施根据本公约采取的措施而有所减少 | 《〈国务院关于职工工作时间的规定〉的实施办法》第三条规定：职工每日工作八小时、每周工作四十小时。实行这一工时制度，应保证完成生产和工作任务，不减少职工的收入 |
| 第10条 1. 应采取适当措施，通过适当监察或其他方法，保证妥善执行有关每周休息的条例或规定 | 《劳动法》第八十五条规定：县级以上各级人民政府劳动行政部门依法对用人单位遵守劳动法律、法规的情况进行监督检查，对违反劳动法律、法规的行为有权制止，并责令改正 |
| 第10条 2. 在实施本公约的规定时，按其方式，如属适宜，应采取必要的惩罚措施，以保证其规定执行 | 《劳动法》第九十条规定：用人单位违反本法规定，延长劳动者工作时间的，由劳动行政部门给予警告，责令改正，并可以处以罚款 |
| 第12条 本公约的任何规定不应影响保证给予有关工作人员高于本公约规定条件的任何法律、仲裁裁定、习惯或协议 | — |
| 第13条 如遇战争或其他危害国家安全的紧急事变，任何国家的政府得暂停实施本公约的规定 | — |

续表

| 国际劳工标准 | 我国相关法律法规 |
|---|---|
| 《商业和办事处所每周休息建议书》（第103号） | |
| 1.《1957年（商业和办事处所）每周休息公约》的适用人员应尽可能享有每周不少于三十六小时休息的权利，如属可行，该休息期不应中断 | 《劳动法》第三十八条规定：用人单位应当保证劳动者每周至少休息一日。<br>《国务院关于职工工作时间的规定》第七条规定：国家机关、事业单位实行统一的工作时间，星期六和星期日为周休息日。企业和不能实行前款规定的统一工作时间的事业单位，可以根据实际情况灵活安排周休息日 |
| 2.《1957年（商业和办事处所）每周休息公约》第6条规定的每周休息，如属可行，其计算应包括从午夜至午夜这段时间，而不应包括或前或后紧衔午夜至午夜这一段时间的其他休息期 | — |
| 3.《1957年（商业和办事处所）每周休息公约》第7条规定的特殊休息制度应保证：(a) 适用此类制度的人员不得连续工作超过三周而得不到应当享有的休息；(b) 并在不可能连续二十四小时休息时，休息期包括有不少于十二小时的连续时间 | — |
| 4.（1）如属可行，未满十八岁的年轻人应保证每周有连续两天的休息；<br>（2）《1957年（商业和办事处所）每周休息公约》第8条的规定应不适用于未满十八岁的年轻人 | 《未成年人保护法》第三十八条规定：任何组织或者个人按照国家有关规定招用已满十六周岁未满十八周岁的未成年人的，应当执行国家在工种、劳动时间、劳动强度和保护措施等方面的规定，不得安排其从事过重、有毒、有害等危害未成年人身心健康的劳动或者危险作业 |

续表

| 国际劳工标准 | 我国相关法律法规 |
| --- | --- |
| 5. 在任何企事业中，对任何雇员执行非由国家实践确定的每周休息制度时，这些人员应被告知其每周休息的天数和时数，告知的方法可在该企事业中或其他便利之处明显张贴通知，或采用其他符合国家法律和实践的方法 | 《劳动合同法》第四条规定：用人单位应当将（有关劳动报酬、工作时间、休息休假、劳动安全卫生、保险福利、职工培训、劳动纪律以及劳动定额管理等）直接涉及劳动者切身利益的规章制度和重大事项决定公示，或者告知劳动者 |
| 6. 应采取适当措施，保证保持为适当安排每周休息所必需的记录，特别是有关下列人员安排的记录：(a) 根据《1957年（商业和办事处）每周休息公约》第7条的规定，适用特殊的每周休息制度的人员；(b) 根据《1957年（商业和办事处）每周休息公约》第8条规定，适用临时豁免的人员 | — |
| 7. 在工资非由法律和条例规定或不受行政当局的控制，因而《1957年（商业和办事处）每周休息公约》第9条不适用的情况下，应采用集体协议或其他方法保证在实施根据本公约所采取的措施时，不致导致公约规定范围内的人员的收入有所减少 | 《〈国务院关于职工工作时间的规定〉的实施办法》第三条规定：职工每日工作八小时、每周工作四十小时。实行这一工时制度，应保证完成生产和工作任务，不减少职工的收入 |
| 《缩短工时建议书》（第116号） | |
| 一、一般原则 | |
| 1. 每个成员国应制定并执行一项国家政策，采用适合本国国情和实际，并符合各个产业条件的方法，依照下文第4条，促使采用逐步减少正常工时的原则 | — |

续表

| 国际劳工标准 | 我国相关法律法规 |
|---|---|
| 2. 每个成员国得采取与现行，或即将实行的管理工时的方法相适应的手段，依照下文第4条，并在与本国国情和实际一致的情况下，促进保证逐步减少正常工时原则的执行 | — |
| 3. 逐步减少正常工时的原则，须以法律或法规、集体协议、或仲裁裁决，以这些综合手段，或以其他任何与国家习惯做法一致，可能是与国情和各成员活动的需要最相适应的方式生效 | — |
| 4. 为达到本建议书前言中所述的社会标准，如合适，应逐步减少正常工时，而不降低工人的原有工资 | 《〈国务院关于职工工作时间的规定〉的实施办法》第三条规定：职工每日工作八小时、每周工作四十小时。实行这一工时制度，应保证完成生产和工作任务，不减少职工的收入 |
| 5. 在正常工作周工时超过48小时的情况下，须采取措施，在不降低工资条件下，将工时减少为48小时 | — |
| 6. 在正常工作周工时为48小时或少于48小时的情况下，须根据第4条，采取适合具体国情和各经济活动部门条件的方式，制定并实施逐步减少工时的措施 | — |
| 7. 这些措施须考虑到：<br>（a）现有的经济发展水平和国家所具备的缩短工时而不降低总生产或生产率，不影响经济增长，新工业的发展，或国际贸易中的竞争地位，以及不引发通货膨胀压力，以致降低工人实际收入的条件程度 | — |

续表

| 国际劳工标准 | 我国相关法律法规 |
|---|---|
| （b）已有的技术进步，和运用现代技术、自动化和管理技术提高生产率的可能性。<br>（c）仍处于改善人民生活水平的某些发展中国家的需要。<br>（d）各有关产业活动部门的雇主组织和工人组织对减少工时方式的选择 | — |
| 8.（1）第4段所述逐步减少正常工时的原则，可在不经国际讨论的情况下分阶段执行。<br>（2）这些阶段包括：<br>（a）以时间划分阶段；<br>（b）逐步包含国民经济各行业或部门的阶段；<br>（c）上述两种安排的综合；<br>（d）其他最符合国情和经济活动各部门条件的安排 | — |
| 9. 实施逐步减少工时的措施时，重点应是那些含有特别繁重的体力或脑力劳动的产业和职业，或对工人健康有害的，特别是妇女和青年人比较集中的工业和职业 | 《未成年人保护法》第三十八条规定：任何组织或者个人按照国家有关规定招用已满十六周岁未满十八周岁的未成年人的，应当执行国家在工种、劳动时间、劳动强度和保护措施等方面的规定，不得安排其从事过重、有毒、有害等危害未成年人身心健康的劳动或者危险作业 |

续表

| 国际劳工标准 | 我国相关法律法规 |
| --- | --- |
| 二、实施方法 | |
| 1. 就本建议书而言，正常工时是指各国用法律或法规，或根据法律或法规、集体协议或仲裁裁决所规定的小时数目，或虽未作明确规定，但超过规定时间的工作小时均按照加班工资率付给报酬，或构成公认的企业规则，习惯做法或生产方法的例外者，则该规定的时数即为正常工时 | 《劳动法》第三十六条规定：国家实行劳动者每日工作时间不超过八小时、平均每周工作时间不超过四十四小时的工时制度。《国务院关于职工工作时间的规定》第三条规定：职工每日工作八小时、每周工作四十小时 |
| 2.（1）因某些产业活动部门的特殊条件或技术原因需要时，在计算平均正常工时时，允许以一个比一周长的时间为周期。<br>（2）各国主管当局或机构须确定计算平均工作时间的周期的最长限度 | 《劳动法》第三十九条规定：企业因生产特点不能实行本法第三十六条、第三十八条规定的，经劳动行政部门批准，可以实行其他工作和休息办法。《国务院关于职工工作时间的规定》第五条规定：因工作性质或者生产特点的限制，不能实行每日工作八小时、每周工作四十小时标准工时制度的，按照国家有关规定，可以实行其他工作和休息办法 |
| 3.（1）对于那些性质上要求必须连续作业的工序，须制定特殊条款。<br>（2）制定这些特殊条款时，须考虑到，在任何情况下，连续作业的平均正常工作时间不超过有关经济活动部门已确定的正常工作时间 | |
| 4. 各国主管当局或机构须确定在何种情况和限度内允许对正常工时有例外。<br>（a）永久性的：<br>（i）基本上是间歇性的工作；<br>（ii）根据公众利益需要的某些特殊工作；<br>（iii）那些因技术原因，必须在企事业内，企事业内的一部分，或一般轮班工作的限度以内的作业 | 《劳动法》第三十九条规定：企业因生产特点不能实行本法第三十六条、第三十八条规定的，经劳动行政部门批准，可以实行其他工作和休息办法 |

续表

| 国际劳工标准 | 我国相关法律法规 |
| --- | --- |
| （b）临时性的：<br>（i）在实际发生事故或有事故危险时；<br>（ii）必须对机器设备或工厂进行紧急工作时；<br>（iii）在遇有不可抗力时；<br>（iv）在遇有不正常的工作压力时；<br>（v）为弥补因材料发生事故、停电、恶劣天气、材料或运输设备不足和自然灾害造成的集体停工而损失的时间；<br>（vi）在国家发生危急时。<br>（c）周期性的：<br>（i）在年度盘点和制定年度资产负债表时；<br>（ii）有特殊季节活动时 | 《国务院关于职工工作时间的规定》第五条规定：因工作性质或者生产特点的限制，不能实行每日工作八小时、每周工作四十小时标准工时制度的，按照国家有关规定，可以实行其他工作和休息办法 |

## 二、夜间工作

在夜间工作方面，国际劳工组织通过实施并迄今仍有效的有《1990年夜间工作公约》（第171号）、《1990年夜间工作建议书》（第178号）和《1990年针对〈1948年（妇女）夜间工作公约（修订本）〉的议定书》。

我国没有专门关于夜间工作的专门规定，只是《劳动法》第六十一条、六十三条以及《女职工劳动保护特别规定》第六条对女职工的夜间工作安排做出规定。此外，《特殊工时管理规定》对夜班规定进行了界定。

在夜间工作方面，比较国际劳工组织公约和建议书以及我国法律法规对夜间工作的规定，二者的异同点主要有以下几个方面。

1. 相同点

二者均对妇女从事夜班工作进行保护性规定。第171号公约第7条规定，在下列期间内，应采取措施保证向将被要求从事夜间工作的女工提供除夜间工作外的其他选择，即：（a）生育前后至少十六周期间，其中至少八周应为预产期以前；（b）在下列情况中有医疗诊断书表明对母婴健康属必要的更长期间：（i）怀孕期间，（ii）超出按照上述（a）确定的生育后期间的一段特定期间，其长度应由主管当局经与最有代表性的雇主和工人组织协商确定。如可能，得包括转为日间工作，提供社会保障津贴或延长产假。在上述期间内，（a）女工不得被解雇或被通知解雇，除非因与怀孕或生育无关的正当原因；（b）女工的收入应维持在依照适当生活标准足以养活其本人和子女的水平，此种收入的维持得通过本条第 2 款所列各项措施，其他适当措施，或综合这些措施予以保证；（c）女工不应失去其在正常夜间工作岗位上可得到的级别、年资和晋升方面的利益。而且本条各项规定不应产生降低与生育假有关的保护和福利的利用。

第 178 号建议书在第 19 条规定：无论处于怀孕的任何阶段，只要一经发现，凡提出要求的女夜间工人如属可行均应被委派日间工作。

我国《劳动法》第六十一条规定：不得安排女职工在怀孕期间从事国家规定的第三级体力劳动强度的劳动和孕期禁忌从事的劳动。对怀孕七个月以上的女职工，不得安排其延长工作时间和夜班劳动。第六十三条规定：不得安排女职工在哺乳未满一周岁的婴儿期间从事国家规定的第三级体力劳动强度的劳动和哺乳期禁忌从事的其他劳动，不得安排其延长工作时间和夜班劳动。

《女职工劳动保护特别规定》第六条规定：女职工在孕期不能适应原劳动的，用人单位应当根据医疗机构的证明，予以减轻劳动量或者安排其他能够适应的劳动。对怀孕七个月以上的女职工，用人单位不得延长劳动时间或者安排夜班劳动，并应当在劳动时间内安排一定的休息时间。怀孕女职工在劳动时间内进行产前检查，所需时间计入劳动时间。

2. 不同点

国际劳工标准对夜间工作和夜间工人的劳动权益保护做出了许多比较详细的规定，而我国法律并没有相关规定。国际劳工标准的规定主要有以下所述方面。

（1）对夜间工作和夜间工人的定义做出了详细的规定

第 171 号公约第 1 条明确规定，"夜间工作"一词系指须经主管当局与最有代表性的雇主和工人组织协商确定，或由集体协议确定，在不少于七个连续小时，其中包括午夜至上午五时期间内从事的一切工作；"夜间工人"一词系指其工作需在超过规定限度的大量夜间工作小时内进行的工资劳动者，此种限度应由主管当局经与最有代表性的雇主和工人组织协商确定，或由集体协议确定。

我国法律没有对"夜间工作"做出明确的规定。《特殊工时管理规定（征求意见稿）》在第二十八条试图对夜间工作进行明确规定。按其规定，夜班是指企业在22点至次日6点这一时间段安排劳动者工作且时间达2小时及以上的情形。企业安排劳动者从事夜班劳动应当支付夜班津贴，标准按照省、自治区、直辖市人力资源社会保障行政部门规定执行。如果此项规定得以最后通过，那么我国关于夜间工作的定义与国际劳工标准的定义还是存在差别的。

（2）对夜间工人进行保护

第171号公约第3条明确规定：应为夜间工人采取因夜间工作性质而需要的特殊措施，其中最低限度应包括第4条至第10条提到的措施，以保护他们的健康，帮助他们承担家庭和社会责任，提供职业晋升机会，以及给予他们适当补偿。还应为所有从事夜间工作的工人在安全和生育保护方面采取此种措施。其中第4条至第10条提到的最低限度措施，包括为夜间工人提供免费健康评估和健康问题咨询，并要适当使用评估结果；为从事夜间工作的工人提供适当救急措施；为因健康原因被确定为不适合夜间工作的夜间工人，转到合适的岗位；以工时、报酬或类似福利的方式对夜间工人进行补偿；向夜间工人提供适当的福利；在实行需要夜间工人作业的工作班次前，雇主应就此种班次的细节和对企业及其员工最适宜的夜间工作的组织形式，以及所需的职业卫生措施和福利设施，与有关工人代表进行协商。在雇用夜间工人的企业中，此种协商应定期进行。

第178号建议书对公约的规定进行了详细的阐释。其中第二部分对夜间工人的工时和休息时间进行了规定；第三部分对经济补偿做出规定；第四部分对安全和卫生做出规定；第五部分对福利设施做出规定。

综上所述，在对夜间工作和夜间工人的保护方面，国际劳工标准有比较明确和详细的规定。相比较而言，我国法律法规对夜间工作的规定比较少。只是对女职工的夜班工作进行了保护性规定。

## 三、非全日制工作

在非全日制方面，国际劳工组织通过了《1994年非全日制工作公约》（第175号）和《1994年非全日制工作建议书》（第182号）。第175号公约对非全日制工人的定义，组织权利和集体谈判权利、公平就业、劳动条件、社会保障、就业权利和职业培训权利等进行了保护性的规定。第 182 号建议书对公约的规定进行了具体的阐释。

我国《劳动合同法》《最低工资规定》等都在某些方面对非全日制用工进行了规定，2003 年原劳动和社会保障部出台了《关于非全日制用工若干问题的意见》，对非全日制用工情况进行了较为详细的规定。

在劳动条件方面，比较国际劳工组织公约和建议书以及我国法律法规对非全日制工作的规定，二者的异同点主要有以下几个所述方面。

1. 相同点

国际劳工标准和我国法律法规均对非全日制工人（工作）的定义做出了详细的界定。

第 175 号公约在第 1 条就对非全日制工人的范围进行了详细的界定。按照公约规定，"非全日制工人"一词，系指其正常工时少于可比全日制工人的受雇人员；其中"正常工时"按每周或以一定就业时段的平均值计算；"可比全日制工人"是指与有关非全日制工人相比的下列全日制工人：（a）具有相同类型的就业关系；（b）从事相同或相似类型的工作或职业；（c）在相同的部门就业，或在该部门无可比全日制工人的情况下，在相同的行业就业。但是受部分失业影响的全日制工人，即其正常工时因经济、技术或结构原因被集体或临时性削减的工人，不视为非全日制工人。第 182 号建议书做出了与公约相同的界定，没有进一步的深化规定。

我国 1993 年颁布《关于非全日制用工若干问题的意见》在第一条中将非全日制用工界定为以小时计酬、劳动者在同一用人单位平均每日工作时间不超过 5 小时累计每周工作时间不超过 30 小时的用工形式。2013 年新修订的《劳动合同法》在第六十八条将非全日制用工的定义界定为：以小时计酬为主，劳动者在同一用人单位一般平均每日工作时间不超过四小时，每周工作时间累计不超过二十四小时的用工形式。

我国关于非全日制用工的界定基本符合国际劳工标准的规定。

2. 不同点

（1）二者均对非全日制工人的工资保护做出了规定，但是具体规定有所不同

第 175 号公约在第 5 条中规定：应采取符合国家法律和惯例的措施，保证非全日制工人获得的按照工时、工作内容和计件基础按比例计算的基本工资，不仅

仅由于其从事非全日制工作而低于可比全日制工人按同样方法计算的基本工资。

第182号建议书在第10条中规定：除了基本工资，非全日制工人应比照可比全日制工人，在公平的基础上获得资金补贴。

我国《劳动合同法》第七十二条规定：非全日制用工小时计酬标准不得低于用人单位所在地人民政府规定的最低小时工资标准。《关于非全日制用工若干问题的意见》第七条规定：用人单位支付非全日制劳动者的小时工资不得低于当地政府颁布的小时最低工资标准。

从二者的规定看，公约是以可比全日制工人的工作水平来规定非全日制工人的工资，我国是以最低小时工资标准来保护非全日制工人的工资。

（2）国际劳工标准对非全日制工人的休息休假和加班工资进行了规定，我国法律法规没有相应的规定

第175号公约在第7条规定：应采取措施保证非全日制工人在下列领域得到与可比全日制工人同等的条件：（a）生育保护；（b）终止就业；（c）带薪年假和带薪公共假日；（d）病假。但应明确，涉及金钱的各项权利得按工时或收入比例确定。

第182号建议书在第12条对非全日制工人的加班问题进行了规定：（a）非全日制工人工作时间的数量和安排既要考虑企业的需要，也要考虑工人的利益；（b）改变既定工作计划或超出排定的工时的行为，应尽可能地被限制或提前通知；（c）超出既定工作计划的奖金制度应按照国家法律和惯例在协商的基础上确定。

第13条和第14条对非全日制工人的休息休假进行了保护性规定。第13条规定：根据国家法律和惯例，非全日制工人应该有公平的机会以公平的条件获得适用于可比全日制工人的所有形式的休假，特别是带薪脱产学习制度、双亲假、在孩子或直系亲属生病情况的事假。第14条规定：在适当的时候，适用于可比全日制工人的年休假、传统节假日和公共假日等制度也应适用于非全日制工人。

（3）我国法律法规对非全日制用工的工资支付和最低工资标准进行了规定，国际劳工标准未做规定

在工资支付方面，《劳动合同法》第七十二条规定：非全日制用工劳动报酬结算支付周期最长不得超过十五日。《关于非全日制用工若干问题的意见》第七条规定：用人单位应当按时足额支付非全日制劳动者的工资。第九条规定：非全

日制用工的工资支付可以按小时、日、周或月为单位结算。

在最低工资方面,《关于非全日制用工若干问题的意见》第八条规定,非全日制用工的小时最低工资标准由省、自治区、直辖市规定,并报劳动保障部备案。确定和调整小时最低工资标准应当综合参考以下因素:当地政府颁布的月最低工资标准;单位应缴纳的基本养老保险费和基本医疗保险费(当地政府颁布的月最低工资标准未包含个人缴纳社会保险费因素的,还应考虑个人应缴纳的社会保险费);非全日制劳动者在工作稳定性、劳动条件和劳动强度、福利等方面与全日制就业人员之间的差异。小时最低工资标准的测算方法为:小时最低工资标准 = [(月最低工资标准 ÷ 20.92 ÷ 8) × (1 + 单位应当缴纳的基本养老保险费、基本医疗保险费比例之和)] × (1 + 浮动系数)。《最低工资规定》第六条做出了相同的规定。并在小时最低工资标准计算公式的说明中,明确了浮动系数的确定主要考虑非全日制教育劳动者工作稳定性、劳动条件和劳动强度、福利等方面与全日制教育人员之间的差异。

综上,在非全日制工人关于劳动条件的权益保护方面,国际劳工标准和我国法律法规均进行了相应的规定,从权益保护的基本原则来看二者一致,但具体内容上各有侧重。二者均对非全日制工人的工资标准做出了规定,但是前者是与可比全日制工人,即相同经济部门相同或类似职业的全日制工人相比较;后者是比较最低小时工资。国际劳工标准对非全日制工人的休息休假权利做出了规定,我国法律法规则对工人工资的支付做出了规定。

## 第四节 职业安全与卫生的国际劳工标准比较研究

职业安全与卫生方面,国际劳工组织发布了20个公约和27个建议书,目前尚有效的公约有14个,分别是:《1981年职业安全和卫生公约》(第155号)、《2002年对1981年职业安全和卫生公约的议定书》(第155号)、《1985年职业卫生设施公约》(第161号)、《2006年关于促进职业安全与卫生框架的公约》(第187号)、《1964年(商业和办事处所)卫生公约》(第120号)、《1988年建筑业安全和卫生公约》(第167号)、《1995年矿山安全与卫生公约》(第176号)、《2001年农业中的安全与卫生公约》(第184号)、《1960年辐射防护公约》(第115号)、《1974年职业癌公约》(第139号)、《1977年工作环境(空气污染、噪音和振动）公约》（第 148 号）、《1986 年石棉公约》（第 162 号）、《1990 年作业场所安全使用化学品公约》（第 170 号）、《1993 年预防重大工业事故公约》（第 174 号）。

建议书有 16 个，分别是：《1981 年职业安全和卫生建议书》（第 164 号）、《1985 年职业卫生设施建议书》（第 171 号）、《2006 年关于促进职业安全与卫生框架的建议书》（第 197 号）、《1953 年保护工人健康建议书》（第 97 号）、《1956 年工人福利设施建议书》（第 102 号）、《2002 年职业病名单建议书》（第 194 号）、《1964 年（商业和办事处所）卫生建议书》（第 120 号）、《1988 年建筑业安全和卫生建议书》（第 175 号）、《1995 年矿山安全与卫生建议书》（第 183 号）、《2001 年农业中的安全与卫生建议书》（第 192 号）、《1960 年辐射防护建议书》（第 114 号）、《1974 年职业癌建议书》（第 147 号）、《1977 年工作环境（空气污染、噪音和振动）建议书》（第 156 号）、《1986 年石棉建议书》（第 172 号）、《1990 年化学品建议书》（第 177 号）、《1993 年预防重大工业事故建议书》（第 181 号）。

到目前为止，我国批准的公约有 4 个，为《1935 年各种矿场井下劳动使用妇女公约》（第 45 号）、《1981 年职业安全和卫生公约》（第 155 号）、《1988 年建筑业安全和卫生公约》（第 167 号）和《1990 年作业场所安全使用化学品公约》（第 170 号）。

## 一、一般规定

在职业安全和卫生一般规定方面，国际劳工组织发布的公约和建议书有：《1981 年职业安全和卫生公约》（第 155 号）、《1981 年职业安全和卫生建议书》（第 164 号）和《2002 年对 1981 年职业安全和卫生公约的议定书》（P155）；《1985 年职业卫生设施公约》（第 161 号）和《1985 年职业卫生设施建议书》（第 171 号）；《2006 年关于促进职业安全与卫生框架的公约》（第 187 号）和《2006 年关于促进职业安全与卫生框架的建议书》（第 197 号）；《1953 年保护工人健康建议书》（第 97 号）、《1956 年工人福利设施建议书》（第 102 号）、《2002 年职业病名单建议书》（第 194 号）、《1929 年预防工业事故建议书》（第 31 号）和《1959 年职业卫生设施建议书》（第 112 号）。除了《1929 年预防工业事故建议书》（第 31 号）和《1959 年职业卫生设施建议书》（第 112 号），其他的公约和建议书都处于有效状态。

我国关于职业安全和卫生一般规定的法律法规有《劳动法》《安全生产法》《职业病防治法》《消防法》《安全生产许可证条例》《国务院关于进一步加强安全生产工作的决定》《安全生产事故报告和调查处理条例》《职业病目录》《国家职业卫生标准管理办法》和《机关、团体、企业、事业单位消防安全管理规定》等。

比较国际劳工标准以及我国相关法律法规，二者的异同点主要有如下所述几个方面。

1. 相同点

（1）二者均强调要制定实施国家政策，加强职业安全和卫生工作

第155号公约第四条明确规定，各会员国应根据本国情况和惯例，经与最有代表性的雇主组织和工人组织协商后，制定、实施和定期审查有关职业安全、职业卫生及工作环境的连贯的国家政策。目的应是在合理可行的范围内，把工作环境中内在的危险因素减少到最低限度，以预防来源于工作、与工作有关或在工作过程中发生的事故和对健康的危害。

第161号公约在第2条中规定，各会员国应根据本国情况和实践，并与最有代表性的雇主组织和工人组织（如存在这种组织）协商，以制定、实施和定期审查一项具有连贯性的有关职业卫生设施的国家政策。在第3条中规定：各会员国承诺为所有工人，包括公共部门的工人和生产合作社的社员，在所有经济活动部门和所有企业中逐步发展职业卫生设施。所做的规定应足以针对企业中的具体危险。如不能立即为所有企业建立职业卫生设施，各有关会员国应与最有代表性的雇主组织和工人组织（如存在这种组织）协商，制定建立此类设施的计划。

我国的《安全生产法》和《职业病防治法》均在第一条阐明了立法目的。制定《安全生产法》是为了加强安全生产监督管理，防止和减少生产安全事故，保障人民群众生命和财产安全，促进经济发展。制定《职业病防治法》是为了预防、控制和消除职业病危害，防治职业病，保护劳动者健康及其相关权益，促进经济社会发展。

我国的相关法律法规也根据国情和形势发展需要进行适时的调整。如《职业病防治法》在2001年10月颁布后，于2011年12月进行了修订；《消防法》于1998年4月颁布后，于2008年10月进行了修订。此外，如《生产安全事故报告

和调查处理条例》于 2007 年 3 月通过后，废止了 1989 年 3 月公布的《特别重大事故调查程序暂行规定》和 1991 年 2 月公布的《企业职工伤亡事故报告和处理规定》，相应的《〈生产安全事故报告和调查处理条例〉罚款处罚暂行规定》部分条款也在 2011 年 8 月进行了修订。根据《职业病防治法》，目前卫生部、国家安全监管总局、人力资源和社会保障部和全国总工会对 2002 年卫生部和原劳动保障部联合印发的《职业病目录》进行修订，现已向社会公开征求意见。

（2）二者均强调职业安全和卫生工作需要政府、雇主和从业人员三方共同努力，并明确了三方各自的职能和责任

第 155 号公约在第六条指出：本公约第四条提及的政策的制订应阐明公共当局、雇主、工人和其他人员在职业安全和卫生及工作环境方面各自的职能和责任，同时既考虑到这些责任的补充性又考虑到本国情况和惯例。

公约第三部分"国家一级的行动"专门阐述了国家主管当局在促进职业安全和卫生方面的职责，包括在企业设计、建造、使用和设备使用等方面制定有利于职业安全和卫生的审查程序，对危险品进行监管，建立工伤和职业病的报告和统计制度和报告制度，加强监察，对违法情况进行惩处等。

公约第四部分"企业一级的行动"中对雇主和工人的职责进行了规定，雇主要在合理可行的范围内保证其控制下的工作场所、机器、设备和工作程序安全，不会对健康产生危害；保证其控制下的化学、物理和生物物质与制剂，在采取适当保护措施后，不会对健康产生危害；在必要时提供适当的保护服装和保护用品，以便在合理可行的范围内，预防事故危险或对健康的不利影响；在必要时采取应对紧急情况和事故的措施，包括适当的急救安排等。工人应在工作过程中协助雇主完成其承担的职责；接受培训，加强职业安全和卫生方面的知识；工人代表在职业安全和卫生方面应与雇主合作等。

第 164 号建议书根据第 155 号公约的规定，对国家一级的行动及企业一级的行动进行了更为详细的规定。

我国《安全生产法》在第一章"总则"中阐明了生产经营单位、从业人员、工会、国务院有关部门及各级人民政府在安全生产方面的职责。其中生产经营单位必须遵守本法和其他有关安全生产的法律、法规，加强安全生产管理，建立、健全安全生产责任制度，完善安全生产条件，确保安全生产；生产经营单位的从业人员有依法获得安全生产保障的权利，并应当依法履行安全生产方面的义务；

工会依法组织职工参加本单位安全生产工作的民主管理和民主监督，维护职工在安全生产方面的合法权益；国务院和地方各级人民政府应当加强对安全生产工作的领导，支持、督促各有关部门依法履行安全生产监督管理职责；县级以上人民政府对安全生产监督管理中存在的重大问题应当及时予以协调、解决。

此外，《安全生产法》在第二章"生产经营单位的安全生产保障"中具体规定了生产经营单位在安全生产方面的职责，包括制定规章制度、设置安全生产管理机构、投入必要资金、配备专职安全生产管理人员等。在第三章"从业人员的权利和义务"中规定了从业人员有权了解相关信息和房费应急措施，对安全生产工作中的问题有建议、批评、检举、控告和拒绝执行的权利，有获得工伤事故赔偿的权利，同时要遵守本安全的安全生产规章制度和操作规程，服从管理，正确佩戴和使用劳动防护用品，接受安全生产教育和培训等义务。在第四章"安全生产的监督管理"中主要规定了各级政府和监察机关的监督职能。

《职业病防治法》第三条也明确指出，职业病防治工作坚持预防为主、防治结合的方针，建立用人单位负责、行政机关监管、行业自律、职工参与和社会监督的机制，实行分类管理、综合治理。并在第四条规定了劳动者依法享有职业卫生保护的权利。第四至七条规定了用人单位创造符合生要求的工作环境和条件、加强对职业病防治的管理、须依法参加工伤保险的责任。第七条规定国务院和县级以上地方人民政府劳动保障行政部门负监管职责。

同样，《消费法》在第二条中也明确：消防工作贯彻预防为主、防消结合的方针，按照政府统一领导、部门依法监管、单位全面负责、公民积极参与的原则，实行消防安全责任制，建立健全社会化的消防工作网络。

具体方面，国际劳工标准和我国法律法规均对用人单位以下职责进行了规定：用人单位应该制定并遵守职业卫生安全政策；单位在生产经营的各阶段遵守健康安全原则；单位应对潜在安全健康风险向员工提出警示；单位应提供职业安全健康设备；应对职业卫生安全事件进行记录；应对妇女及弱势群体的劳动保护；应保护劳动者的心理健康；用人单位承担职业健康安全防护费用；在执行职业卫生安全制度时应有员工的参与等。

（3）二者均鼓励研究，支持有利于安全生产和职业病防治的新技术、新工艺、新设备、新材料

第164号建议书在第4条第（3）项中规定，主管当局应开展或促进旨在弄

清危害并找到有效预防办法的研究；在第10条第（8）项中规定雇主应开展研究工作或以其他方式了解科技发展状况，以便更好实施以上各项规定。

我国《安全生产法》第十四条规定：国家鼓励和支持安全生产科学技术研究和安全生产先进技术的推广应用，提高安全生产水平。

《职业病防治法》第八条规定：国家鼓励和支持研制、开发、推广、应用有利于职业病防治和保护劳动者健康的新技术、新工艺、新设备、新材料，加强对职业病的机理和发生规律的基础研究，提高职业病防治科学技术水平；积极采用有效的职业病防治技术、工艺、设备、材料；限制使用或者淘汰职业病危害严重的技术、工艺、设备、材料。

《消防法》第七条规定：国家鼓励、支持消防科学研究和技术创新，推广使用先进的消防和应急救援技术、设备；鼓励、支持社会力量开展消防公益活动。对在消防工作中有突出贡献的单位和个人，应当按照国家有关规定给予表彰和奖励。

（4）二者均强调在安全生产和职业病防治方面进行宣传教育的作用

第155号公约第十四条指出：（国家）应采取措施，以适合本国情况和惯例的方式，鼓励将职业安全和卫生及工作环境问题列入各级的教育和培训，包括高等技术、医学和专业的教育以满足所有工人培训的需要。第十九条规定：应在企业一级做出安排，在此安排下，工人及其企业中的代表应受到职业安全和卫生方面的适当培训；应使企业中的工人或其代表和必要时其代表性组织，按照国家法律和惯例，能够查询与其工作有关的职业安全和卫生的各个方面的情况，并就此接受雇主的咨询；为此目的，经双方同意，可从企业外部带进技术顾问。

第164号建议书第4条第（4）项规定：为实施公约第4条所述政策，主管当局应以适当方式为雇主和工人提供其可能需要的信息和建议、为在切实可行情况下消灭或减少危害而推动或促进雇主和工人及其组织之间的合作，并适当地为移民工人制定以其母语进行的特别培训计划；第10条第（2）项规定：为实施公约第16条所确定的目标，雇主应根据不同类别工人的职务和能力给予必要的教育和培训。

第161号公约在第二部分"职能"第5条第（i）项中规定：在不影响雇主对其工人健康与安全所负的责任，并适当考虑工人参与职业安全卫生事务的必要性的情况下，职业卫生设施应配合提供职业健康、卫生和人机工程学方面的资料、培训和教育。

第 171 号建议书在第二部分"职能"C 部分"信息、教育、培训、咨询"第 19~22 条对宣传培训进行了详细的规定。第 19 条规定：职业卫生设施应参与制订和实施与本企业人员工作有关的健康和卫生方面的信息、教育和培训计划。第 20 条规定：职业卫生设施应参与急救人员的培训和定期再培训、并参与企业内所有对职业安全卫生有贡献的工人的逐步和继续培训。第 21 条规定：为促使工作适应工人的状况，改善工作条件和环境，职业卫生设施应在职业保健和卫生以及人机工程学方面为雇主、工人及其企业内代表以及安全卫生委员会（如存在此种机构）充当顾问，并与已在这方面充当顾问的机构进行协作。第 22 条第（3）项规定：职业卫生设施应就与本人工作有关的健康问题向工人提供个人咨询。

我国《安全生产法》第十一条规定：各级人民政府及其有关部门应当采取多种形式，加强对有关安全生产的法律、法规和安全生产知识的宣传，提高职工的安全生产意识。第二十条至二十三条对生产经营单位的职业安全教育和培训职责进行具体规定。第五十条规定从业人员应当接受安全生产教育和培训，掌握本职工作所需的安全生产知识，提高安全生产技能，增强事故预防和应急处理能力。

《职业病防治法》第三十五条规定：用人单位的主要负责人和职业卫生管理人员应当接受职业卫生培训，遵守职业病防治法律、法规，依法组织本单位的职业病防治工作。用人单位应当对劳动者进行上岗前的职业卫生培训和在岗期间的定期职业卫生培训，普及职业卫生知识，督促劳动者遵守职业病防治法律、法规、规章和操作规程，指导劳动者正确使用职业病防护设备和个人使用的职业病防护用品。劳动者应当学习和掌握相关的职业卫生知识，增强职业病防范意识，遵守职业病防治法律、法规、规章和操作规程，正确使用、维护职业病防护设备和个人使用的职业病防护用品，发现职业病危害事故隐患应当及时报告。劳动者不履行前款规定义务的，用人单位应当对其进行教育。

《消防法》在第六条对各有关单位和组织的宣传教育职责进行了规定：各级人民政府应当组织开展经常性的消防宣传教育，提高公民的消防安全意识。机关、团体、企业、事业等单位，应当加强对本单位人员的消防宣传教育。公安机关及其消防机构应当加强消防法律、法规的宣传，并督促、指导、协助有关单位做好消防宣传教育工作。教育、人力资源行政主管部门和学校、有关职业培训机构应当将消防知识纳入教育、教学、培训的内容。新闻、广播、电视等有关单位，应当有针对性地面向社会进行消防宣传教育。工会、共产主义青年团、妇女联合会等团体应当结合各自工作对象的特点，组织开展消防宣传教育。村民委员会、居民委员会应当协助人民政府以及公安机关等部门，加强消防宣传教育。

（5）二者均建立了职业病分类和目录制度

国际劳工组织通过第 194 号建议书，加强了职业病目录制定和职业事故、职业病登记与报告制度。并在附件中建立了职业病目录。该目录与 2010 年进行了修订。目录分为接触工作活动中产生的有害因素所致的职业病、按靶器官系统分类的职业病、职业病和其他疾病四大类。

我国于 2002 年公布了《职业病分类和目录》，企业、事业单位和个体经济组织的劳动者在职业活动中，因接触粉尘、放射性物质和其他有毒、有害物质等因素而引起的疾病为职业病。我国把职业病分为 10 大类 115 项病种。10 大类职业病包括有：尘肺、职业性放射疾病、职业中毒、物理因素所致职业病、生物因素所致职业病、职业性皮肤病、职业性眼病、职业性耳鼻喉口腔疾病、职业性肿瘤和其他职业病。目前，新的《职业病分类和目录》正在修正过程中。

2. 不同点

（1）国际劳工标准的适用范围更为宽泛

第 155 号公约将公约的适用范围界定为经济活动各个部门的一切工人，并明确"经济活动部门"一词涵盖雇用工人的一切部门，包括公共机构；"工人"一词涵盖一切受雇人员，包括公务人员；"工作场所"一词涵盖工人因工作而需在场或前往、并在雇主直接或间接控制之下的一切地点；与工作有关的"健康"一词，不仅指没有疾病或并非体弱，也包括与工作安全和卫生直接有关的影响健康的身心因素。

第 164 号建议书在第一部分第 2 条中，对"经济活动部门""工人""工作场所"和"与工作有关的健康"做出与第 155 号公约相同的定义解释。

第 161 号公约在第 3 条第 1 款中也明确，各会员国承诺为所有工人，包括公共部门的工人和生产合作社的社员，在所有经济活动部门和所有企业中逐步发展职业卫生设施。所做的规定应足以针对企业中的具体危险。

第 171 号建议书在第 2 条中重复了第 161 号公约界定的范围，同时提出，会员国还应采取必要可行的措施，使自雇人员能够享受与 1985 年《职业卫生公约》

和本建议书中规定相似的保护。

我国《安全生产法》在第二条规定的适用对象是在中国领域内从事生产经营活动的单位,不包括消防安全和道路交通安全、铁路交通安全、水上交通安全、民用航空安全等法律法规另有规定的领域。

《职业病防治法》在第二条将"职业病"定义为企业、事业单位和个体经济组织等用人单位的劳动者在职业活动中,因接触粉尘、放射性物质和其他有毒、有害因素而引起的疾病,并在第八十八条补充规定,其他用人单位的职业病防治活动可以参照本法执行。

从以上规定看,我国《安全生产法》和《职业病防治法》的适用范围比公约标准要窄。

(2) 我国尚未进入职业安全与卫生工作三方管理阶段

随着《安全生产法》和《职业病防治法》的颁布,中国的职业安全卫生工作开始步入"法制化管理"的轨道。而 ISO 26000 及第 161 号公约要求建立有政府、工人组织和雇主组织参加的全国职业安全卫生三方协调机构,以及在作业场所建立劳资双方安全卫生委员会,其目的是职业安全卫生工作应由政府、雇主和工人三方共同管理。在国家一级,仅仅靠政府各部门而不是由政府、工人和雇主组织三方参与制定和实施职业安全卫生法规政策;在企业一级,仅仅靠生产经营单位的"承诺"而不是依靠劳资双方的安全卫生委员会全面负责安全生产和职业病防治工作;这些状况都不利于职业安全卫生的健康发展。

(3) 国际劳工标准详细规定了工人的福利,我国相关法律法规没有涉及

国际劳工标准第 97 号建议书和第 102 号建议书对工人福利设施方面进行了非常详细的规定。例如:第 102 号建议书规定了饮食设施(包括供餐食堂、冷餐部和流动服务、食堂及其他适当场所、流动食堂、其他服务、服务设施的使用等)、休息条件(包括座椅、休息室)、娱乐设施等,规定非常详细、具体。这些是我国相关法律法规所缺乏的。

## 二、特殊行业的保护

在特殊行业保护方面,国际劳工组织发布了《1964 年(商业和办事处所)卫生公约》(第 120 号)和《1964 年(商业和办事处所)卫生建议书》(第 120 号)、《1988 年建筑业安全和卫生公约》(第 167 号)和《1988 年建筑业安全和

卫生建议书》（第 175 号）、《1995 年矿山安全与卫生公约》（第 176 号）和《1995 年矿山安全与卫生建议书》（第 183 号）、《2001 年农业中的安全与卫生公约》（第 184 号）和《2001 年农业中的安全与卫生建议书》（第 192 号）。

针对建筑业，我国相关法律法规有《建筑工程安全生产管理条例》；针对矿山，我国没有直接与公约相对应的法律法规，只有零星的文件，如《国务院办公厅关于进一步加强矿山安全生产工作的紧急通知》《非煤矿矿山企业安全生产许可证实施办法》等；我国还没有专门针对商业和农业的安全生产和卫生方面法律法规。

比较建筑行业安全生产和卫生的国际劳工标准和我国相关法律法规，二者的异同点主要有以下所述几个方面。

1. 相同点

（1）二者对建筑活动覆盖范围的规定基本一致

第 167 号公约在第一条第 1 款中明确规定，本公约适用于一切建筑活动，即建造、土木工程、安装与拆卸工作，包括从工地准备工作直到项目完成的建筑工地上的一切工序、作业和运输。在第二条术语定义中，将"建筑一词"定义为：（a）建造，包括挖掘和建筑、改建、修复、修理、维护（包括清扫和油漆）以及拆除一切类型的建筑物或工程；（b）土木工程，包括诸如机场、码头、港口、内河航道、水坝、河流和海滨堤坝或海防工程、公路和高速公路、铁路、桥梁、隧道、高架桥以及用于通讯、排水、污水处理、饮水和能源供应等公共工程的挖掘和建筑、改建、修理、维修及拆除；（c）安装、拆除预制建筑物和结构，以及在建筑工地制造预制构件。

我国《建设工程安全生产管理条例》在第二条也规定了条例适用于在中华人民共和国境内从事建设工程的新建、扩建、改建和拆除等有关活动及实施对建设工程安全生产的监督管理活动，并且对建设工程进行了定义，即指土木工程、建筑工程、线路管道和设备安装工程及装修工程。

（2）二者均强调通过制定技术标准或实施细则等来保证建筑业实施安全生产

第 167 号公约在第 5 条中规定：（a）根据上述第 4 条制订的法律或条例可通过制定技术标准或实施规则，或以其他适合国情和惯例的方法保证其具体实施。（b）各会员国在使上述第 4 条和本条第 1 款生效时，应充分考虑在标准化领域中公认的国际组织所制订的有关标准。

我国在建筑施工安全方面制定了一系列标准来保障安全生产。如《施工企业安全生产管理规范》（GB 50656—2011）、《建筑施工安全检查标准》（JGJ 59—2011）、《建筑与市政工程施工现场专业人员职业标准》（JGJ/T 2011）、《建筑施工组织设计规范》（GB/T 50520—2009）、《施工企业安全生产评价标准》（JGJ/T 77—2010）、《建筑施工作业劳动防护用品配备及使用标准》（JGJ 184—2009）、《建设工程施工现场供电安全规范》（GB 50194—1993）、《建筑基坑工程检测技术规范》（GB 50497—2009）、《建设工程施工现场消防安全技术规范》（GB 50720—2011）、《安全帽》（GB 2118—2007）、《塔式起重机安全规程》（GB 5144—2006）、《安全网》（GB 5725—2009）、《起重机械安全规程》（GB 6067.1—2010）、《安全带》（GB 6095—2009）、《施工升降机》（GB/T 10054—2005）、《施工升降机安全规程》（GB 10055—2007）、《建筑机械使用安全技术规程》（JGJ 33—2012）等。

（3）二者均对要求脚手架、起重机械等装置符合安全要求并由具备资质的人员安全操作

第167号公约从设备分类使用和作业的角度规定了脚手架和梯子，起重机械和升降附属装置，运输机械，土方和材料搬运设备，固定装置、机械、设备和手用工具，高空包括屋顶作业，挖方工程、竖井、土方工程、地下工程和隧道，潜水箱和沉箱，在压缩空气中工作，构架和模板，水上作业，拆除工程，照明，电，炸药等方面的安全使用和安全作业要求。基本上要求各类设备符合安全标准，以安全的方式进行安装和作业，采取必要安全和防护措施等。例如，第167号公约在第15条对"起重机械和升降附属装置"的要求是任何起重机械和升降附属装置，包括其元件、附件、锚具和支架，均应：（a）设计和制造良好，使用优质材料并就其使用目的而言有足够强度；（b）安装和使用得当；（c）保持良好工作状态；（d）按国家法律或条例规定的期限和情况由专业主管人员检查测试，并应将检查测试结果记录在案；（e）按国家法律或条例由经过适当培训的工人操作。除非是按国家法律或条例以载人为目的建造、安装和使用，起重机械不得用于提升、降落或运载人员，但有可能造成人员严重伤亡且起重机械能被安全使用的紧急情况除外。

我国《建设工程安全生产管理条例》（简称《条例》）不是按设备的使用和作业的内容来分类，而是按照单位类别分为建设单位的安全责任，勘察、设计、

工程监理及其他有关单位的安全责任和监督管理等章节。但是在具体内容方面，和国际劳工标准的基本原则和内容是一致的。例如对于起重机装置，该《条例》第十七条规定：在施工现场安装、拆卸施工起重机械和整体提升脚手架、模板等自升式架设设施，必须由具有相应资质的单位承担。安装、拆卸施工起重机械和整体提升脚手架、模板等自升式架设设施，应当编制拆装方案、制定安全施工措施，并由专业技术人员现场监督。施工起重机械和整体提升脚手架、模板等自升式架设设施安装完毕后，安装单位应当自检，出具自检合格证明，并向施工单位进行安全使用说明，办理验收手续并签字。

（4）二者均要求为工人提供安全防护设备和措施

第167号公约在第30条中规定了如其他方法均不足以保护工人，使其免遭事故危险或健康的损害，包括避免接触有害环境，则可由国家法律或条例做出规定，根据工种和危险的性质，由雇主免费向工人提供适当的个人防护用具和防护服并加以维护；雇主应向工人提供适当手段使其能使用个人防护用具，并应保证其使用得当；防护用具和防护服应符合主管当局规定的标准，并尽可能考虑工程生理学原理；工人必须正确使用和保管供其使用的个人防护用具和防护服。第31条规定：雇主应负责保证随时提供包括训练有素人员在内的急救，并应采取措施保证遭遇事故或得急病的工人及时就医。

我国《劳动法》第五十三、第五十四条规定"劳动安全卫生设施必须符合国家规定的标准。新建、改建、扩建工程的劳动安全卫生设施必须与主体工程同时设计、同时施工、同时投入生产和使用。用人单位必须为劳动者提供符合国家规定的劳动安全卫生条件和必要的劳动防护用品，对从事有职业危害作业的劳动者应当定期进行健康检查"。

《建设工程安全生产管理条例》在第三十二条至第三十五条也做出了相应的规定。第三十二条规定，施工单位应当向作业人员提供安全防护用具和安全防护服装，并书面告知危险岗位的操作规程和违章操作的危害。作业人员有权对施工现场的作业条件、作业程序和作业方式中存在的安全问题提出批评、检举和控告，有权拒绝违章指挥和强令冒险作业。在施工中发生危及人身安全的紧急情况时，作业人员有权立即停止作业或者在采取必要的应急措施后撤离危险区域。第三十三条规定，作业人员应当遵守安全施工的强制性标准、规章制度和操作规程，正确使用安全防护用具、机械设备等。第三十四条规定，施工单位采购、租赁的安全防护用具、机械设备、施工机具及配件,应当具有生产(制造)许可证、产品合格证,并在进入施工现场前进行查验。施工现场的安全防护用具、机械设备、施工机具及配件必须由专人管理,定期进行检查、维修和保养,建立相应的资料档案,并按照国家有关规定及时报废。

(5) 二者均强调对工人进行培训

第167号公约在第33条对"信息和培训"做出规定,工人应充分而适当地:(a) 获得他们在工作场所可能遇到事故或危害健康的信息;(b) 获得预防和控制这些危害以及有关保护的可行措施的指导和培训。

我国《建设工程安全生产管理条例》第三十七条规定:作业人员进入新的岗位或者新的施工现场前,应当接受安全生产教育培训。未经教育培训或者教育培训考核不合格的人员,不得上岗作业。施工单位在采用新技术、新工艺、新设备、新材料时,应当对作业人员进行相应的安全生产教育培训。

(6) 二者均对工人的福利提出具体要求

第167号公约对"福利"的规定,一是应在每一建筑工地或其附近地方提供足够的饮用水。二是应在每一建筑工地或其附近地方,按照工人人数和工期长短提供和维护以下设施:(a) 卫生和盥洗设备;(b) 更衣、存衣和衣服烘干设备;(c) 供工人就餐并在恶劣气候条件下暂停工作时躲避用的场所。三是应为男女工人分别提供卫生和盥洗设备。

我国《建设工程安全生产管理条例》在第二十九条中规定:①施工单位应当将施工现场的办公、生活区与作业区分开设置,并保持安全距离;②办公、生活区的选址应当符合安全性要求;③职工的膳食、饮水、休息场所等应当符合卫生标准;④施工单位不得在尚未竣工的建筑物内设置员工集体宿舍。

2. 不同点

主要的不同是公约的适用对象范围更加宽泛。

第167号公约界定的适用对象范围是从事建筑活动的雇主和工人。其中"雇主"不仅包括法人,也包括自然人;不仅包括主承包商,也包括分包商和转包商。"工人"指从事建筑的任何人员。公约在第1条第3款还强调了本公约适用于由国家法律或条例确定的独立劳动者。

我国《建设工程安全生产管理条例》第四条将条例的适用对象界定为建设单位、勘察单位、设计单位、施工单位、工程监理单位及其他与建设工程安全生产有关的单位。

我国条例的适用范围仅包括单位，没有包括个人，适用对象范围比公约规定的要窄。

### 三、特殊风险的防护

在特殊风险防护方面，国际劳工组织发布了关于毒性物质和制剂防护的《1960年辐射防护公约》（第115号）和《1960年辐射防护建议书》（第114号）、《1974年职业癌公约》（第139号）和《1974年职业癌建议书》（第147号）、《1986年石棉公约》（第162号）和《1986年石棉建议书》（第172号）、《1990年化学品公约》（第170号）和《1990年化学品建议书》（第177号）；关于空气污染、噪声和振动防护方面的《1977年工作环境（空气污染、噪音和振动）公约》（第148号）和《1977年工作环境（空气污染、噪音和振动）建议书》（第156号）；关于重大事故方面的《1993年预防重大工业事故公约》（第174号）和《1933年预防重大工业事故建议书》（第181号）。

我国在这方面的法律法规有《环境噪音污染防治法》《危险化学品安全管理条例》《尘肺病防治条例》《生产安全事故报告和调查处理条例》《工业企业职工听力保护规范》《气瓶安全监察规定》。我国还没有专门针对辐射防护、职业癌症和石棉使用方面的法律规定。

1. 相同点

二者均对有害化学品的安全管理提出规范。

第170号公约提出要保护工人免受化学品的有害影响，其中"化学品"是指各类化学元素和化合物，及其混合物，无论其为天然或人造。可能造成工人接触化学制品的任何作业活动，包括化学品的生产、搬运、贮存、运输；化学品废料的处置或处理；因作业活动导致的化学品的排放；以及化学品设备和容器的保养、维修和清洁等均属于公约规范的范围。

我国《危险化学品安全管理条例》在第二条也明确指出，危险化学品的生产、储存、使用、经营和运输的安全管理，适合本条例。

虽然第170号公约称"化学品"，我国条例规定"危险化学品"，但二者的范围基本一致。第170号公约第1条第3款，明确在将正常或合理可预见条件下的使用不造成工人接触有害化学品的物品排除在公约的适应对象之外。

2. 不同点

国际劳工标准对特殊风险的规范范围更大。

第 156 号公约在规定工作环境时包括了三部分，空气污染、噪音和振动。其中"空气污染"包含一切被不论何种物理状态的、有害健康或有其他危害的物质所污染的空气；"噪音"包含一切有伤听力、有害健康或有其他危害的声响；"振动"包含任何通过固体结构传达到人体、有害健康或有其他危害的振动。

我国《环境噪音污染防治法》对环境噪音污染防治进行了规定。但是该法仅适用于在工业生产、建筑施工、交通运输和社会生活中所产生的干扰周围生活环境的声音，而不包括因从事本职生产、经营工作受到噪声危害的防治。从严格意义上说，这部法律并没有规范如何保护工人免受噪音损害。卫生部曾在 1999 年颁布《工业企业职工听力保护规范》，对工业企业的职业噪音问题进行了规范，建筑业等其他行业的职业噪音问题没有相关的规范。在空气污染方面，我国《尘肺病防治条例》对防治粉尘污染，预防尘肺病进行了规范，对其他的空气污染没有相应的规范。我国还没有专门的法律法规规范工作场所中有害健康的振动问题。

# 第五节　完善我国劳动条件立法的建议

## 一、文本比较

从以上我国法律法规与国际劳工标准的比较来看，在工资、工时方面，我国法律法规与国际劳工标准的要求基本一致，有的甚至我国要求更高。但是在职业安全卫生方面，我国法律法规离国际劳工标准的要求还有一些差距。

在工资方面，主要是最低工资问题、加班费和同工同酬问题。从目前与国际比较的情况看，我国对于最低工资的标准偏低，对加班费的标准过高，在同工同酬方面比较的基准存在一些差异。

在工时方面，我国的工时标准从国际来看是属于要求比较高的。另一方面，我国工时制度比较单一，企业可选择性小。

在职业安全和卫生方面，大的政策基本符合国际劳工标准，但是在一些福利设施规定方面，我国法律法规比较欠缺。

## 二、执行情况

虽然从文本比较，我国法律法规与国际劳工标准相差不大，但是在实际执行过程中还是存在许多问题，导致工资、工时、职业安全和卫生的相关规定并没有很好地落实。在实际执行过程中，主要问题有下述几个方面。

1. 用人单位存在违反工时规定的现象

目前我国各类用人单位执行工时制度的总体情况是：国家机关、事业单位比企业执行得好；国营企业比外资、私营企业执行得好；规模较大企业比中小型企业执行得好。但是，鉴于我国目前经济发展水平总体不高、劳动力供大于求、体面就业岗位稀缺、劳动力市场竞争激烈的现状，事实上，大多数岗位上的劳动者实际工作时间都超过了法定工时标准。相比较而言，工时问题最严重的是中小型私营企业，尤其是劳动密集型制造企业。多数中小型私营企业劳动者的月平均工时为 240 小时，一些企业在 250 小时～280 小时之间，个别企业甚至超过 280 小时。

2. 企业工资支付存在不符合规定的现象

我国企业工资支付不符合法律规定，主要表现在两个方面：一是克扣工资名目繁多；二是工资发放不规范。工资发放不规范主要是指不能按时足额支付工资，具体表现在从工资扣除押金、每月只发部分工资其余年底结算、发放工资时间不固定，以及由工作承包人统一领取承包费再分别发给工人工资等。

3. 加班费支付存在不符合规定的现象

我国企业违反加班工资规定主要表现在：不支付或不按法定比例足额支付加班费，以计件工资或安排补休为由不支付加班费等。不少劳动密集型制造企业还存在通过不合理制定计件定额标准，压低计件单价来变相不支付或少支付加班工资的情况。

## 三、相关建议

1. 认真研究劳动基准问题

劳动基准是指国家法律所规定的劳动条件最低标准，包括工资、工时、休息休假、劳动安全卫生、女工与未成年工的保护等方面的内容。劳动基准应该制定合理，如果基准定得太低，无法发挥保护劳动者权益的作用；如果基准定得太高，则因多数企业无法达到而使基准的遵守没有保证，法律的尊严被践踏。

2. 明确同工同酬的含义，并制定相应的可操作性办法

我国虽然明确了同工同酬的原则和要求，但是由于缺乏明确的定义和要求，在具体实施过程中，由于理解不同，执行的制度和效果也不同。工资是劳动者最为重视的直接利益，对同工同酬的理解不一致非常容易产生劳资纠纷，加剧劳资矛盾，加大社会成本。因此加快制定相关法律法规，明确同工同酬的含义是非常必要的。

3. 扩大职业安全卫生保障覆盖面，为特殊群体提供保护

应将职业安全卫生保障的覆盖面扩大到对所有工人的保护，要对非全日制工人、临时工以及分包工人提供平等的健康和安全保护措施。另外对特殊群体，如未成年工、残疾工人以及新入职的工人加以特殊的保护措施，针对新入职的员工采取职业安全卫生培训等措施，防范事故的发生。

# 附件 1
# 各国批准核心国际劳工标准的情况

| 国别 | 结社自由 | | 强迫劳动 | | 就业歧视 | | 童工问题 | |
|---|---|---|---|---|---|---|---|---|
| | 第87号公约 | 第98号公约 | 第29号公约 | 第105号公约 | 第100号公约 | 第111号公约 | 第138号公约 | 第182号公约 |
| 国家总数：185 | 152 | 163 | 177 | 174 | 171 | 172 | 166 | 177 |
| 阿富汗 | | | | 1963 | 1969 | 1969 | 2010 | 2010 |
| 阿尔巴尼亚 | 1957 | 1957 | 1957 | 1997 | 1957 | 1997 | 1998 | 2001 |
| 阿尔及利亚 | 1962 | 1962 | 1962 | 1969 | 1962 | 1969 | 1984 | 2001 |
| 安哥拉 | 2001 | 1976 | 1976 | 1976 | 1976 | 1976 | 2001 | 2001 |
| 安提瓜和巴布达 | 1983 | 1983 | 1983 | 1983 | 2003 | 1983 | 1983 | 2002 |
| 阿根廷 | 1960 | 1956 | 1950 | 1960 | 1956 | 1968 | 1996 | 2001 |
| 亚美尼亚 | 2006 | 2003 | 2004 | 2004 | 1994 | 1994 | 2006 | 2006 |
| 澳大利亚 | 1973 | 1973 | 1932 | 1960 | 1974 | 1973 | | 2006 |
| 奥地利 | 1950 | 1951 | 1960 | 1958 | 1953 | 1973 | 2000 | 2001 |
| 阿塞拜疆 | 1992 | 1992 | 1992 | 2000 | 1992 | 1992 | 1992 | 2004 |
| 巴哈马 | 2001 | 1976 | 1976 | 1976 | 2001 | 2001 | 2001 | 2001 |
| 巴林 | | | 1981 | 1998 | | 2000 | 2012 | 2001 |
| 孟加拉 | 1972 | 1972 | 1972 | 1972 | 1998 | 1972 | | 2001 |
| 巴巴多斯 | 1967 | 1967 | 1967 | 1967 | 1974 | 1974 | 2000 | 2000 |
| 白俄罗斯 | 1956 | 1956 | 1956 | 1995 | 1956 | 1961 | 1979 | 2000 |
| 比利时 | 1951 | 1953 | 1944 | 1961 | 1952 | 1977 | 1988 | 2002 |
| 伯利兹 | 1983 | 1983 | 1983 | 1983 | 1999 | 1999 | 2000 | 2000 |
| 贝宁 | 1960 | 1968 | 1960 | 1961 | 1968 | 1961 | 2001 | 2001 |
| 玻利维亚 | 1965 | 1973 | 2005 | 1990 | 1973 | 1977 | 1997 | 2003 |
| 波黑 | 1993 | 1993 | 1993 | 2000 | 1993 | 1993 | 1993 | 2001 |
| 博茨瓦纳 | 1997 | 1997 | 1997 | 1997 | 1997 | 1997 | 1997 | 2000 |
| 巴西 | | 1952 | 1957 | 1965 | 1957 | 1965 | 2001 | 2000 |
| 文莱 | | | | | | | 2011 | 2008 |
| 保加利亚 | 1959 | 1959 | 1932 | 1999 | 1955 | 1960 | 1980 | 2000 |

附件1　各国批准核心国际劳工标准的情况

续表

| 国别 | 结社自由 | | 强迫劳动 | | 就业歧视 | | 童工问题 | |
|---|---|---|---|---|---|---|---|---|
| | 第87号公约 | 第98号公约 | 第29号公约 | 第105号公约 | 第100号公约 | 第111号公约 | 第138号公约 | 第182号公约 |
| 布基纳法索 | 1960 | 1962 | 1960 | 1997 | 1969 | 1962 | 1999 | 2001 |
| 布隆迪 | 1993 | 1997 | 1963 | 1963 | 1993 | 1993 | 2000 | 2002 |
| 佛得角 | 1999 | 1979 | 1979 | 1979 | 1979 | 1979 | 2011 | 2001 |
| 柬埔寨 | 1999 | 1999 | 1969 | 1999 | 1999 | 1999 | 1999 | 2006 |
| 喀麦隆 | 1960 | 1962 | 1960 | 1962 | 1970 | 1988 | 2001 | 2002 |
| 加拿大 | 1972 | | 2011 | 1959 | 1972 | 1964 | | 2000 |
| 中非共和国 | 1960 | 1964 | 1960 | 1964 | 1964 | 1964 | 2000 | 2000 |
| 乍得 | 1960 | 1961 | 1960 | 1961 | 1966 | 1966 | 2005 | 2000 |
| 智利 | 1999 | 1999 | 1933 | 1999 | 1971 | 1971 | 1999 | 2000 |
| 中国 | | | | | 1990 | 2006 | 1999 | 2002 |
| 哥伦比亚 | 1976 | 1976 | 1969 | 1963 | 1963 | 1969 | 2001 | 2005 |
| 科摩罗 | 1978 | 1978 | 1978 | 1978 | 1978 | 2004 | 2004 | 2004 |
| 刚果（布） | 1960 | 1999 | 1960 | 1999 | 1999 | 1999 | 1999 | 2002 |
| 哥斯达黎加 | 1960 | 1960 | 1960 | | 1960 | 1962 | 1976 | 2001 |
| 克罗地亚 | 1991 | 1991 | 1991 | 1997 | 1991 | 1991 | 1991 | 2001 |
| 古巴 | 1952 | 1952 | 1953 | 1958 | 1954 | 1965 | 1975 | |
| 塞浦路斯 | 1966 | 1966 | 1960 | 1960 | 1987 | 1968 | 1997 | 2000 |
| 捷克 | 1993 | 1993 | 1993 | 1996 | 1993 | 1993 | 2007 | 2001 |
| 科特迪瓦 | 1960 | 1961 | 1960 | 1961 | 1961 | 1961 | 2003 | 2003 |
| 刚果（金） | 2001 | 1969 | 1960 | 2001 | 1969 | 2001 | 2001 | 2001 |
| 丹麦 | 1951 | 1955 | 1932 | 1958 | 1960 | 1960 | 1997 | 2000 |
| 吉布提 | 1978 | 1978 | 1978 | 1978 | 1978 | 2005 | 2005 | 2005 |
| 多米尼克 | 1983 | 1983 | 1983 | 1983 | 1983 | 1983 | 1983 | 2001 |
| 多米尼加 | 1956 | 1953 | 1956 | 1958 | 1953 | 1964 | 1999 | 2000 |
| 厄瓜多尔 | 1967 | 1959 | 1954 | 1962 | 1957 | 1962 | 2000 | 2000 |
| 埃及 | 1957 | 1954 | 1955 | 1958 | 1960 | 1960 | 1999 | 2002 |
| 塞尔瓦多 | 2006 | 2006 | 1995 | 1958 | 2000 | 1995 | 1996 | 2000 |

续表

| 国别 | 结社自由 | | 强迫劳动 | | 就业歧视 | | 童工问题 | |
|---|---|---|---|---|---|---|---|---|
| | 第87号公约 | 第98号公约 | 第29号公约 | 第105号公约 | 第100号公约 | 第111号公约 | 第138号公约 | 第182号公约 |
| 赤道几内亚 | 2001 | 2001 | 2001 | 2001 | 1985 | 2001 | 1985 | 2001 |
| 厄立特里亚 | 2000 | 2000 | 2000 | 2000 | 2000 | 2000 | 2000 | |
| 爱沙尼亚 | 1994 | 1994 | 1996 | 1996 | 1996 | 2005 | 2007 | 2001 |
| 埃塞俄比亚 | 1963 | 1963 | 2003 | 1999 | 1999 | 1966 | 1999 | 2003 |
| 斐济 | 2002 | 1974 | 1974 | 1974 | 2002 | 2002 | 2003 | 2002 |
| 芬兰 | 1950 | 1951 | 1936 | 1960 | 1963 | 1970 | 1976 | 2000 |
| 法国 | 1951 | 1951 | 1937 | 1969 | 1953 | 1981 | 1990 | 2001 |
| 加蓬 | 1960 | 1961 | 1960 | 1961 | 1961 | 1961 | 2010 | 2001 |
| 冈比亚 | 2000 | 2000 | 2000 | 2000 | 2000 | 2000 | 2000 | 2001 |
| 格鲁吉亚 | 1999 | 1993 | 1993 | 1996 | 1993 | 1993 | 1996 | 2002 |
| 德国 | 1957 | 1956 | 1956 | 1959 | 1956 | 1961 | 1976 | 2002 |
| 加纳 | 1965 | 1959 | 1957 | 1958 | 1968 | 1961 | 2011 | 2000 |
| 希腊 | 1962 | 1962 | 1952 | 1962 | 1975 | 1984 | 1986 | 2001 |
| 格林纳达 | 1994 | 1979 | 1979 | 1979 | 1994 | 2003 | 2003 | 2003 |
| 危地马拉 | 1952 | 1952 | 1989 | 1959 | 1961 | 1960 | 1990 | 2001 |
| 几内亚 | 1959 | 1959 | 1959 | 1961 | 1967 | 1960 | 2003 | 2003 |
| 几内亚比绍 | | 1977 | 1977 | 1977 | 1977 | 1977 | 2009 | 2008 |
| 圭亚那 | 1967 | 1966 | 1966 | 1966 | 1975 | 1975 | 1998 | 2001 |
| 海地 | 1979 | 1957 | 1958 | 1958 | 1958 | 1976 | 2009 | 2007 |
| 洪都拉斯 | 1956 | 1956 | 1957 | 1958 | 1956 | 1960 | 1980 | 2001 |
| 匈牙利 | 1957 | 1957 | 1956 | 1994 | 1956 | 1961 | 1998 | 2000 |
| 冰岛 | 1950 | 1952 | 1958 | 1960 | 1958 | 1963 | 1999 | 2000 |
| 印度 | | | 1954 | 2000 | 1958 | 1960 | | |
| 印度尼西亚 | 1998 | 1957 | 1950 | 1999 | 1958 | 1999 | 1999 | 2000 |
| 伊朗 | | | 1957 | 1959 | 1972 | 1964 | | 2002 |
| 伊拉克 | | 1962 | 1962 | 1959 | 1963 | 1959 | 1985 | 2001 |
| 爱尔兰 | 1955 | 1955 | 1931 | 1958 | 1974 | 1999 | 1978 | 1999 |

续表

| 国别 | 结社自由 | | 强迫劳动 | | 就业歧视 | | 童工问题 | |
|---|---|---|---|---|---|---|---|---|
| | 第87号公约 | 第98号公约 | 第29号公约 | 第105号公约 | 第100号公约 | 第111号公约 | 第138号公约 | 第182号公约 |
| 以色列 | 1957 | 1957 | 1955 | 1958 | 1965 | 1959 | 1979 | 2005 |
| 意大利 | 1958 | 1958 | 1934 | 1968 | 1956 | 1963 | 1981 | 2000 |
| 牙买加 | 1962 | 1962 | 1962 | 1962 | 1975 | 1975 | 2003 | 2003 |
| 日本 | 1965 | 1953 | 1932 | | 1967 | | 2000 | 2001 |
| 约旦 | | 1968 | 1966 | 1958 | 1966 | 1963 | 1998 | 2000 |
| 哈萨克斯坦 | 2000 | 2001 | 2001 | 2001 | 2001 | 1999 | 2001 | 2003 |
| 肯尼亚 | | 1964 | 1964 | 1964 | 2001 | 2001 | 1979 | 2001 |
| 吉布提 | 2000 | 2000 | 2000 | 2000 | 2009 | 2009 | 2009 | 2009 |
| 韩国 | | | | | 1997 | 1998 | 1999 | 2001 |
| 科威特 | 1961 | 2007 | 1968 | 1961 | | 1966 | 1999 | 2000 |
| 吉尔吉斯斯坦 | 1992 | 1992 | 1992 | 1999 | 1992 | 1992 | 1992 | 2004 |
| 老挝 | | | 1964 | | 2008 | 2008 | 2005 | 2005 |
| 拉脱维亚 | 1992 | 1992 | 2006 | 1992 | 1992 | 1992 | 2006 | 2006 |
| 黎巴嫩 | | 1977 | 1977 | 1977 | 1977 | 1977 | 2003 | 2001 |
| 莱索托 | 1966 | 1966 | 1966 | 2001 | 1998 | 1998 | 2001 | 2001 |
| 利比里亚 | 1962 | 1962 | 1931 | 1962 | | 1959 | | 2003 |
| 利比亚 | 2000 | 1962 | 1961 | 1961 | 1962 | 1961 | 1975 | 2000 |
| 立陶宛 | 1994 | 1994 | 1994 | 1994 | 1994 | 1994 | 1998 | 2003 |
| 卢森堡 | 1958 | 1958 | 1964 | 1964 | 1967 | 2001 | 1977 | 2001 |
| 马达加斯加 | 1960 | 1998 | 1960 | 2007 | 1962 | 1961 | 2000 | 2001 |
| 马拉维 | 1999 | 1965 | 1999 | 1999 | 1965 | 1965 | 1999 | 1999 |
| 马来西亚 | | 1961 | 1957 | | 1997 | | 1997 | 2000 |
| 马尔代夫 | 2013 | 2013 | 2013 | 2013 | 2013 | 2013 | 2013 | 2013 |
| 马里 | 1960 | 1964 | 1960 | 1962 | 1968 | 1964 | 2002 | 2000 |
| 马耳他 | 1965 | 1965 | 1965 | 1965 | 1988 | 1968 | 1988 | 2001 |
| 马绍尔群岛 | | | | | | | | |
| 毛里塔尼亚 | 1961 | 2001 | 1961 | 1997 | 2001 | 1963 | 2001 | 2001 |

续表

| 国别 | 结社自由 | | 强迫劳动 | | 就业歧视 | | 童工问题 | |
|---|---|---|---|---|---|---|---|---|
| | 第87号公约 | 第98号公约 | 第29号公约 | 第105号公约 | 第100号公约 | 第111号公约 | 第138号公约 | 第182号公约 |
| 毛里求斯 | 2005 | 1969 | 1969 | 1969 | 2002 | 2002 | 1990 | 2000 |
| 墨西哥 | 1950 | | 1934 | 1959 | 1952 | 1961 | | 2000 |
| 摩尔多瓦 | 1996 | 1996 | 2000 | 1993 | 2000 | 1996 | 1999 | 2002 |
| 蒙古 | 1969 | 1969 | 2005 | 2005 | 1969 | 1969 | 2002 | 2001 |
| 黑山 | 2006 | 2006 | 2006 | 2006 | 2006 | 2006 | 2006 | 2006 |
| 摩洛哥 | | 1957 | 1957 | 1966 | 1979 | 1963 | 2000 | 2001 |
| 莫桑比克 | 1996 | 1996 | 2003 | 1977 | 1977 | 1977 | 2003 | 2003 |
| 缅甸 | 1955 | | 1955 | | | | | |
| 纳米比亚 | 1995 | 1995 | 2000 | 2000 | 2010 | 2001 | 2000 | 2000 |
| 尼泊尔 | | 1996 | 2002 | 2007 | 1976 | 1974 | 1997 | 2002 |
| 荷兰 | 1950 | 1993 | 1933 | 1959 | 1971 | 1973 | 1976 | 2002 |
| 新西兰 | | 2003 | 1938 | 1968 | 1983 | 1983 | | 2001 |
| 尼加拉瓜 | 1967 | 1967 | 1934 | 1967 | 1967 | 1967 | 1981 | 2000 |
| 尼日尔 | 1961 | 1962 | 1961 | 1962 | 1966 | 1962 | 1978 | 2000 |
| 尼日利亚 | 1960 | 1960 | 1960 | 1960 | 1974 | 2002 | 2002 | 2002 |
| 挪威 | 1949 | 1955 | 1932 | 1958 | 1959 | 1959 | 1980 | 2000 |
| 阿曼 | | | 1998 | 2005 | | | 2005 | 2001 |
| 巴基斯坦 | 1951 | 1952 | 1957 | 1960 | 2001 | 1961 | 2006 | 2001 |
| 帕劳 | | | | | | | | |
| 巴拿马 | 1958 | 1966 | 1966 | 1966 | 1958 | 1966 | 2000 | 2000 |
| 巴布亚新几内亚 | 2000 | 1976 | 1976 | 1976 | 2000 | 2000 | 2000 | 2000 |
| 巴拉圭 | 1962 | 1966 | 1967 | 1968 | 1964 | 1967 | 2004 | 2001 |
| 秘鲁 | 1960 | 1964 | 1960 | 1960 | 1960 | 1970 | 2002 | 2002 |
| 菲律宾 | 1953 | 1953 | 2005 | 1960 | 1953 | 1960 | 1998 | 2000 |
| 波兰 | 1957 | 1957 | 1958 | 1958 | 1954 | 1961 | 1978 | 2002 |
| 葡萄牙 | 1977 | 1964 | 1956 | 1959 | 1967 | 1959 | 1998 | 2000 |
| 卡塔尔 | | | 1998 | 2007 | | 1976 | 2006 | 2000 |

附件1  各国批准核心国际劳工标准的情况

续表

| 国别 | 结社自由 | | 强迫劳动 | | 就业歧视 | | 童工问题 | |
|---|---|---|---|---|---|---|---|---|
| | 第87号公约 | 第98号公约 | 第29号公约 | 第105号公约 | 第100号公约 | 第111号公约 | 第138号公约 | 第182号公约 |
| 罗马尼亚 | 1957 | 1958 | 1957 | 1998 | 1957 | 1973 | 1975 | 2000 |
| 俄罗斯 | 1956 | 1956 | 1956 | 1998 | 1956 | 1961 | 1979 | 2003 |
| 卢旺达 | 1988 | 1988 | 2001 | 1962 | 1980 | 1981 | 1981 | 2000 |
| 圣基茨和尼维斯 | 2000 | 2000 | 2000 | 2000 | 2000 | 2000 | 2005 | 2000 |
| 圣卢西亚 | 1980 | 1980 | 1980 | 1980 | 1983 | 1983 | | 2000 |
| 圣文森特和格林纳丁斯 | 2001 | 1998 | 1998 | 1998 | 2001 | 2001 | 2006 | 2001 |
| 萨摩亚 | 2008 | 2008 | 2008 | 2008 | 2008 | 2008 | 2008 | 2008 |
| 圣马力诺 | 1986 | 1986 | 1995 | 1995 | 1985 | 1986 | 1995 | 2000 |
| 圣多美和普林西比 | 1992 | 1992 | 2005 | 2005 | 1982 | 1982 | 2005 | 2005 |
| 沙特阿拉伯 | | | 1978 | 1978 | 1978 | 1978 | | 2001 |
| 塞内加尔 | 1960 | 1961 | 1960 | 1961 | 1962 | 1967 | 1999 | 2000 |
| 塞尔维亚 | 2000 | 2000 | 2000 | 2003 | 2000 | 2000 | 2000 | 2003 |
| 塞舌尔 | 1978 | 1999 | 1978 | 1978 | 1999 | 1999 | 2000 | 1999 |
| 塞拉利昂 | 1961 | 1961 | 1961 | 1961 | 1968 | 1966 | 2011 | 2011 |
| 新加坡 | | 1965 | 1965 | 1965 | 2002 | | 2005 | 2001 |
| 斯洛伐克 | 1993 | 1993 | 1993 | 1997 | 1993 | 1993 | 1997 | 1999 |
| 斯洛文尼亚 | 1992 | 1992 | 1992 | 1997 | 1992 | 1992 | 1992 | 2001 |
| 所罗门群岛 | 2012 | 2012 | 1985 | 2012 | 2012 | 2012 | 2013 | 2012 |
| 索马里 | | | 1960 | 1961 | | 1961 | | |
| 南非 | 1996 | 1996 | 1997 | 1997 | 2000 | 1997 | 2000 | 2000 |
| 南苏丹 | | 2012 | 2012 | 2012 | 2012 | 2012 | 2012 | 2012 |
| 西班牙 | 1977 | 1977 | 1932 | 1967 | 1967 | 1967 | 1977 | 2001 |
| 斯里兰卡 | 1995 | 1972 | 1950 | 2003 | 1993 | 1998 | 2000 | 2001 |
| 苏丹 | | 1957 | 1957 | 1970 | 1970 | 1970 | 2003 | 2003 |
| 苏里南 | 1976 | 1996 | 1976 | 1976 | | | | 2006 |

续表

| 国别 | 结社自由 | | 强迫劳动 | | 就业歧视 | | 童工问题 | |
|---|---|---|---|---|---|---|---|---|
| | 第87号公约 | 第98号公约 | 第29号公约 | 第105号公约 | 第100号公约 | 第111号公约 | 第138号公约 | 第182号公约 |
| 斯威士兰 | 1978 | 1978 | 1978 | 1979 | 1981 | 1981 | 2002 | 2002 |
| 瑞典 | 1949 | 1950 | 1931 | 1958 | 1962 | 1962 | 1990 | 2001 |
| 瑞士 | 1975 | 1999 | 1940 | 1958 | 1972 | 1961 | 1999 | 2000 |
| 叙利亚 | 1960 | 1957 | 1960 | 1958 | 1957 | 1960 | 2001 | 2003 |
| 塔吉克斯坦 | 1993 | 1993 | 1993 | 1999 | 1993 | 1993 | 1993 | 2005 |
| 坦桑尼亚 | 2000 | 1962 | 1962 | 1962 | 2002 | 2002 | 1998 | 2001 |
| 泰国 | | | 1969 | 1969 | 1999 | | 2004 | 2001 |
| 马其顿 | 1991 | 1991 | 1991 | 2003 | 1991 | 1991 | 1991 | 2002 |
| 东帝汶 | 2009 | 2009 | 2009 | | | | | 2009 |
| 多哥 | 1960 | 1983 | 1960 | 1999 | 1983 | 1983 | 1984 | 2000 |
| 特立尼达和多巴哥 | 1963 | 1963 | 1963 | 1963 | 1997 | 1970 | 2004 | 2003 |
| 突尼斯 | 1957 | 1957 | 1962 | 1959 | 1968 | 1959 | 1995 | 2000 |
| 土耳其 | 1993 | 1952 | 1998 | 1961 | 1967 | 1967 | 1998 | 2001 |
| 土库曼斯坦 | 1997 | 1997 | 1997 | 1997 | 1997 | 1997 | 2012 | 2010 |
| 图瓦卢 | | | | | | | | |
| 乌干达 | 2005 | 1963 | 1963 | 1963 | 2005 | 2005 | 2003 | 2001 |
| 乌克兰 | 1956 | 1956 | 1956 | 2000 | 1956 | 1961 | 1979 | 2000 |
| 阿联酋 | | | 1982 | 1997 | 1997 | 2001 | 1998 | 2001 |
| 英国 | 1949 | 1950 | 1931 | 1957 | 1971 | 1999 | 2000 | 2000 |
| 美国 | | | | 1991 | | | | 1999 |
| 乌拉圭 | 1954 | 1954 | 1995 | 1968 | 1989 | 1989 | 1977 | 2001 |
| 乌兹别克斯坦 | | 1992 | 1992 | 1997 | 1992 | 1992 | 2009 | 2008 |
| 瓦努阿图 | 2006 | 2006 | 2006 | 2006 | 2006 | 2006 | | 2006 |
| 委内瑞拉 | 1982 | 1968 | 1944 | 1964 | 1982 | 1971 | 1987 | 2005 |
| 越南 | | | 2007 | | 1997 | 1997 | 2003 | 2000 |
| 也门 | 1976 | 1969 | 1969 | 1969 | 1976 | 1969 | 2000 | 2000 |
| 赞比亚 | 1996 | 1996 | 1964 | 1965 | 1972 | 1979 | 1976 | 2001 |
| 津巴布韦 | 2003 | 1998 | 1998 | 1998 | 1989 | 1999 | 2000 | 2000 |

资料来源：2013年12月搜集整理自国际劳工组织网站。

注：表格中数字为批准年份，空格表示尚未批准。

# 附件 2

# 国际劳工组织八个核心国际劳工公约（实效条款）

一、《1948 年结社自由和保护组织权利公约》（第 87 号）

第一部分　结社自由

第 1 条

凡本公约对其生效的国际劳工组织会员国，承诺实行下列规定。

第 2 条

工人和雇主应毫无区别地有权不经事先批准建立和参加他们自己选择的组织，其唯一条件是遵守有关组织的规章。

第 3 条

1. 工人组织和雇主组织应有权制定其各自组织的章程和规则，充分自由地选举其代表，自行管理与安排活动，并制订其行动计划。

2. 公共当局应避免进行任何旨在限制这种权利或妨碍其合法行使的干涉。

第 4 条

行政当局不得解散工人组织和雇主组织或中止其活动。

第 5 条

工人组织和雇主组织有权建立和加入联合会和同盟会，任何工人组织、雇主组织、联合会或同盟会，均有权参加工人的和雇主的国际组织。

第 6 条

本公约第 2、第 3、第 4 条的规定，适用于工人组织和雇主组织的联合会和同盟会。

第 7 条

对于工人组织、雇主组织、它们的联合会和同盟会获得法人资格的问题，不得以限制应用本公约第 2、第 3、第 4 条的规定为条件。

第 8 条

1. 工人、雇主及其各自的组织在行使本公约规定的各项权利时，应与其他个人或团体一样遵守本国的法律。

2. 本国的法律及其实施方式均不得损害本公约所规定的各项保障。

第 9 条

1. 本公约规定的各项保障适用于军队和警察的程度，应由国家法律或条例予以确定。

2. 依照国际劳工组织章程第 19 条第 8 款规定的原则，任何会员国对本公约的批准，不得认为可以影响已给予军队和警察人员本公约所规定的各项保障的现行法律、裁定、习惯或协议。

第 10 条

在本公约中，"组织"一词，系指以促进和保护工人或雇主的利益为目的的任何工人组织或雇主组织。

第二部分　保护组织权利

第 11 条

凡本公约对其生效的国际劳工组织会员国，承诺采取一切必要和适当的措施保证工人和雇主自由地行使组织权利。

**二、《1949 年组织权利和集体谈判权利公约》（第 98 号）**

第 1 条

1. 工人应享有充分的保护，以防止在就业方面发生任何排斥工会的歧视行为。

2. 这种保护应特别应用于针对含有以下目的的行为：

（a）将不得加入工会或必须放弃工会会籍作为雇用工人的条件；

（b）由于工人加入了工会或者在业余时间或经雇主许可在工作时间参加了工会活动而将其解雇，或以其他手段予以打击。

第 2 条

1. 工人组织和雇主组织均应享有充分的保护，以防止在组织的建立、运转和管理等方面发生一方直接或通过代理人或会员干涉另一方的任何行为。

2. 特别是其意在促使建立受雇主或雇主组织操纵的工人组织的行为，或者通过财政手段或其他方式支持工人组织以期把它们置于雇主或雇主组织控制之下的行为，应被认为构成本条所称的干涉行为。

第 3 条

为保证以上各条所规定的组织权利受到尊重，必要时应建立符合国情的机构。

第 4 条

必要时应采取符合国情的措施，鼓励和推动在雇主或雇主组织同工人组织之间最广泛地发展与使用集体协议的自愿谈判程序，以便通过这种方式确定就业条款和条件。

第 5 条

1. 本公约所规定的各项保障得在何种程度上适用于军队或警察，应由国家法律或条例予以确定。

2. 按照国际劳工组织章程第 19 条第 8 款规定的原则，任何会员国对本公约的批准，不得认为可以影响已赋予军队或警察人员享有本公约所保障的任何权利的现行法律、判决、习惯或协议。

第 6 条

本公约不涉及从事国家行政工作的公务员的状况，也不得以任何方式解释为有损于他们的权利或地位。

### 三、《1930 年强迫劳动公约》（第 29 号）

第 1 条

1. 凡批准本公约的国际劳工组织会员国，承诺在可能的最短期限内禁止使用一切形式的强迫或强制劳动。

2. 为达到全面禁止这一目标，在过渡时期，只有为公共用途和作为一种特殊措施，并在符合以下规定条件和保证的情况下，始得使用强迫或强制劳动。

3. 自本公约生效之日起满五年后，国际劳工局理事会在起草下面第 31 条所规定的报告时，应考虑能否不再另经过渡时期，即行禁止一切形式的强迫或强制劳动，并考虑应否把这一问题列入大会议程。

第 2 条

1. 就本公约而言，"强迫或强制劳动"一词系指以任何惩罚相威胁，强迫任何人从事的非本人自愿的一切劳动或服务。

2. 但是，就本公约而言，"强迫或强制劳动"一词不应包括：

（a）根据义务兵役制的法令，为纯军事性质的工作而要求从事的任何劳动或服务；

（b）作为完全自治国家公民的正常公民义务一部分的任何劳动或服务；

（c）根据法院判决强制任何人从事的任何劳动或服务，但是这种劳动或服务系置于公共当局的监督和控制之下，而且该人不得由私人、公司或社团雇用或安置；

（d）在紧急情况下，即发生战争、灾害或灾害威胁，如火灾、水灾、饥荒、地震、恶性流行病或动物流行病、动物、昆虫或有害植物寄生虫的侵害等，总之，在一切可能危及全体或部分居民的生存或安宁的情况下强制付出的劳动或服务；

（e）村镇的小型公用事业，即由该村镇的成员为该村镇直接利益从事的事业，由此可视为该村镇成员应尽的正常公民义务，但是村镇成员或其直接代表应有权要求就此类公用事业有无需要的问题和他们进行协商。

第3条

就本公约而言，"主管当局"一词系指或为一国的本土当局，或为有关领地的最高中央当局。

第4条

1. 主管当局不得为了私人、公司或社团的利益而征用或准许征用强迫或强制劳动。

2. 如某一会员国在其对本公约的批准书由国际劳工局长登记之日存在这种为私人、公司或社团的利益而征用强迫或强制劳动的情况，该会员国应自本公约对其生效之日起完全禁止这种强迫或强制劳动。

第5条

1. 凡给予私人、公司或社团的特许权，概不得包含征用任何形式的强迫或强制劳动用以生产或收集为这些私人、公司或社团所使用或进行交易的产品。

2. 如现行特许权中包含征用这种强迫或强制劳动的规定，应尽早予以废除，以符合本公约第1条的规定。

第6条

行政官员即使有职责鼓励所辖居民从事某种形式的劳动，也不得强迫这些居民或其中任何个人为私人、公司或社团而工作。

第 7 条

1. 凡不行使行政职责的酋长不得使用强迫或强制劳动。

2. 行使行政职责的酋长，在获得主管当局明文准许后，得按照本公约第 10 条的规定使用强迫或强制劳动。

3. 凡经依法承认并且未得到其他形式恰当报酬的酋长，得享受为其个人服务的劳役，但应有适当节制并采取一切必要措施以防滥用职权。

第 8 条

1. 任何决定使用强迫或强制劳动的责任属于有关领地的最高民政当局。

2. 但该当局得授权地方最高当局在不涉及将工人迁离其习惯居住地的情况下征用强迫或强制劳动。该当局还可按照本公约第 23 条要求颁布的条例所规定的时期和条件，授权地方最高当局，为政府官员执行公务往来的便利和为运送政府用品，在涉及将工人迁离其习惯居住地的情况下，征用强迫或强制劳动。

第 9 条

除本公约第 10 条规定的情况外，一切有权征用强迫或强制劳动的当局，在决定使用这种劳动前应查明以下各点：

（a）待进行的劳动或服务对于被征从事劳动或服务的村镇具有直接的重要利益；

（b）该劳动或服务有现实的或迫切的必要性；

（c）为进行这一劳动或服务，尽管提供了至少不低于该地区同类劳动或服务的工资标准和劳动条件，仍无法找到自愿的劳动力；并

（d）考虑到现有居民的劳动力状况及其劳动能力，使这种劳动或服务不致对他们造成过重的负担。

第 10 条

1. 作为税收索要的强迫或强制劳动，以及由行使行政职责的酋长为建设公共工程而征用的强迫或强制劳动应予逐步废除。

2. 在废除之前，当强迫或强制劳动是作为税收索要的，或

（a）待进行的劳动或服务对于被征从事劳动或服务的村镇具有直接的重要利益；

（b）该劳动或服务有现实的或迫切的必要性；

(c) 考虑到现有居民的劳动力状况及其劳动能力，使这种劳动或服务不致对他们造成过重的负担；

(d) 该劳动或服务无需将工人迁离其习惯居住地；

(e) 该劳动或服务的实施将按照宗教、社会生活和农业的要求进行。

第 11 条

1. 只有年龄在十八岁以上、四十五岁以下的身体健壮的成年男子，得被征用从事强迫或强制劳动。除本公约第10条所规定的各类劳动外，应遵守下列限制和条件：

(a) 尽可能先经一名政府指定的医官确定，有关人员未患有传染病，其体力足以承担要求他们从事的劳动并能适应其劳动条件；

(b) 学校教师、学生和一切行政官员均予豁免；

(c) 每一村镇留有维持家庭和社会生活必不可少的一定数量的身体健壮的成年男子；

(d) 尊重夫妻关系和家庭关系。

2. 为实施上款（c）项，本公约第23条要求颁布的条例应确定身体健壮的成年男性居民可在任何一次被征用的比例，但这一比例无论何时在何情况下均不得超出百分之二十五。在确定这一比例时，主管当局应考虑到居民的密度、其社会和物质发展状况、季节以及有关人员为本地区自身利益必须完成的工作，并且，一般讲来，应注意有关村镇维系正常经济和社会生活的必要性。

第 12 条

1. 任何人被征从事任何形式的强迫或强制劳动，其最长期限每十二个月不应超过六十天，往返工作地点所需时间包括在内。

2. 对每个被征从事强迫或强制劳动的人，均应发给一份证明书，载明该工人已完成的强迫或强制劳动的时间。

第 13 条

1. 被征从事强迫或强制劳动的任何个人的正常劳动时间，应当与自愿劳动的现行劳动时间相同，超过正常时间以外的劳动时间应按自愿劳动者加班劳动时间的报酬标准付酬。

2. 任何人无论从事哪一种强迫或强制劳动，都应当给予每周一天的休息时间，这一休息日应尽可能与本国或当地的传统或习惯的休息日相符。

第 14 条

1. 无论哪种强迫或强制劳动，除本公约第 10 条规定者外，都应当付给现金报酬。报酬标准不低于工人工作地区或工人招募地区的现行类似工种的报酬标准，以较高者为准。

2. 如果劳动是由行使行政职责的酋长征用的，应按上款规定尽快引进工资支付制度。

3. 工资应付给工人个人，不得付给其部落酋长或任何其他当局。

4. 为了支付工资，往返工作地点的路途时间应作为劳动日计算。

5. 本条规定应不禁止以常规食物配给作为工资的一部分，这种配给的价值应至少等同予以货币表现的价值，但不应以缴纳税金，以向工人提供额外的衣、食、住使其能维持体力适应特殊条件下的工作，或以提供工具为理由克扣其工资。

第 15 条

1. 有关领地上已经或将要生效的一切关于工伤事故或因工患病补偿的法律或条例和一切关于死亡工人或残疾工人家属的抚恤规定的法律或条例，均应同等适用于被征从事强迫或强制劳动的人员和自愿工人。

2. 无论如何，任何使用工人从事强迫或强制劳动的当局，都应有责任保障因工致残或因工患病而完全或部分丧失谋生能力的工人的生活，并采取措施，以维持因工致残或死亡的工人所确实赡养的人口的生计。

第 16 条

1. 除有特别需要外，从事强迫或强制劳动的人员不得被输送到饮食和气候条件与他们原来适应的、条件截然不同的地区去，以致可能对他们的健康构成危险。

2. 在任何情况下，除非严格实施有关卫生和居住问题的一切必要措施，使此种工人能适应当地的条件和保护他们的健康，否则不应允许输送此种工人。

3. 如果这种输送无法避免，就应按照主管医疗部门的意见采取措施，使工人逐步适应新的饮食条件和气候条件。

4. 如需工人从事他们所不习惯的正规工作，应特别在逐步培训、劳动时间、休息安排、改善或增加必要的饮食等方面采取措施，使他们适应这种工作。

第 17 条

如需使用强迫或强制劳动进行建筑或维修工程而需让工人在工地居住较长时间，主管当局在批准之前应查明以下所示事项。

1. 已为保护工人的健康和保证必需的医疗条件采取了一切必要措施，尤其是：（a）在开工前，对工人进行一次体格检查，并在使用期间定期进行体格检查。（b）配备了足够的医务人员和必要的卫生所、医务室、医院和设备，以应付各种需要。（c）工作场所的卫生条件、工人的饮水、食物、燃料和厨房器具等供应均令人满意，必要时还提供满意的住房和服装。

2. 已采取适当措施保障工人家属的生活，特别是在工人的要求或同意下，通过可靠方式便利他们给家属寄回部分工资。

3. 工人往返工作地点的旅行由政府负责安排并提供费用，政府应尽可能利用一切现有交通工具为此种旅行提供方便。

4. 工人因疾病或事故导致在一定时期内失去劳动能力时，由政府出资遣返。

5. 任何工人在其强迫或强制劳动期满时，如果希望作为自愿工人留在原地，应获许这样做，并在两年内不丧失享受免费遣返的权利。

第 18 条

1. 用于运送人员或货物的强迫或强制劳动，如挑夫和船夫的劳动，应在可能的最短期间予以废除。在此之前，主管当局应颁布条例规定，尤其是：（a）此种劳动只准用来为政府官员在执行公务时的行动提供便利，或者是为运送政府用品，或在十分紧急必要时用来运送其他非官职人员；（b）对如此使用的工人，如可能进行体格检查，应经检查确认身体条件合适，如此种体格检查为不可行时，使用这种劳动力的人应负责保证被使用的工人体力胜任，并未染有传染病；（c）工人可搬运的最大负荷；（d）工人从居住地出发需跋涉的最远路程；（e）工人每月或每单位时期内得被征用的最多天数，其中包括归程天数；（f）有权要求使用这种形式的强迫或强制劳动的人员以及他们有权使用这种劳动的限度。

2. 主管当局在确定上款第（c）、（d）和（e）项提到的最高限额时，应考虑各种有关因素，包括被征工人所属人口的体质、跋涉所经路程的情况以及气候条件。

3. 主管当局还应规定，挑夫每日正常行程不应超过相当于每天平均八小时工作所走的距离，当然，不仅要考虑挑夫的负荷和要走的距离，还要考虑道路的状况、季节和一切其他有关因素，如让挑夫加班赶路，加班时间应按高于正常报酬标准的标准付给报酬。

第 19 条

1. 主管当局只有出于预防饥荒或食品供应不足时，才得准许进行强制种植，条件是生产的粮食或产品应归生产者本人或该村镇所有。

2. 当生产是按照法律或习惯以村镇为基础加以组织时，并且当产品或产品出售后的利润为村镇所有时，本条规定不应解释为村镇成员对该村镇根据法律或习惯要求他们完成的劳动可予免除义务。

第 20 条

因村镇任何成员犯罪而对该村镇实行惩罚的集体惩罚立法，不应规定以强制该村镇从事强迫或强制劳动作为一种惩罚方式。

第 21 条

矿山井下工作不应使用强迫或强制劳动。

第 22 条

凡批准本公约的会员国，在按照国际劳工组织章程第 22 条的规定，承诺就其为实施本公约的规定而采取的措施向国际劳工局提出的年度报告中应含有每一有关领地使用强迫或强制劳动的尽可能详细的情况，包括在该领地内使用强迫或强制劳动的范围、使用的目的、患病率和死亡率、劳动时间、工资支付方法和工资标准以及一切其他有关情况。

第 23 条

1. 为贯彻本公约的规定，主管当局应颁布完整、明确的关于使用强迫或强制劳动的条例。

2. 条例应特别包括如下规则，即允许任何被强制从事强迫或强制劳动的人员，就其劳动条件向当局提出申诉，并保证这种申诉得到审理和重视。

第 24 条

应采取恰当措施，保证在任何情况下严格执行关于使用强迫或强制劳动的条例，或通过扩大现有监督自愿劳动的监察机构的职责，兼及监督强迫或强制劳动，或通过其他适当方式。还应采取措施，保证使从事强迫或强制劳动的人员了解这些条例。

第 25 条

凡非法征用强迫或强制劳动者,应作为刑事犯罪予以惩处,任何批准本公约的会员国应有责任使法律制裁真正得当和得到严格执行。

第 26 条

1. 凡批准本公约的国际劳工组织会员国,承诺将本公约实施于处于它的主权、管辖权、保护权、宗主权、监管权或权力之下的领地,只要它有权承担管辖国内事务的义务;但是,如果该会员国希望援用国际劳工组织章程第 35 条的规定,它应在提交批准书时附加一项声明书,其中载明:

(1) 它准备无修改地应用本公约的规定的领地;

(2) 它准备有修改地应用本公约的规定的领地和修改的具体内容;

(3) 它的留待做出决定的领地。

2. 上述声明书应被视为批准书的一个组成部分并具有批准书的效力。任何会员国对于在原声明书中按照本条第(2)和第(3)项所做的任何保留,此后得以另一声明书予以全部或部分撤销。

### 四、《1957 年废除强迫劳动公约》(第 105 号)

第 1 条

凡批准本公约的国际劳工组织会员国,承诺禁止强迫或强制劳动,并不以下列任何形式使用强迫或强制劳动:

(a) 作为一种政治强制或政治教育的手段,或者作为对待有或发表某些政治观点或表现出同既定的政治、社会或经济制度相对立的思想意识的人的一种惩罚;

(b) 作为动员和利用劳动力以发展经济的一种方法;

(c) 作为一种劳动纪律的措施;

(d) 作为对参加罢工的一种惩罚;

(e) 作为实行种族、社会、民族或宗教歧视的一种手段。

第 2 条

凡批准本公约的国际劳工组织会员国,承诺采取有效措施以保证立即完全废除本公约第 1 条所列举的强迫或强制劳动。

### 五、《1951 年对男女同等价值工作付予同等报酬公约》(第 100 号)

第 1 条

就本公约而言:

（a）"报酬"一词包括因工人就业而由雇主直接或间接以现金或实物向其支付的常规的、基本的或最低的工资或薪金，以及任何附加报酬；

（b）"对男女工人同等价值的工作付予同等报酬"一词，系指不以性别歧视为基础而确定的报酬标准。

第2条

1. 各会员国应通过与确定报酬标准的现行方法相适应的手段，促进并在尽可能与这些方法协调的情况下，保证在所有工人中实行对男女工人同等价值的工作付予同等报酬的原则。

2. 此项原则得通过下列手段予以实行：

（a）国家法律或条例；

（b）合法建立或承认的确定工资的方法；

（c）雇主与工人间的集体协议；或

（d）上述几种办法的结合。

第3条

1. 只要以下行动能有助于本公约条款的实施，应采取措施以需从事的工作为依据，促使对各种工作岗位进行客观评定。

2. 用以进行这种评定的方法得由负责确定报酬标准的当局决定，或如此种标准系由集体协议确定，则由协议各方予以决定。

3. 经此种客观评定所确定的，不论性别而依所从事工作的差别而造成相应的工人之间标准的差距，不应被认为违反对男女工人同等价值的工作付予同等报酬的原则。

第4条

为实施本公约的规定，各会员国应酌情与有关的雇主组织和工人组织合作。

## 六、《1958年就业和职业歧视公约》（第111号）

第1条

1. 就本公约而言，"歧视"一词包括：

（a）基于种族、肤色、性别、宗教、政治见解、民族血统或社会出身等原因，具有取消或损害就业或职业机会均等或待遇均等作用的任何区别、排斥或优惠；

（b）有关会员国经与有代表性的雇主组织和工人组织（如存在此种组织）以及其他适当机构协商后可能确定的、具有取消或损害就业或职业机会均等或待遇均等作用的其他此种区别、排斥或优惠。

2. 对一项特定职业基于其内在需要的任何区别、排斥或优惠不应视为歧视。

3. 就本公约而言,"就业"和"职业"二词所指包括获得职业培训、获得就业和特定职业,以及就业条款和条件。

第2条

凡本公约生效的会员国,承诺宣布和遵循一项旨在以符合国家条件和惯例的方法促进就业与职业机会均等和待遇均等的国家政策,以消除这方面的任何歧视。

第3条

凡本公约生效的会员国,承诺以符合国家条件和实践的方法:

(a) 寻求雇主组织和工人组织及其他适当机构在促进接受和遵守该项政策方面的合作;

(b) 制定可赖以使人接受和遵守该项政策的法规,推进可赖以使人接受和遵守该项政策的教育计划;

(c) 废除任何不符合该项政策的法令规定,修改任何不符合该项政策的行政指示或做法;

(d) 在一个国家当局的直接控制下在就业方面执行该项政策;

(e) 在一个国家当局的指导下在职业指导、职业培训和安置服务活动方面保证遵守该项政策;

(f) 在公约实施情况年度报告中说明为执行该项政策采取的行动以及这种行动所获得的结果。

第4条

针对有正当理由被怀疑为或证实参与了有损国家安全活动的个人所采取的任何措施,不应视为歧视,只是有关个人应有权向按照国家实践建立的主管机构提出申诉。

第5条

1. 国际劳工大会通过的其他公约和建议书规定的保护或援助的特殊措施不应视为歧视。

2. 凡会员国经与有代表性的雇主组织和工人组织(如存在此种组织)协商,得确定为适合某些人员特殊需要而制订的其他专门措施应不被视为歧视,这些人员由于诸如性别、年龄、残疾、家庭负担,或社会或文化地位等原因而一般被认为需要特殊保护或援助。

第 6 条

凡批准本公约的会员国承诺按照国际劳工组织章程的规定将其实施于非本土领地。

**七、《1973 年准予就业最低年龄公约》（第 138 号）**

第 1 条

凡本公约对其生效的会员国，承诺执行一项国家政策，以保证有效地废除童工并将准予就业或工作的最低年龄逐步提高到符合年轻人身心最充分发展的水平。

第 2 条

1. 凡批准本公约的会员国应在附于其批准书的声明书中，详细说明准予在其领土内及在其领土注册的运输工具上就业或工作的最低年龄；除了符合本公约第 4 至第 8 条规定外，未满该年龄者不得允许其受雇于或从事任何职业。

2. 凡批准本公约的会员国得随后再以声明书通知国际劳工局局长，告知其规定了高于以前规定的最低年龄。

3. 根据本条第 1 款规定的最低年龄应不低于完成义务教育的年龄，并在任何情况下不得低于十五岁。

4. 尽管有本条第 3 款的规定，如会员国的经济和教育设施不够发达，得在与有关的雇主组织和工人组织（如存在此种组织）协商后，初步规定最低年龄为十四岁。

5. 根据上款规定已定最低年龄为十四岁的各会员国，应在其按照国际劳工组织章程第 22 条的规定提交的实施本公约的报告中说明：

（a）如此做的理由；

（b）自某日起放弃其援用有关规定的权利。

第 3 条

1. 准予从事按其性质或其工作环境很可能有害年轻人健康、安全或道德的任何职业或工作类别，其最低年龄不得低于十八岁。

2. 本条第 1 款适用的职业类别应由国家法律或条例，或由主管当局在与有关的雇主组织和工人组织（如存在此种组织）协商后确定。

3. 尽管有本条第 1 款的规定，国家法律或条例，或主管当局在与有关的雇主组织和工人组织（如存在此种组织）协商后可准予从十六岁起就业或工作，条件是必须充分保护有关年轻人的健康、安全和道德，这些年轻人并须在有关的活动部门受过适当的专门指导或职业训练。

第 4 条

1. 如属必要，主管当局在与有关的雇主组织和工人组织（如存在此种组织）协商后，对运用本公约将产生特殊和重大问题的有限几种职业或工作得豁免其应用本公约。

2. 凡批准本公约的会员国应在其按照国际劳工组织章程第 22 条的规定提交的关于实施本公约的第一次报告中，列举按照本条第 1 款的规定得豁免于应用本公约的任何职业或工作类别，陈述豁免的理由，并应在以后的报告中说明该国法律和实践对豁免此类职业或工作所作规定的状况，并说明在何种程度上已经或建议对此类职业或工作实施本公约。

3. 本公约第 3 条所规定的职业或工作，不得按照本条规定而免予应用本公约。

第 5 条

1. 经济和行政设施不够发达的会员国在与有关的雇主组织和工人组织（如存在此种组织）协商后，得在开始时限制本公约的应用范围。

2. 凡援用本条第 1 款规定的会员国，应在附于其批准书的声明中，详细说明哪些经济活动部门或企业类别将应用本公约的规定。

3. 本公约的规定至少应适用于下列行业：采矿和采石；制造；建筑；电、煤气和水；卫生服务；运输、仓库和交通；以及种植园和其他主要为商业目的而生产的农业企业，但不包括为当地消费而生产又不正式雇工的家庭企业和小型企业。

4. 任何会员国按照本条规定已限制应用本公约的范围者：

（a）应在其根据国际劳工组织章程第 22 条的规定提交的报告中，说明不包括在应用本公约范围内的经济活动部门中年轻人和儿童就业或工作的一般状况，以及为扩大应用本公约的规定所可能取得的任何进展；

（b）得在任何时候通过向国际劳工局长提交声明书，正式扩大应用范围。

第 6 条

本公约不适用于在普通学校、职业或技术学校或其他培训机构中的儿童和年轻人所做的工作，或企业中年龄至少为十四岁的人员所做的工作，只要该工作符合主管当局在与有关的雇主组织和组织（如存在此种组织）协商后规定的条件，并是下列课程的不可分割的一部分：

（a）一所学校或一个培训机构主要负责的教育或培训课程；

（b）经主管当局批准，主要或全部在一个企业内实施的培训计划；

（c）为便于选择一种职业或行业的培训指导或引导计划。

第7条

1. 国家法律或条例得允许年龄为十三至十五岁的人在从事轻工作的情况下就业或工作，这种工作是：

（a）大致不会危害他们的健康或发育；

（b）不会妨碍他们上学、参加经主管当局批准的职业指导或培训计划或从所受教育中获益的能力。

2. 国家法律或条例还得允许年龄至少为十五岁但还未完成其义务教育的人从事符合本条第1款（a）和（b）项所要求的工作。

3. 主管当局应确定按照本条第1和第2款的规定得被允许就业或工作的活动，并应规定从事此种就业或工作的工作小时数和工作条件。

4. 尽管有本条第1和第2款的规定，已援用第2条第4款的会员国，只要其继续这样做，得以十二岁和十四岁取代本条第1款的十三岁和十五岁，并以十四岁取代本条第2款的十五岁。

第8条

1. 主管当局在与有关的雇主组织和工人组织（如存在此种组织）协商后，得在个别情况下，例如参加艺术表演，准许除外于本公约第2条关于禁止就业或工作的规定。

2. 如此做出的准许应对准予就业或工作的小时数加以限制，并规定其条件。

第9条

1. 主管当局应采取一切必要措施，包括规定适当惩罚，以保证本公约诸条款的有效实施。

2. 国家法律或条例或主管当局应规定何种人员有责任遵守实施本公约的条款。

3. 国家法律或条例或主管当局应规定雇主应保存登记册或其他文件并使其

可资随时取用；这种登记册或文件应包括他所雇佣或为他工作的不足十八岁的人员的姓名、年龄或出生日期，尽可能有正式证明。

**八、《1999 年禁止和立即行动消除最恶劣形式的童工劳动公约》（第 182 号）**

国际劳工组织大会，经国际劳工局理事会召集，于 1999 年 6 月 1 日在日内瓦举行其第八十七届会议，考虑需要通过新的文书，把禁止和消除最恶劣形式的童工劳动作为包括国际合作和援助在内的国家和国际行动的主要优先目标，以便补充依然是童工劳动方面基本文书的 1973 年准予就业最低年龄公约和建议书，考虑切实消除最恶劣形式的童工劳动要求采取立即和全面的行动，这既要考虑免费基础教育的重要性，又要考虑到需要使有关儿童脱离所有此类工作以及为其提供康复和社会融合，还要同时解决其家庭需要问题。

忆及 1996 年第八十三届国际劳工大会上通过的关于消除童工劳动的决议，认识到童工劳动在很大程度上是由于贫困造成的，长期的解决办法有赖于经济的持续增长带来的社会进步，特别是在消除贫困和普及教育方面；忆及联合国大会于 1989 年 11 月 20 日通过的《儿童权利公约》；忆及 1998 年第八十六届国际劳工大会上通过的《国际劳工组织关于工作中基本原则和权利的宣言及其后续措施》；忆及某些最恶劣形式的童工劳动已涵盖在其他国际文书中，特别是 1930 年《强迫劳动公约》和联合国 1956 年《废止奴隶制、奴隶贩卖及类似奴隶制的制度与习俗补充公约》；经决定采纳本届会议议程第四项关于童工劳动的若干提议，并经确定这些提议应采取一项国际公约的形式，于 1999 年 6 月 17 日通过以下公约，引用时得称之为《1999 年禁止和立即行动消除最恶劣形式的童工劳动公约》。

第 1 条

凡批准本公约的会员国须采取立即有效的措施，以保证将禁止和消除最恶劣形式的童工劳动作为一项紧迫事务。

第 2 条

就本公约而言，"儿童"一词适用于 18 岁以下的所有人员。

第 3 条

就本公约而言，"最恶劣形式的童工劳动"一词包括：

（a）所有形式的奴隶制或类似奴隶制的做法，如出售和贩卖儿童、债务劳役和奴役，以及强迫或强制劳动，包括强迫或强制招募儿童用于武装冲突；

（b）使用、招收或提供儿童卖淫、生产色情制品或进行色情表演；

（c）使用、招收或提供儿童从事非法活动，特别是生产和贩卖有关国际条约中界定的毒品；

（d）其性质或是在其中工作的环境可能损害儿童健康、安全或道德的工作。

第 4 条

1. 第 3 条（d）所指的工作类型须由国家法律或条例，或是主管当局，在同有关雇主组织和工人组织磋商之后，考虑有关国际标准，特别是 1999 年《最恶劣形式的童工劳动建议书》第 3、第 4 款的情况，然后确定。

2. 主管当局在同有关雇主组织和工人组织磋商之后，须查明所确定的工作类型之存在。

3. 根据本条第 1 款确定的工作类型一览表，须同有关雇主组织和工人组织磋商，进行定期审查并视需要进行修订。

第 5 条

凡会员国在同雇主组织和工人组织磋商之后，须建立或指定适当机构，监督实施使本公约发生效力的各项条款。

第 6 条

1. 凡会员国应将制定和实施行动计划，作为优先目标，以消除最恶劣形式的童工劳动。

2. 制定和实施此类行动计划，须同有关政府机构以及雇主组织和工人组织进行磋商，凡适宜时，考虑其他有关群体的意见。

第 7 条

1. 凡会员国须采取一切必要措施，包括规定和执行刑事制裁或其他必要制裁，以保证有效实施和强制执行使本公约发生效力的各项条款。

2. 考虑教育对消除童工劳动的重要性，凡会员国须采取有效的和有时限的措施，以便：

（a）防止雇用儿童从事最恶劣形式的童工劳动；

（b）为使儿童脱离最恶劣形式的童工劳动，以及为其康复和社会融合，提供必要和适宜的直接援助；

（c）保证脱离了最恶劣形式的童工劳动的所有儿童，能享受免费基础教育，以及凡可能和适宜时，接受职业培训；

(d) 查明和接触处于特殊危险境地的儿童;以及

(e) 考虑女童的特殊情况。

3. 凡会员国须指定主管当局,负责实施使本公约发生效力的各项条款。

第8条

会员国须采取适宜步骤,通过加强国际合作和/或援助,包括支持社会与经济发展。消除贫困计划与普及教育,以相互帮助,落实本公约的条款。

以下9~16条为标准最后条款,略。

# 参 考 文 献

1. ILO. Setting social security standards in a global society. An analysis of present state and practice and of future options for global social security standard setting in the International Labor Organization. Consultation Paper, International Labor Office, Social Security Department – Geneva：ILO，2008.

2. 尹蔚民. 民生为本，人才优先 [M]. 北京：人民出版社，2012（10）.

3. William B. GouldIV. 国际劳工标准的理念 [J]. 中外法学，2006（5）.

4. [荷] 弗朗斯. 彭宁斯. 软法与硬法之间国际社会保障标准对国内法的影响 [M]. 北京：商务印书馆，2012.

5. 国际劳工组织. 国际劳工公约和建议书（第一卷）[M]. 北京：国际劳工组织北京局，1994.

6. 国际劳工组织. 国际劳工公约和建议书（第二卷）[M]. 北京：国际劳工组织北京局，1994.

7. 国际劳工组织. 国际劳工公约和建议书（第三卷）[M]. 北京：国际劳工组织北京局，2010.

8. 和震. 国际劳工组织的职业培训政策评析 [J]. 经济导刊，2010（1）.

9. 马永堂. 国际劳工组织关于禁止就业、职业歧视的劳工标准及实施机制 [J]. 中国劳动，2008（11）.

10. 李薇薇. 禁止就业歧视国际标准和国内实践 [M]. 北京：法律出版社，2006.

11. 王亚栋. 国际劳工就业政策标准 [J]. 中国就业，2005（1）.

12. 魏敏. 国际劳工标准的本土化探析 [J]. 江苏大学学报，2010（7）.

13. 法律出版社法规中心. 中华人民共和国法律汇编 [M]. 北京：法律出版社，2013.

14. 国务院法制办. 中华人民共和国法律全书［M］. 北京：中国法制出版社，2013.

15. 罗伯特·霍恩. 德国民商法导论［M］. 楚建译. 北京：中国大百科全书出版社，1996.

16. 和震. 国际劳工组织的职业培训政策：框架、特征与问题［J］. 现代远程教育研究，2010（4）.

17. 王亚栋. 国际劳工就业政策标准［J］. 中国就业，2005.

18. 周翠彬. 论职业培训教育公平的立法保障［J］. 长沙理工大学学报，2010（1）.

19. 韩斌. 国际劳工组织：推动建立和谐劳动关系［J］. WTO经济导刊，2009（2）.

20. 王群. 刍议建立和完善我国社会转型期的劳动关系三方协调机制——兼论工会在劳动关系三方机制中的使命和对策［J］. 工会论坛，2002，8（6）.

21. 龚蕾. 协调劳动关系的集体谈判制度实践分析及完善［J］. 管理观察，2012（1）.

22. 何小舟. 我国工会在集体合同制度中的作用研究［J］. 电子科技大学，2012.

23. 姜颖. 劳动关系三方协调机制的实践与探索［J］. 工会博览，2006（5）.

24. 姜颖. 三方机制在中国的建立、发展和完善［J］. ［日本］工资与社会保障，2003（10）.

25. 蓝韵. 浅析我国集体谈判权的保障［J］. 商业，2013（24）.

26. 黎建飞. 论我国劳动法律调整方式从一元化向多元化的转变——以家务服务员的劳动保护为视角［J］. 河南财经政法大学学报，2012（2）.

27. 李文沛. 英美集体争议处理机制及其对中国的启示［J］. 国家行政学院学报，2012（7）.

28. 罗燕，宋小川. 体面劳动背景下我国集体谈判制度的构建［J］. 经济社会体制比较，2012（5）.

29. 潘一坤. 我国国有企业劳务派遣制度问题与解决之道［J］. 现代经济信息，2013（16）.

30. 谢曾毅. 我国劳动争议处理的理念、制度与挑战［J］. 法学研究，2008（5）.

31. 薛长礼，柴伟伟. 劳动争议处理受案范围的规范分析［J］. 河北学刊，2011（3）.

32. 张敏. 中国劳务派遣法律规制刍议［J］. 理论导刊，2011（1）.

33. 赵炜. 西方发达市场经济国家集体谈判机制的变化趋势［J］. 中国党政干部论坛，2014（5）.

34. 郑晓哲，高云嵩. 论隐蔽雇佣关系［J］. 财经界，2007（1）.

35. 中国劳动协会. 国外对非传统就业方式工人保护的法律与实践. 2008 - 12. http：//www.calss.net.cn/n1196/n23344/n25028/1060643.html.

36. 周宝妹. 劳务派遣单位法律地位分析［J］. 武汉大学学报，2010，63（4）.

37. 朱健. 集体谈判制度在国外［J］. 中国劳动保障，2008（4）.

38. 朱妮茜. 现代经济条件下劳务派遣用工制度的利弊分析［J］. 经济视野，2012（7）.

39. 张婷，张水辉. 入世与中国现行社会保障制度的完善［J］. 国际商务研究，2008（4）.

40. 全国人民代表大会常务委员会. 劳动法（中华人民共和国主席令第二十八号）. 1995 - 01 - 01.

41. 全国人民代表大会常务委员会. 劳动合同法（中华人民共和国主席令第六十五号）. 2008 - 01 - 01.

42. 全国人民代表大会常务委员会. 妇女权益保护法（修正）. 2005 - 08 - 28.

43. 劳动部. 工资支付暂行条例（劳部发［1994］489号）. 1995 - 01 - 01.

44. 劳动和社会保障部. 关于非全日制用工若干问题的意见（劳社部发［2003］12号）. 2003 - 05 - 30.

45. 劳动部. 关于劳动法若干条文的说明（劳办发［1994］289号）. 1994 - 01 - 01.

46. 国务院. 国务院关于解决农民工问题的若干意见（国发［2006］5号）. 2006 - 01 - 31.

47. 国务院. 国务院关于职工工作时间的规定（中华人民共和国国务院令第146号）.1995-05-01.

48. 劳动和社会保障部. 最低工资规定（劳动和社会保障部令第21号）.2004-03-01.

49. 劳动和社会保障部. 关于进一步健全最低工资制度的通知（劳社部函[2007] 20号）.2007-06-12.

50. 国务院. 劳动合同法实施条例（国务院令第535号）.2008-09-18.

51. 国务院. 女职工劳动保护特别规定（国务院令第619号）.2012-04-28.

52. 全国人民代表大会常务委员会. 未成年儿童保护法（中华人民共和国主席令第六十号）.2007-06-01.

# 后 记

本书是基于人力资源和社会保障部 2013 年重大政策研究课题"国际劳工标准体系比较研究"改写完成的,该课题研究任务由人力资源和社会保障部政策研究司下达,国际劳动保障研究所牵头承担,法规司、就业司、劳动关系司、国际司参与,研究还得到了中国劳动保障科学研究院 2013 年基本科研业务费支持。课题由国际劳动保障研究所所长莫荣研究员担任主持人,国际劳动保障研究所室主任李明甫研究员为课题组长,研究室副主任丁赛尔副研究员、侯增艳副研究员、翁仁木博士和闫蕊博士为课题组成员。课题研究的重点是分析国际劳工标准体系的立法背景、宗旨、内容及关键,深入剖析我国劳动保障法规与国际劳工标准体系之间的异同,提出完善我国劳动保障法规的建议。经过一年多的认真努力,课题组经过多次研讨,确定了研究大纲,查阅了大量国内外政策法规和标准,完成了研究写作,并召开了课题研讨会,成果报部领导参阅,圆满完成了研究任务。

鉴于当前我国与国际社会的交往越来越密切,从贸易自由协定发展到投资自由协定,其中都涉及了国际劳工标准问题;我国企业到国外投资,最重要的问题之一也是劳工权益问题。为扩大成果的使用范围,我们将该研究改编成书稿,供大家在工作中参考。本书第一章国际劳工标准体系框架及与我国之比较由莫荣、李明甫撰写,第二章核心国际劳工标准比较由李明甫撰写,第三章就业方面的国际劳工标准比较由侯增艳撰写,第四章劳动关系方面的国际劳工标准比较由闫蕊撰写,第五章社会保障方面的国际劳工标准比较由翁仁木撰写,第六章劳动条件方面的国际劳工标准比较研究由丁赛尔撰写。莫荣负责对课题的研究思路、基本框架、主要内容进行设计,对稿件总体把关、审定,李明甫负责对初稿的编辑和修改。

人力资源和社会保障部政策研究司、法规司、就业司、劳动关系司、国际司和中国劳动保障科学研究院给予了大力支持和帮助,特别是国际司的领导和专家提供了许多建设性的意见。在课题研究过程中,中国劳动保障科学研究院、广东省人力资源和社会保障厅,以及其他有关省市人力资源社会保障厅研究院所的领导和专家参与了课题研讨,提出了宝贵的修改意见。中国劳动社会保障出版社仲艳萍主任对本书出版给予了大力支持。由于时间仓促,加上作者水平有限,难免有谬误之处,请广大读者批评指正。

我们向支持和帮助课题研究和本书出版的领导和专家表示衷心的感谢!